U0118183

香港特區立法權與行政權關係研究

LB 基本法
研究叢書

香港特區立法權與行政權關係研究

秦前紅、付婧

CITY UNIVERSITY OF
HONG KONG PRESS
香港城市大學出版社

項目統籌　　陳小歡

實習編輯　　陳泳淇（香港城市大學中文及歷史學系三年級）
　　　　　　梅綽琳（香港城市大學創意媒體學院四年級）

版式設計　　劉偉進　⟨ℓp⟩ Création 城大創意製作

國際統一書號：978-962-937-365-8

出版
　　　香港城市大學出版社
　　　香港九龍達之路
　　　香港城市大學
　　　網址：www.cityu.edu.hk/upress
　　　電郵：upress@cityu.edu.hk

©2018 City University of Hong Kong

**Evaluating Executive–Legislative Branch Relations of
the Hong Kong Special Administrative Region**
(in traditional Chinese characters)

ISBN: 978-962-937-365-8

Published by
　　　City University of Hong Kong Press
　　　Tat Chee Avenue
　　　Kowloon, Hong Kong
　　　Website: www.cityu.edu.hk/upress
　　　E-mail: upress@cityu.edu.hk

Printed in Hong Kong

目錄

詳細目錄 vii

總序　朱國斌 xiii

前言 xvii

第一章

行政與立法的一般理論與實踐 1

第二章

港英時期行政與立法關係的演變 25

第三章

《基本法》設計下的行政與立法 59

第四章

《基本法》下的民主與官僚 83

第五章

立法會提案權與行政—立法關係 127

第六章

香港立法會動議辯論權與行政—立法關係 153

第七章

立法與行政關係在其他制度設計中的博弈 189

第八章

議會政黨政治對香港行政與立法關係的形塑 ... 223

第九章

總結與建議 241

詳 細 目 錄

第一章　　行政與立法的一般理論與實踐　　　　　　　　　　1

一、傳統民主代議制、總統制下的行政與立法　　　　1

二、民主危機下的「議會衰落」：

今天的議會能做什麼　　　　　　　　　　6

（一）影響立法機關活躍程度的因素分析　　　8

（二）重新闡釋立法機關——「立法權」的除魅　　14

三、小結　　　　　　　　　　　　　　　　　21

第二章　　港英時期行政與立法關係的演變　　　　　　　25

一、1985 年前港英殖民統治時期的行政與立法　　25

（一）1985 年前港英政府憲制框架中的

行政與立法　　　　　　　　　　25

（二）1844 至 1985 年間歷屆港督改革中的

行政與立法　　　　　　　　　　30

二、1985 年後彭定康代議制改革中的行政與立法　　40

（一）彭定康代議制政改的內容　　　　　40

（二）彭定康代議制政改與「民主—親中」

兩級對抗的形成　　　　　　　45

三、立法會的制度性發展：立法會自主性初現　　49

（一）立法局委員會制度與議事程序逐漸完善　　50

（二）議員提案權：立法局制衡政府的

有效工具　　　　　　　　　52

（三）立法局積極行使對政府的財政控制　　54

第三章　《基本法》設計下的行政與立法　59

一、作為制度遺產和理性政治設計的「行政主導」　59

二、《基本法》文本層面的行政與立法　61

　（一）行政主導概念的濫觴與原意解釋　61

　（二）《基本法》文本設計及實踐中的
　　　　「行政主導」與立法會制衡　67

三、回歸後香港「行政主導」的萎縮——
　　新興的法團控制　75

第四章　《基本法》下的民主與官僚　83

一、民主與官僚關係的一般理論　84

　（一）經典「官僚與民主」關係圖景　84

　（二）香港政治中的「民主與官僚」關係　87

二、回歸前後香港管治團隊的變遷　89

　（一）香港作為「行政國」的起源、
　　　　過渡與瓦解　89

　（二）《基本法》下的香港政府管治團隊體系　95

三、董建華政府時期的管治團隊　98

　（一）行政長官的憲制性權力及其限制　100

　（二）2002年高官問責制後的政治委任官員、
　　　　行政會議與官僚系統　107

四、曾蔭權政府對管治團隊的革新　111

　（一）曾蔭權政府擴大政治委任制的改革內容　111

　（二）曾蔭權政府擴大政治委任制的新難題　113

五、「官僚」與「民主」的持續性割裂　115

　（一）政治人才、行政人才內部銜接、
　　　　溝通不暢　115

　（二）歷屆特區政府立法能力概況——
　　　　行政與立法關係失衡的縮影　120

第五章　**立法會提案權與行政 ─ 立法關係**　127

一、議員政策啟動權：《基本法》第 74 條下的
提案權　127

（一）立法會主席對議員草案的裁決情況　130

（二）立法會主席對《立法會議事規則》的
相關解釋　133

二、議員對政策的修正權：議員對政府法案的
修正分析　137

（一）《立法會議事規則》針對議員提出
修正案的限制　138

（二）立法會拉布及其議事規則爭議　140

（三）議員修正案與議員組別、
政治背景之間的關係　146

（四）決定議員修正案通過的因素與
分組點票機制　149

第六章　**香港立法會動議辯論權與行政 ─ 立法關係**　153

一、立法會議員動議、修正動議的規限及爭論　153

（一）議員動議、修正動議的限制　155

（二）規限的相關爭議：《基本法》第 74 條
是否適用於議案　158

二、立法會議員的動議分析　159

（一）立法會議員提出議案及修正議案的
通過情況　159

（二）功能組別、直選議席、不同政黨派別議員
提出的動議　165

（三）分組點票機制對議案通過的影響　168

三、功能組別的存廢及其政改爭議對行政立法關係
的影響　179

（一）功能組別存在的弊端 _____ 180

（二）功能組別的初步改革：

超級區議席的設置及影響 _____ 184

第七章　立法與行政關係在其他制度設計中的博弈 _____ 189

一、香港立法會委員會制度與行政—立法關係 _____ 189

（一）香港立法會委員會制度的濫觴與獨立 _____ 189

（二）立法會委員會制對行政主導的衝擊 _____ 192

二、立法會質詢權運行中的行政——立法關係 _____ 195

（一）立法會質詢的概念、歷史、功能 _____ 195

（二）對回歸後立法會質詢權的實證研究 _____ 196

三、立法會對政府的財政監督權 _____ 203

（一）香港立法會的財政控制能力 _____ 204

（二）立法會財政控制中的政黨政治博弈 _____ 212

四、立法會調查權與行政—立法關係 _____ 215

（一）回歸後幾起引發爭議的立法會

調查權運行 _____ 218

（二）香港法院對立法會行使調查權的

司法審查 _____ 221

第八章　議會政黨政治對香港行政與立法關係的形塑 _____ 223

一、民主化研究中的政黨體系與香港政黨政治的

基本特徵 _____ 223

（一）新近政治學研究中的分析工具：

政黨體系 _____ 223

（二）香港政黨政治的基本特徵：

無執政黨、政黨「碎片化」 _____ 226

二、「建制—泛民」二元對立形塑行政與立法關係 _____ 228

（一）泛民派政黨對行政與立法關係的形塑 _____ 228

（二）建制派政黨對行政與立法關係的形塑 _____ 230

三、香港政黨政治的良性軌道窺探   232

（一）破除「建制—泛民」、「親共—反共」
政治裂隙   232

（二）議會政治內部建立「在地性」共識——
回歸「議題主導」   234

（三）反對派在理性議會中對改善行政與
立法關係尤為重要   236

（四）建立科學的選舉制度提升管治素質   238

第九章   總結與建議   241

一、香港立法與行政關係的變遷   241

二、改善香港行政與立法關係的建議及舉措   246

（一）加強特區政府自身的建設   246

（二）重整諮詢架構   247

（三）改革地區直選的選舉制度   247

（四）強化「管治聯盟」   248

總序

一

1997 年 7 月 1 日，中華人民共和國恢復對香港行使主權，「實現了長期以來中國人民收回香港的共同願望」（參見《香港特別行政區基本法・序言》）。同日，香港特別行政區成立，成為「中華人民共和國的一個享有高度自治權的地方行政區域」（第 12 條）；《香港特別行政區基本法》正式生效，「以保障國家對香港的基本方針政策的實施」（〈序言〉）。始自這日，香港的歷史翻開了嶄新的一頁。

香港回歸標誌着中國在國家統一之路上邁出了一大步。對於香港特區而言，在《基本法》載明的「一國兩制」、「港人治港」、「高度自治」這些根本性原則統率之下，回歸更意味着憲制秩序的轉換與重構，以及中央與地方關係制度再造。在特區之內，「不實行社會主義制度和政策，保持原有的資本主義制度和生活方式，五十年不變」。就政府管治制度而言，基本的立法、行政、司法制度得以延續。就此而言，香港回歸取得了巨大成就，達成了歷史使命。

彈指間，香港回歸祖國已經二十年了。

二

常聽說：「香港是一本很難讀懂的大書。」對一些人而言，這本書依然晦澀難懂；而對另一些人來說，這本書寫到這般田地，不讀也罷。二十年後的今日，有人不斷地追問，東方之珠的「風采是否浪漫依然」？君不見，港英政府時代的制度瓶頸與問題，如貧富差距、地產霸權，今日仍揮之不去，赫然在目；特區政府又面臨着新的、尖銳的挑戰，有如北京 — 香港關係、行政 — 立法關係、管治低效、社會發展裹

足不前、本土主義與港獨思潮、普通法之延續，等等。這些，我們不可能視而不見。

然而，這又是一本必須去讀的書。之於內地讀者來說，很難理解在同文同種之下，為什麼兩地人民關係仍然顯得那麼生分，其程度甚至比回歸前更甚；為什麼祖國大家庭的小兄弟還是那麼「調皮」，時不時惹得父母生氣和懊惱。而對這本書的作者——香港人——來說，儘管「本是同根生」，但就是沒有那種親密無間的感覺。

這些年來，中國經濟發展突飛猛進，改革開放造就了「製造大國」。以經濟體量觀之，中國一躍而為世界第二大經濟體，這的確讓國人引以為傲，這就是「硬實力」。反觀香港，其 GDP 佔全國 GDP 的比重從 1997 年的 18.45%，下跌到 2016 年的 2.85%（《橙新聞》，2017 年 6 月 25 日），斷崖式下跌，今非昔比。

若僅以「硬實力」比拼，香港早就慘敗了。然而，在一國兩制下，香港人仍然有那份執着和「制度自信」，社會仍然繁榮昌盛。而且，客觀地觀察，香港也有自己的「軟實力」（soft power）。香港人自持的核心價值是法治、廉潔政府、自由，甚至還有有限的民主。

三

香港是一本必須讀懂的書。

在內地，以學術論文發表數量為衡量依據，香港研究曾一度成為「顯學」，時間大約是在《中英聯合聲明》簽署之後至《基本法》制定期間。及至香港九七回歸前後，也曾見研究興趣的再現。近兩三年來，在社會科學界，有關香港的研究又見興趣和出版高峰，這尤以法學界和政治學界為甚。

就《基本法》研究而言，學術成果猶如「雨後春筍，層出不窮」。理論的繁榮不一定表現在為成就唱讚歌，在客觀上，它反映了在實踐中存在並出現了很多新問題。今時今日，學術界首先面對的宏觀課題就是《基本法》理論的體系化、深度建設及研究的應用性。

從檢視現在的學術成果可以看到，學術界目前正關注的理論性、

實踐型問題包括：憲法與特區憲制秩序的形成、憲法與《基本法》的關係與互動、《基本法》變遷與政治發展之道、政治改革與中央權力、作為憲法原則的一國兩制、一國與兩制的關係、全面管治權與中央監督權之確立與行使、一國兩制與新型中央與地方關係模式、統一與多元之下中央與地方關係、特區管治與《基本法》、《基本法》之下權力分立模式、行政主導抑或三權分立、善治與行政—立法關係、《基本法》的「自足性」與全國人大常委會、《基本法》的「自足性」與香港普通法法庭、《基本法》下「雙軌制」釋法制度、本土主義及港獨思潮與《基本法》、《基本法》法理學，等等。

這些重大課題值得我們投入精力，一一闡發、澄清。

四

自 1996 年開始，我就在香港城市大學法律學院講授《香港基本法》及相關課程，對《基本法》研究略有心得，也希望為學術研究盡點綿薄之力。策劃出版本套「基本法研究叢書」的基本出發點及「初心」就是，多研究些問題，在理論與實踐間架設橋樑。進而言之，這也是為了學術，為了一國兩制繼續成功實踐，為了香港特區更好的未來。簡而言之，總結經驗，繼往開來。

「學術性」和「開放性」，是本叢書編輯出版所秉承的兩個基本原則。「學術性」不等於刻意追求著作的理論性、抽象性，不等於建造象牙之塔。不過，構造、解構與重構概念與理論是本叢書的使命之一。一部有質量的學術著作往往對實踐具有直接或間接的參考價值和指導意義。這樣的著作才有擔當，才能展現作者的使命感。至於「開放性」，具體而言，是指研究課題的開放性、研究方法的跨學科性，以及稿源的開放性。一切與《基本法》實施有關的課題都是本叢書關注的焦點，跨學科的著作尤為珍貴。叢書歡迎兩岸四地及海外作者不吝賜教、踴躍投稿，中英文著作兼收並蓄。

本叢書不敢好高騖遠，但還是志存高遠，希望為《基本法》研究提供一個共享平台，為學人搭建一個交流的園地。

最後，不能也不應該忘記的是，從策劃這套叢書的念頭一閃現開始，我就得到了來自香港和內地的傑出法律人和學者的至關重要的精神與道義支持。在此，我要特別記下對本叢書學術顧問委員會成員的真誠謝意，他們是：梁愛詩、王振民、王磊、何建宗、胡錦光、秦前紅、陳弘毅、楊艾文、韓大元。

五

香港城市大學位於九龍塘、獅子山下。在寫作本序言時，我情不自禁地想起那首耳熟能詳、由黃霑作詞、羅文演唱的名曲：《獅子山下》，不覺思緒萬千。《基本法》載明，一國兩制，「五十年不變」。二十年轉瞬即逝了，往者不可諫，來者猶可追。在未來的三十年，香港仍然會面對新的矛盾與挑戰，與此同時且重要的是，還有更多的發展機遇和更大的成功機會。香港人更應秉承獅子山精神，不斷適應變換中的新形勢、新環境，追求進步、繁榮、幸福。不忘初心，香港的前景必定是美好的。這也是我內心的深切願望。

行文至此，讓我引用一段《獅子山下》的歌詞為本序作結：

放開　彼此心中矛盾
理想　一起去追
同舟人　誓相隨
無畏　更無懼
同處　海角天邊
攜手　踏平崎嶇
我哋大家　用艱辛努力
寫下那　不朽香江名句

朱國斌
香港城市大學法律學院教授、法學博士
於九龍塘、獅子山下
2017 年 6 月 25 日子夜

前　言

　　《基本法》確立了香港特別行政區的政治體制——以行政為主導，並且行政與立法相互配合、相互制約。此種政治體制，一般認為是在行政與立法的關係上，行政應當處於優先和主導的地位。在一系列的政制發展討論中，中央及特區官員多次強調行政主導的重要性，並將它提升至《基本法》甚至是國家主權的層次來討論。政制發展專責小組清楚地指出：「行政主導是特區政體設計的一項重要原則，是體現國家主權的重要表徵。任何方案必須鞏固以行政長官為首的行政主導體制，不能偏離這項設計原則。」《基本法》作如此設計，有其歷史因素和現實政治考慮，中央在 1980 年代思考香港的管治體制時，認為其以港督為核心的行政主導、立法局和行政局為港督諮詢機構的「行政吸納政治」的體制具有高效、穩定且易於控制的優點。同時，基於香港政制的地方性及延續香港政制與繁榮穩定的實際需要，中央認為行政主導是最易於滿足前述需求的政制形式。

　　自香港特別行政區成立以來，《基本法》設計的行政主導原則並沒有貫徹落實，立法會對政府施政呈現出「配合不足，制約有餘」的特點。儘管《基本法》第 74 條和分組點票機制等對立法會制衡政府的權力施加了諸多限制，但立法會仍能通過一些制度化甚至非制度化的方式來擴權，例如立法會加緊對政府財政的控制、通過不斷提出修正案的方式來增加政府法案通過的難度（極端表現為「拉布」）、通過不具有約束力的動議辯論和「不信任案」向政府施壓等。同時由於立法會與政府之間缺乏政黨或委員會作為紐帶，政府官員因此無法像西方民主政體般，透過政黨在議會內建立穩定的支持，結果造成行政與立法持續割裂的管治困局。

　　為什麼一個適應香港需求的行政主導體制不能發揮應有的作用？行政長官在憲制文本《基本法》上具有優越地位，但回歸 21 年來，香港政治卻呈現一副「特首弱勢」的現象，行政主導面臨着名不副實的體制性尷尬。過往的研究往往局限於檢討香港管治的內部體系，比如「特首不黨」原則導致特首無法依賴執政黨及政黨管治聯盟；比如香港公務員沿襲港英舊制，抵制特首及委任官員的支配和調度；比如立法會缺乏「忠誠反對派」，激進泛民主派「逢中央必反」、「逢特首必反」；比如特首由非普選產生，即使是由具有廣泛代表性的選舉委員會選舉產生仍被質疑「認受性不夠」等。其實有多項制度的安排是對行政主導的制度有利，如：立法會採取比例代表制的選舉辦法，再輔以功能組別議席，使得立法會內幾乎不可能出現某個單一政黨控制議會多數議席的情況；如《行政長官選舉條例》規定特首不得有任何政黨背景，此舉從根本上保證特首不被任何政黨利益「綁架」，因為哪怕是根正苗紅的政團，亦會受本港民情的牽引，不會事事與中央保持一致；如《基本法》的選舉安排讓特首和立法會各自由互不相關的選舉系統產生，進一步降低了特首對政黨的依賴。問題是，儘管有前述鞏固行政主導的制度安排，為何歷任特首還是處處碰壁，施政困難？

　　為化解香港行政與立法的僵局，2007 年 12 月 19 日，全國人大常委會作出決定，允許香港於 2017 年普選行政長官，增強行政長官的民意認受性，其後實現立法會全體議員的普選，又稱「雙普選」。香港的行政主導沿襲自港英時代的港督制。港督制下的港督合法性來源單一，是基於英國的單方授權。回歸後的行政長官合法性則是複合的，是基於地方選舉與中央任命，此時基於地方性政制的行政主導制仍具有一定的憲制合理性。但普選是否為解決行政立法關係難題的必然選擇？在普選實現之前，《基本法》的政制設計為香港政治的發展變化預留下極為廣闊的空間，行政主導的現狀與民主普選的目標之間的緊張關係在現有的條件下要如何化解，值得深思。

　　現存對香港政制的研究大多是將立法會視為行政主導體制當中的有機組成部分，再分析其與行政權力（港府、特首乃至行政會議）的

關係，並從在「雙普選」的藍圖下能保證行政主導體制有效性的角度
出發，就其存在的問題提出制度或者執行上的建議。大多數研究以法
理為經，案例為緯，分析行政和立法關係的應然和實然狀態，認為立
法會自九七回歸後所為的制度和行為擴權已是不爭事實。這個過程還
未結束，但必須受到《基本法》和其他法律的約束。內地學者普遍認為
《基本法》體現了「行政主導模式」的憲政設計，而隨着《基本法》實
施進程的推進和香港社會多年來政經力量對比的變化，立法會擴權的
趨勢漸漸明顯，香港立法會出現了「對抗吸納制衡」的制度難題。[1] 也
有學者從政治發展的角度出發，為行政 — 立法關係的未來走向提供建
議，如分析功能界別的發展歷程、特殊功能和政治前景，或者是政府
如何利用行政會議和高官任命來調整與立法會的關係等。

　　另有研究是針對立法會從選舉到立法再到監督過程當中不同行為
主體的關係問題，代表性的研究多關注立法會中的政黨政治，即將立
法會視為香港政黨政治的主要成長場所，分析立法會中的政黨博弈、
不同政黨的實際表現，並對立法會的政治運作前景作出分析、研判。[2]
在這一領域中，內地學者和香港學者的研究思路有明顯不同，前者注
重梳理和特徵辨別，[3] 而後者則注重基於一手資料的選舉策略、議題製
造、媒體報道等問題，[4] 學界在香港政黨的現狀上有較多共識，認為香
港的政黨政治是一種非典型政黨政治，其發展受到「中國因素」（China
factor）、行政主導體制、比例代表制選舉、議會內部功能界別和分組點

1. 郝建臻（2011）。《香港特別行政區行政與立法的關係》。北京：法律出版社。
2. 顧質（2014）。《香港立法會質詢權研究（1998-2012）》。上海：復旦大學碩士論文。
3. 陳麗君（2006）。〈香港政黨現狀與發展前景探討〉，《中共福建省委黨校學報》。3 月號，
   28-32 頁。
4. Ma, N. (2007). *Political Development in Hong Kong: State, Political Society, and Civil Society.*
   Hong Kong: Hong Kong University Press. Lee, Francis L. F. (2010). "News Values and Resource
   Allocation as Determinants of Election Coverage: Analysis of a Hong Kong Election," *The
   International of Press/Politics*, 15: 462–479.

票制度等諸多因素的影響。[5]儘管存在着多種局限，但是其出現改變了香港的政治生態，具有諸多積極作用。[6]在未來，政黨政治是香港民主發展的必然選擇，在此期間，如何協調政黨與其他權力主體的關係十分重要，有很多學者都贊同最終取消行政長官的非政黨屬性，並以執政黨或者政黨聯盟形式建立「內閣制」。即使不能實現，至少也需要建立一個以「政黨為基礎的政府」（party-based government），否則可能產生難以調和的衝突。[7]

關於 1997 年回歸前的立法局，香港的立法機關與西方民主國家相比，一般被認為擁有較小權力，有學者按照其對政策的影響將立法機關分為三種：[8]第一種為政策制訂型立法機關（又稱「積極型立法機關」），不但能改變、撤銷行政機關的措施，還能形成甚至用自己所立的法來取而代之。美國國會為其典型例子；第二種為政策影響型立法機關（又稱「回應型立法機關」），可以修正或者拒絕行政機關的政策，但不能形成或用自己的立法取代。德國和英國議會為典型例子；第三種為僅具備較小的政策影響力或不具備政策影響力的立法機關（又稱「邊緣型立法機關」或「橡皮圖章」），多表現為不能修正或拒絕行政機關的偏好，以前社會主義國家為典型例子。[9]世界範圍內大多數立法機關都表現為第二種或第三種形態，有學者將回歸前的香港立法機關歸為政策影響型，議員可以聯合通過動議辯論、行使提案權、拒絕或

5. 朱孔武（2009）。〈香港選舉制度的憲法政治分析〉，《暨南學報（哲學社會科學版）》。2 期，138–145 頁。

6. Lam, J. T. (2010). "The Many Sides of China's World: Party Institutionalization in Hong Kong," *Asian Perspectives*, 34(2): 52–82.

7. 張定淮、孟東（2010）。〈香港特區政治發展的邏輯及未來發展存在的主要問題〉，《當代中國政治研究報告》。1 期，26–27 頁。

8. Baldwin, N. D. J. (2004). "Concluding Observations: Legislative Weakness, Scrutinising Strength?" *The Journal of Legislative Studies*, 10(2–3): 295–302.

9. Norton, Philip (1993). "Questions and the Role of Parliament," *Parliamentary Questions*. Oxford: Clarendon Press, pp. 194–204.

者威脅不通過政府的財政開支要求等。[10]回歸後，立法會的提案權受到《基本法》第 74 條和附件二分組點票規則的進一步限制。

Norman Miners 教授在《香港政府與政治》一書中着重分析了 1985 年後香港立法機關的演進和制度化，指出立法機關承擔的三項主要活動為：立法、財政控制和監督政府。[11]這一傳統分類也與《基本法》授予立法會的權能一致；在另一篇文獻中，Miners 教授分析了 1970 至 1994 年間香港立法機關功能的轉變，尤其是關注殖民地時期立法局議員，特別是非官守議員如何影響政策制訂，通過私人提案、委員會工作等方式制衡行政部門。[12]研究香港立法機關職能的學者 Cheek-Milby，在 1995 年的專著中將香港立法機關的職能分為代議、政策制訂（立法）、體制維繫三項職能。雖然這並未完全囊括立法會前世今生的所有功能，也沒有按這些功能的重要程度排序，但 Cheek-Milby 的研究對立法會的歷史演進作了整全的描述，並對立法會的法案、修正案、質詢、動議進行量化分析，還關注了不同時期議員所扮演的角色。[13]其得出以 1984 年為分野：1984 年以前的立法局在議會研究學者 Mezey 教授的分類下為「最小型立法機關」，1984 年以後的立法機關為「邊緣型立法機關」，其得到的公共支持和參與形塑公共政策的能力不斷增強。[14]

除了 Mezey 教授的類型學外，Norton 和 Curtis 教授的分類也獲學界所採納。Curtis 根據強弱程度將立法機關分為四類：服從型（唯命是

10. Ma, N. (2007). *Political Development in Hong Kong: State, Political Society, and Civil Society*. Hong Kong: Hong Kong University Press.

11. Miners, Norman John and Tang, Tuck-hang James (1998). *The Government and Politics of Hong Kong*, 5th ed. Hong Kong: Oxford University Press. p. 135.

12. Miners, Norman John (1994). "The Transformation of the Hong Kong Legislative Council 1970–1994: From Consensus to Confrontation," *The Asian Journal of Public Administration*, 16(2): 224–248.

13. Cheek-Milby, Kathleen (1995). *A Legislature Comes of Age: Hong Kong's Search for Influence and Identity*. Hong Kong: Oxford University Press. pp. 1–13.

14. Ibid, pp. 179–181.

從）議會、贊成型議會（英國）、對等型議會和對抗型議會。[15]「對等型」議會這個概念後在蔡子強、劉細良的研究中，這一用語又被「議政型」（adversial）議會所取代。他們的研究綜合了 Norton 和 Curtis 的分類，構造出新的由弱到強的議會類型：政策宣告型、政策質疑型、政策影響型和政策制訂型。他們認為立法會在 1991 至 1992 年這段時間由政策宣告型議會轉變為政策質疑型議會，1992 年以後又轉變成政策影響型議會，但亦有可能倒退回政策質疑型（政策質疑型，議會能發出自己的聲音，並以議會作為觀點交鋒的場所）。[16]針對殖民地時期立法局的研究，學者多運用類型化的研究方法進行制度分析，因為此時立法局並未發揮實質影響力，直到直選議席的出現，同時在這一時期，又伴隨常務委員會的出現、公開的議事規則的出現，議員逐漸獨立於行政機關，均說明立法會具有某種程度的自主性了。[17]

九七以後對立法會的研究亦多伴隨探討與行政機關的關係。通過比較 1995 至 1997 年間與 1997 年以後立法會的表現，馬嶽認為香港立法會在九七後監督政府和審議方面的角色更為積極，在為特區政府提供合法性方面更為重要，也運用財政監督權對政府財政構成重要限制。[18]同時，馬嶽還提到立法會之所以對政治體制能產生重要影響的因素，包括：民主派議員的委任、公民社會的成長、媒體的監督等。對立法會功能組別最完備的研究是思匯政策研究所 2004 至 2006 年的功能組別研究報告，其在經驗研究中提出了兩項假設：功能組別在政策制訂的過程中灌輸了部門利益和維護不同經濟、專業界別所需要的

---

15. Curtis, Michael (1978). *Comparative Government and Politics: An Introductory Essay in Political Science.* New York: Harper & Row. pp. 203–205.

16. Choy, Chi-keung and Lau, Sai-leung (1996). "The Executive-Legislative Relations in Hong Kong before 1997," *Hong Kong Journal of Social Sciences,* 1996(8): 239–240.

17. Carey, John M. (2006). "Legislative Organization," in *The Oxford handbook of Political Institutions,* Rhodes, R. A. W., Binder, Sarah A., et al., eds. New York: Oxford University Press. p. 571.

18. Ma, Ngok (2007). *Political Development in Hong Kong: State, Political Society, and Civil Society.* Hong Kong: Hong Kong University Press. p. 117.

特殊知識。[19] 通過分析質詢、動議、議案和法案的數量、議員出席工作會議、委員會會議的表現，思匯政策研究所指出功能組別主要體現的是「界別利益思維」，在公共政策的審議上，其表現不如直選議員積極，[20] 並且基於功能組別投票行為的經驗研究得出，功能組別有運用分組點票機制否決直選議席的趨向。為進一步揭示功能組別的行為方式，他們又分別對功能組別在法案和政策審議過程中的表現進行深入研究。其所得出的說法 —— 功能組別代表着部門利益 —— 是非常狹隘的。當政策事宜與部門利益無關時，功能組別通常會缺席審議，或者跟隨政黨利益來投票，或者根據政府利益來投票，而此時關於功能組別的兩項原始假設因缺乏足夠證據並不成立。[21]

前述大部分文獻是基於《基本法》對香港立法會啟動性權能的憲制限制，對立法會在九七回歸以後的政治影響多持悲觀態度，[22] 甚至曾認為香港立法會具有積極性的學者也在九七後承認立法會面臨「政策影響力削弱」這一制度性變化。[23] 如香港學者雷競璇認為，在回歸後的政治實踐中，《基本法》規定的分組點票機制大大限制了立法會的立法、議政和監督能力，使之比起香港回歸前的立法局猶有不如。[24] 馬嶽認為，《基本法》對立法會的限制還造成政黨和議員政策影響力的下降，政黨

19. Loh, Christine and Civic Exchange (2006). *Functional Constituencies: A Unique Feature of the Hong Kong Legislative Council*. Hong Kong: Hong Kong University Press. p. 262.

20. Ibid, pp. 203–217.

21. Ibid, pp. 219–263.

22. Ghai, Yash (1999). *Hong Kong's New Constitutional Order: The Resumption of Chinese Sovereignty and the Basic Law*, 2nd ed. Hong Kong: Hong Kong University Press. p. 301. Lui, Percy Luen-tim (2007). "The Legislature," in *Contemporary Hong Kong Politics: Governance in the Post–1997 Era*, Lam, Wai-man, Lui, Percy Luen-tim, et al., eds. Hong Kong: Hong Kong University Press. pp. 39–58.

23. Ma, Ngok (2007). *Political Development in Hong Kong: State, Political Society, and Civil Society*. Hong Kong: Hong Kong University Press. pp. 340–350.

24. 雷競璇（1998）。《「鳥籠民主政治」下的選舉 —— 分析香港特別行政區立法會首次選舉》。香港：香港海峽兩岸關係研究中心，17 頁。

沒有實質貢獻，只會站定立場相互攻訐。[25]《基本法》第 74 條對立法會提案權限制的影響不言而喻，如私人提案銳減、立法會不再主導議程設置等。由此帶來的後果始料不及，可能導致立法會議員將工作重心轉移至對政府的監督職能及委員會的工作，尤其是法案委員會和法案審議小組。

其實也有學者持相反觀點，如顧瑜認為雖自殖民地時期，香港就被稱為是擁有一個行政主導體制的政府，與世界上其他國家和地區的行政首長相比，香港特別行政區的行政長官擁有的權力是比較大的，但從《基本法》所賦予立法會的職權中可以看到，除了議員的提案權受到很大限制外，立法會擁有世界上其他議會通常都擁有的權力，例如通過法案、預算案及其他財政建議的權力。此外，還有相當部分是監察行政機關的權力。儘管《基本法》第 48 條規定的立法會職權條款、第 74 條對立法會提案權施加限制、附件二的分組點票機制等很明顯削弱了立法會的權力，造成立法會「有代表性卻無權力」，但行政長官強大的憲法權力與現實中是否強勢卻是兩回事。比如，從 2013 年開始，一到審議財政預算案的季節，政府就會遭遇立法會裏面的「拉布」。[26] 雖然政府擁有提出所有重要建議的權力，卻難以掌握審議這些建議的節奏。政府「有權無票」，而立法會「有票無權」，其實並非一個準確的描述。隨 1991 年直選議席的引入和政黨政治的發展，1992 至 1997

---

25. 馬嶽（2010）。《香港政治：發展歷程與核心課題》。香港：香港中文大學香港亞太研究所。65 頁。

26. 「拉布」即冗長辯論（香港稱為阻撓議事，英語:filibuster），是西方議會政治的專業術語，狹義是議會中居於劣勢的一小部分甚至單獨一位議員，無力否決特定法案、人事，或為達到特定政治目的時，在取得發言權後以馬拉松式演說，達到癱瘓議事、阻撓投票，迫使人數佔優的一方作出讓步的議事策略。而廣義的冗長辯論，則是議會中議員利用議事規則漏洞作冗長演講為主，並用各種方法輔助，以達到拖延會議進程的一種議事策略。在初期，該策略僅為通過發表超長辯論而達到拖延表決或者拖延會議進程的目的。其後因為部分議會議事規則逐步完善，該策略相應發展為動議大量修正案，從而獲得數量總和相當的發言時間而達到拖延會議的目的。後來又有部分議會議員將該策略發展為通過不斷要求清點法定人數拖延會議進程，香港立法會曾出現在七個多小時的會議期間，清點人數及等待人數時間長達四個小時。此外，通過故意缺席會議導致法定人數不足而流會，迫使會議順延至下一會議日，亦是該策略的一部分。故此，英文 "filibuster" 或者香港粵語「阻撓議事」等同冗長辯論來理解並不完整，其應理解為阻撓議事。

年間立法局的政策影響不斷增強。雖然大多數政策制訂權仍掌握在行政長官及政府官僚手中，但立法會也能通過制度化的機制影響到政策制訂，主要是通過預算控制和私人提案來實現。就政策制訂的過程而言，立法與行政關係的準確描述應為「主動型行政，回應型立法」，即行政機關就政策制訂而言具有啟動作用，而立法會則對行政機關的啟動作出回應型的審查，而審查的強度由立法會中跨政黨之間的合作程度決定及立法會中黨派與市民之間的關係決定。[27]

綜前所述，內地和香港學者關於《香港基本法》下的立法權與行政權互動關係的研究已具有一定的成果，但大多數還是屬於介紹性，或者專門從立法機關、功能組別、行政長官及其管治團隊等特定視角出發來研究，其研究結論也多具有權宜性、對策性的色彩。學界至今仍缺乏對《基本法》下立法權和行政權互動關係的綜合性和系統性的深入研究。因此對此問題仍有待學界進行更專門、更基礎的研究，從而從理論上更好地回應香港社會近年來民主政治的新發展。

現時香港行政與立法關係的根本問題，在於特區政府是按無黨派政府的方式運作，而未有與任何政黨形成緊密的政治聯盟，政府官員因此無法像西方民主政體般，透過政黨在議會建立穩定的支持，結果造成行政與立法持續性割裂的管治困局。在行政立法持續性割裂的管治體制下，由於難以確保政府啟動的法案及重要政策可在立法會取得足夠支持，加之特區政府不善於處理爭議法案、政策（尤其是涉及政制改革和重大的社會公共利益），最終令不少法案及政策被迫擱置或者拖延，留給外界一種印象——《基本法》確立的「行政主導」、「行政與立法既相互制約又相互配合」的政制設計在實踐中落空，立法會對政府制衡有餘而配合不足。對此，我們有必要有系統地檢視九七回歸前後，香港立法與行政關係的變遷及變遷背後的動因。

九七回歸前，香港沒有民主選舉，卻有一定的公民自由和經濟

---

27. Y. Gu (2015). *Hong Kong's Legislature under China's Sovereignty: 1998-2013*. Amsterdam: Hotei Publishing.

自由，也有獨立的司法和自由市場，此種現狀也是適應英國殖民統治的政治需要而形成的。除港督外，所有殖民地政府官員皆為公務員。這些公務員擁有極大的決策權，但他們無須對立法機關或市民直接負責。殖民地時期的行政局及立法局皆為港督的「諮詢」架構，其成員都由港督任免，故當時不存在立法制衡行政之說。彭定康政府推行代議制改革後，1995 至 1997 年的立法局是立法機關在法律制訂、財政監督和影響公共政策方面最為積極的時期。從制度化的角度而言，這一時段的立法局也比 1997 年回歸後的立法會有更大權力，因為回歸後的立法會受制於《基本法》第 74 條和分組點票機制等諸多限制。總之，因政黨政治興起，又有直選議員加入，出現了正式的委員會制度和其他提高立法會自主性制度，為 1985 年後立法機關積極制衡政府創造了有利條件。

九七回歸後，香港的行政主導體制留給立法會的權力十分有限，政黨無法以組閣或者委員會的方式在事前監督上影響政府，所以只能尋求以質詢權等為代表的事後監督。此外，《基本法》承諾了一個「雙普選」式的民主化未來，並由此導致行政主導體制的現狀和民主制度的目標之間出現拉鋸。儘管如此，立法會仍通過一系列制度化和非制度化的方式擴權，並對行政主導構成一定衝擊。因此在研究香港行政與立法的關係時，必須正視一個基本現實——行政與立法之間存在着權力上的競爭關係。當立法會擴權或自主性逐步增強，就不可避免地與行政主導的管治原則相衝突；但當立法會的自主性削弱時，卻不一定出現一個真正強勢的行政主導政府。就香港回歸後近 20 年的管治經驗來看，立法會自主性屈尊的同時，立法與行政的關係亦常隨着規則與慣例的改變而出現新的變化，例如立法會中原本藉以尋求共識的議事機制失效，無法容納日益激烈的政治鬥爭，導致的結果便是立法會與街頭政治聯動，整個管治系統失靈。

本書的研究思路與論述結構為：第一章會分析行政與立法關係的基本理論，對全球主要幾種政體中的行政與立法關係進行比較研究。第二、三、四章按照時間線索，從整體上梳理港英殖民統治時期及

1997 年香港回歸後的行政與立法的關係。第五、六、七章分別從立法會的重要職權和其他重要制度設計層面探討立法與行政的關係。第八章承前文內容，進一步對形塑香港行政與立法關係的立法會內部政黨政治進行了研究。第九章總結了九七前後香港立法與行政關係的變遷及變遷背後的動因，並提出了改善香港行政與立法關係、提升香港管治質素的建議。

第一章

行政與立法的一般理論與實踐

❧❧❧❧❧❧❧❧❧❧❧❧❧❧❧❧❧❧❧

一、傳統民主代議制、總統制下的行政與立法

在現代民主社會，行政機關提出的立法及財政撥款建議，都需要得到立法機關通過才能夠正式實施。因此，行政與立法是否順暢，決定政府能否有效地管治。在民主政體中，立法機關通常代表着國家政策決定的關鍵場域。儘管一國立法機關之存在，無法全然證明一個國家或政體民主程度的高與低，但顯而易見的是，在目前普遍獲認定為民主陣營的國家裏，立法機關必是該國憲政制度上不可或缺的重要部門。

在議會內閣制國家的憲政設計中，議會是行政部門唯一的正當泉源，行政部門由議會多數產生，議會以掌控不信任投票的方式，對行政部門課責，同時展現出「議會至上」的憲政精神。雖然內閣制隨着時間的演變，在政黨政治、責任政治及行政立法漸次融合的發展趨勢下，已經漸漸產生所謂「總理式民主」或是內閣首相主導一切決策的趨勢，[1]但是內閣仍是由議會的多數派產生，而且在因議會的信任而存在

---

1. 議會制政府雖不像總統制那樣明顯地將權力集中於單一位行政首長，但議會制政府包括總理／首相與其部長同事之間、等級制與同僚制之間的微妙關係易變而不斷演進。德國被認為是「總理民主制」的典型，其指導原則是等級制而非同僚制，對聯邦議院負責的責任落在總理身上。總理對議會負責，部長則對總理負責。強勢地位源自德國聯邦共和國基本法的總理削弱了內閣制的作用，很多事務都是未經討論就由總理作出決定，然後再向內閣彙報，總理民主制強調總理在議會制架構中的明確領導。德國式「總理民主制」的成功實踐某種程度源自德國憲法創設的「建設性不信任投票」，該制度要求議會在解散現任政府之前首先選出新的總理，以防立法機關出現消極懈怠行為，在沒有考慮繼任者的情況下就解散政府。此種制度使得德國議會無法任意更替內閣，相形之下，總理地位更趨穩定，再配合憲法賦予總理決定政治方針的權限，使德國總理更能貫徹其意志於國策決策當中。參閱羅德‧黑格、馬丁‧哈羅普，張小勁等譯（2007）。《比較政府與政治導論》。北京：中國人民大學出版社。388、390 頁。

的制度這一前提依舊未變的情況下，不信任案和不信任動議仍是議會表達對行政部門支持與否的終極手段。因此，議會還是穩居憲政體系中的關鍵地位。

實行英國式議會內閣制的國家，按照行政與立法兩者「權力融合」（fusion of powers）的憲制原則運作，即行政機關（內閣）與立法機關是高度融合的。首相通常由議會的執政黨領袖出任。因此，首相通過某項預算、法案或重要決定時，面對的阻力較小。與其說有效的權力集中在議會，毋寧說權力是集中在執政黨派的領袖手中。行政與立法的「權力融合」本質上便趨於政黨與行政的融合。有學者更指出：「不列顛模式中，幾乎不存在所謂的『行政』與『立法』關係這個問題。」[2]因此西敏寺代議制下的權力集中表現為內閣針對議會的「行政主導」（executive dominance），即只要議會中的多數派保持團結，行政權便牢不可破，因為它能保證議案能持續獲得議會中的絕大多數支持。此種政體形式若遭遇現實險境，僅可能是因為政黨內部出現重大分歧或佔據多數議席的政黨在下屆選舉中面臨選票大量流失。

另外，此種政體中政治交易的空間較小，議會中的反對黨僅能扮演間接的、極其有限的制衡角色，以代表部分選民監督政府。若議會中不存在能夠控制多數議席的政黨，則此時內閣受制於控制議會多數的政黨聯盟，內閣要存活就必須寄望於政黨聯盟在與反對黨的議會鬥爭中保持優勢地位，但在這種情形下，政黨與內閣之間存在大量政治交易。更微觀的研究指出，在立法的過程中，本由內閣主導的程序性權力和議程設置權也會因政黨交易而出現變化，[3]內閣與政黨之間的交

---

2. King, Athonoy (1976). "Modes of Executive-Legislative Relations: Great Britain, France, and West Germany," *Legislative Studies Quarterly*, 1(2): 26.

3. Döring, H. (1995). "Time as a Scarce Resource: Government Control of the Agenda," in *Parliaments and Majority Rule in Western Europe*, Döring, H. ed. New York: St. Martin's Press. pp. 223–246. Huber, J. D. (1996). "The Vote of Confidence in Parliamentary Democracies," *American Political Science Review*, 90(02): 269–282. Heller, W B. (2001). "Making Policy Stick: Why the Government Gets What It Wants in Multiparty Parliaments," *American Journal of Political Science*, 2001: 780–798.

易還經常導致後座議員在立法委員會（或法案委員會）中擁有更大的監督和修正政府法案的權力，而這是前述多數主義的議會中反對黨所無法具備的優勢。[4]若議會中反對黨擁有的政策制訂權愈大，則議會制愈趨向於李普塞特（Arend Lijphart）所說的「非正式分權」，[5]從而距離傳統議會制行政與立法的「權力融合」這種權力集中的體制特徵愈來愈遠。

而美國式的總統制國家，實行「分權原則」（separation of powers）。由於行政機關與立法機關互不統屬、互相制衡，政府需要努力爭取國會議員的支持，才能夠推動各項施政藍圖。總統制下，總統的預算、法案和重要決定如何能順利通過立法機關的批准，則是總統需要面對和解決的難題，行政與立法的關係因此難免存在一定程度的分歧與磨擦。只有總統所在的政黨同時控制國會參眾兩院多數席位時，總統的政治權力才會非常巨大，因此相互獨立的行政機構與立法機關在總統制下存在政治交易則不可避免。行政機構與立法機關各自的政策偏好分化程度取決於兩者在選舉過程中的利益反饋。如果行政機構與立法機關之間存在極端的政策偏好分化，行政部門與立法部門之間的政治交易可能於事無補，在此種政治狀況下，總統幾乎得不到立法機關的任何集體支持，便極有可能運用法令或任命這樣獨斷式權力以繞過立法機關的制約，也可能就特定政策問題與個別議員或特定政黨進行政治交易，但難以形成穩固的關係。

胡安・林茨（Juan J. Linz）在〈總統制的危害〉一文中認定此種總統制不利於維繫民主政體的穩定，並指出新興民主化國家的總統若同

---

4. Huber, J. D., Powell, G. B. (1994). "Congruence between Citizens and Policymakers in Two Visions of Liberal Democracy," *World Politics,* 46(03): 291–326. Mattson, I. and Strom, K. (1995). "Parliamentary Committees," in *Parliaments and Majority Rule in Western Europe*, Döring, H. ed. New York: St. Martin's Press. Hallerberg, M (2000). "The Role of Parliamentary Committees in the Budgetary Process within Europe," in *Institutions, Politics and Fiscal Policy*, Strauch, Rolf R. and Jürgen von Hagen eds. Boston: Springer. pp. 87–106.

5. Lijphart, A. (1984). *Democracies: Patterns of Majoritarian and Consensus Government in Twenty One Countries*. New Haven: Yale University Press.

時伴隨制度性薄弱的立法機構，便很有可能在現實上濫權，行使超越憲法文本的無節制的權力。[6] 在林茨擔憂總統制的行政濫權之際，另一位學者斯科特・梅因沃（Scott Mainwaring）研究新興民主化國家時發現，總統受到國會的過度牽制以至於「大部分拉丁美洲國家的總統無法完成議程設置的目標」；[7] 柴巴布（Cheibub）等學者的經驗研究也顯示拉美地區的總統沒有專橫地繞過立法機關行事，而是想方設法構建與立法機關的良好關係，甚至可以為此部分放棄對組建內閣的控制權。[8] 儘管存在上述各種狀況，但無論如何，在民主總統制下，總統作為行政首腦保持着組建內閣的絕對權力，總統可根據實際政治情況策略性作出是否與立法部門進行交易的判斷。而在半總統制下，如果總統和國會多數派或政黨聯盟同屬一陣營，立法與行政之間的結構性衝突通常較小；如果總統與國會多數派或政黨聯盟不是同屬一黨，兩者的結構性衝突可能會很激烈。總統要取得國會多數支持只得盡量提名國會多數黨或多數政黨聯盟的主要領袖為總理。

---

6. 林茨認為總統制存在着五個嚴重的問題：第一、總統和議會雙重合法性的衝突，兩者均擁有最高的合法性，當這兩種政治權力不一致的時候，就會產生衝突。第二、總統長達四至五年的固定任期，容易導致長期的政治僵局。如果不是兩黨制而是多黨制，問題則會更嚴重，因為總統所在政黨通常只有一定比例的議會席位。而在議會制下，當總理和內閣不能取得議會多數支持時，總理和內閣就能去職，重新選舉內閣，顯示政治上的靈活性。第三、總統制下更容易出現「贏家通吃」與「零和博弈」的局面。通常在議會制下，總理或首相的職位及內閣相關職位固然是一黨主導，但很多時候是不同政黨妥協的產物；而總統制下，往往是一個政治家或一個政黨控制了實質的行政權，可能引發更大的政治衝突，不容易鼓勵政治合作與妥協。第四、總統制更不容易寬容反對派，總統自以為擁有更大的合法性與政治權威。第五、總統制下政治新星崛起的可能性更大，不利於政治系統的穩定性。參閱 Linz J. J. (1990). "The Perils of Presidentialism," *Journal of Democracy*, 1(1): 51–69。

7. Mainwaring, S. (1990). "Presidentialism in Latin America," *Latin American Research Review*, 25(1): 162.

8. Cheibub, J. A., Przeworski, A. and Saiegh, S. (2004). "Government Coalitions and Legislative Success under Presidentialism and Parliamentarism," *British Journal of Political Science*, 34(4): 565–87.

圖1.1 議會制、總統制的政治結構[9]

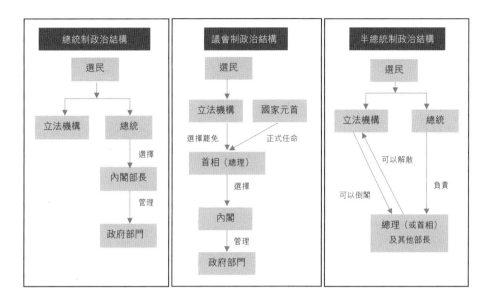

　　現代政治學分析不同的政府形式與政治制度時，既要強調分權制衡，也要強調政府效能。[10]20 世紀 90 年代，國際學術界出現了一場總統制與議會制孰優孰劣的爭論，英國憲法學家白芝浩在《英國憲法》中就認為英國的議會制優於美國的總統制，因為英國首相本由議會產生，並可由這個立法機構中佔多數席位的黨派撤換，首相肯定會依憑於這個議

9. 羅德・黑格、馬丁・哈羅普，張小勁等譯（2007）。《比較政府與政治導論》。北京：中國人民大學出版社。381、384、394 頁。

10. 過去 20 年裏，政治學領域內研究政治進程中的制度因素，被稱為新制度主義。這些研究顯示了不同的憲制框架如總統制或代議制如何影響政權穩定、政府的問責性、回應性和管治能力等。而對於民主政體，有兩代不同的研究，第一代研究注重不同的憲制選擇如總統制或代議制如何影響民主政體的穩定性與持續性。學者熱切地關注是否存在某種特定的政體組織形式能促進新興民主國家的穩定，或者某種特定的政體組織形式會破壞新興民主國家的穩定；第二代研究則更關注總統制、議會制政體中的具體制度實踐。並非所有總統制國家都是相似的，也並非所有議會制國家都是相似的，具體的制度性變量與各自的政體穩定亦存在關聯。同時，第二代研究也將目光轉向「管治」，開始關注什麼樣的政府組織形式更能促進「有效的管治」。參閱 Elgie R. (2015). "From Linz to Tsebelis: Three Waves of Presidential/Parliamentary Studies?" *Democratization*, 12(1): 106–122.

會，立法機關也能支持並推進他的政策，而總統和國會之間沒有事物將二者「捆綁」，二者必定衝突不斷。[11] 學者柴巴布也認為總統制本身即意味着行政與立法的分離，因為總統制難鼓勵政黨聯盟，而且總統制下的政黨紀律不嚴格，政黨力量整體上較薄弱，行政機構與立法機關容易就關鍵職位任命、重要法案及重大公共政策發生衝突，陷入憲法危機。若憲法危機持續的時間過長，甚至會導致民主政體失效。[12] 斯科特·梅因沃（Scott Mainwaring）又在這場討論中引入了新的視角——政黨政治，其認為總統制是否穩定，取決於它跟何種政黨體制結合。當總統制跟多黨制結合時，就容易不穩定。即使在議會制條件下，如果議會政黨數量非常多，也是難以形成穩定的民主政體的。[13]

二、民主危機下的「議會衰落」：今天的議會能做什麼

20 世紀 60、70 年代，伴隨民主在世界範圍內失敗，立法機關廢止或屈尊於行政，以至於政治學界出現了一股「議會衰落」之說，關於行政立法關係的演變卻出現一項耐人尋味的發展，行政權的重要性與日俱增，行政權擴大的結果也造成了對國會權限的侵凌。如學者 Leon N. Lindberg 研究大部分歐洲國家的議會時認為「歐洲議會既不能制訂法律，也不能有效監督行政」。[14] 學者 Robert Packenham 也指出，「世界範圍內僅有少數國家的議會擁有政策制訂的功能」，「除了美國以外，第三世界國家關於議會的知識、議會與其他權力機關的關係、議會的運

11. 沃爾塔·白芝浩，夏彥才譯（2005）。《英國憲法》。北京：商務印書館。42–43 頁。

12. Cherbub, Jose Antonio (2007). *Presidentialism, Parliamentarism, and Democracy.* Cambridge: Cambridge University Press. p. 8.

13. Mainwaring, Scott (1990). "Presidentialism, Multiparty Systems, and Democracy: The Difficult Equation".

14. Lindberg, Leon N. (1966). "The Role of the European Parliament in an Emerging European Community," in *Lawmakers in a Changing World*, Frank, Elke, ed. New Jersey: Prentice-Hall. p. 110.

行程序都受到極大限制」。[15]即使是西方民主國家，亦存在未經選舉產生的行政官僚篡奪民主議員的權力，這一現象被表述為深刻的「民主危機」。「議會衰落」的原因則包括以下幾個方面：[16]（1）有組織的、有紀律性的政黨出現；（2）政府規模、官僚系統的急劇擴張；（3）政府能及時高效地回應公眾需求，包括形成公共政策、領導地區性事務等；（4）壓力集團政治的興起。

　　到了 1990 年代，民主在拉丁美洲和地中海地區重現，東歐社會主義國家也出現了聯合政府和經由選舉產生的政權，世界政治範圍內又迎來議會政治的回歸。曾幾何時，美國政治學界就立法機關在政策制訂中應扮演何種角色形成了某種模糊的共識：作為立法機關的美國國會是美國政策制訂的中心，即使總統主導國會政策制訂的趨勢日益明顯，但世界上其他地區的立法機關作為政策制訂機構則存在重大缺陷，如歐洲國家立法機關的政策制訂角色普遍認為是從屬於其政黨、內閣、官僚系統的，或相對於前述的行政系統而言，立法機關的地位愈來愈不重要。而在第三世界國家或信奉馬列主義的國家，立法機關已經談不上是權力中心，甚至在政治系統中的重要性下降時，淪為與一國政治系統無關痛癢的存在。學界有一共識，認為此類立法機關的存在僅為極權政治提供一塊民主遮羞布而已。[17]

　　當然，在承認世界上絕大多數立法機關必須從屬或依附其他權力機關，較少干預政策制訂的同時，也必須進一步從微觀層面檢討立法機關影響公共政策的方式，例如立法機關的公共辯論、立法機關成員與行政機關之間在私人層面的互動、對政府的監督、立法機關內部不

---

15. Packenham, Robert A. (1970). "Legislatures and Political Development," in *Legislatures in Developmental Perspective*, Kornberg, Allan and Musolf, Lloyd D., eds. Durham: Duke University Press. pp. 521–522, 546.

16. Baldwin, N. D. J. (2004). "Concluding Observations: Legislative Weakness, Scrutinising Strength?" *The Journal of Legislative Studies*, 10(2–3): 297.

17. Packenham, Robert A. (1970). "Legislatures and Political Development," in *Legislatures in Development Perspective,* Kornberg, Allan and Musolf, Lloyd D., eds. Durham: Duke University Press.

同界別間的行動、立法機關作為集體行動的主體等,均可能對公共政策的制訂施加影響。就西方國家的議會政治研究而言,學者不再執着討論英國下議院中流行的黨派路線投票,而開始研究下議院議員基於自身界別的政治游説活動、議員的質詢、就政府政策而進行的公共辯論等。在美國,學者們的注意力也集中在國會內不同界別議員的聯合活動、對政府的監督活動等。準確地説,學界已不再先驗地判斷立法機關究竟應在政策制訂活動中扮演何種角色,而是從微觀層面檢視立法機關在政策制訂中的各種行為與活動。

(一) 影響立法機關活躍程度的因素分析

立法機關並非孤立的政治存在,毋寧説是與一系列外部力量相互勾連,包括行政機關、有組織的利益集團等。這些外部力量既可能限制也可能加強立法機關在政策制訂中的角色。立法機關的內部結構,其組織、程序和資源均對其參與政策制訂產生影響。立法機關之間的差異也主要取決於兩點,一為議會運作中政黨的角色;二為議會的委員會體制。立法機關在政策制訂中的角色取決於立法機關與其他政治機構的關係,尤其與行政官僚系統中的行政精英之間的關係,如總統制中的行政首長、議會制中的內閣成員,被強勢政黨形塑的體制中的政黨精英。某程度上,立法機關受制於前述的政治機構,或者説立法機關成員活動的自主性受到前述政治機構成員的限制,從而導致立法機關在政策制訂中的角色受限。

影響立法機關角色的第二個因素則是立法機關的內部結構,如果立法機關缺乏高效的議事方式和專業的技術人員,則極有可能影響其在政策制訂中發揮作用;另外,如果立法機關議員的政策制訂活動受到高度紀律化的政黨組織的控制,議員也很難發揮其在政策制訂中的作用,所以立法機關內部的委員會和人事系統及立法機關議員所屬的政黨組織均在某種程度上對立法機關參與政策制訂具有影響。

影響立法機關角色的第三個因素則是立法機關在政策制訂不同階段的能力。一國立法機關可能在某個特定政策領域比另一個特定政策

領域更能有所作為，在某一個政策制訂階段比另一個階段更能有所作為。因此，一項政策的特殊性也會影響到立法機關在該政策領域的參與能力。概而言之，影響「行政與立法」關係的因素包括以下三大類：第一類，立法機關與其他外部政治機構的關係，如行政官僚精英、政黨、利益集團；第二類，立法機關的內部結構——議會內部政黨和委員會制度；第三類，立法機關所需要處理的不同種類的公共議題（議題的不同領域、不同階段）。詳細分類如下：

1. 立法機關與其他外部政治機構的關係

1.1 行政機關

立法機關在政策制訂中最顯著的角色與其是否有能力修正或抵制行政機關的政策啟動有關。[18] 顯然，當立法機關沒有這種能力時，可以認為其在政策制訂中的角色相當薄弱；反之則強。在大多數國家，立法機關都較為被動地接受行政機關提出的具體政策。[19] 美國國會在這方面是一個顯著例外，但除此之外，世界各地愈來愈多立法機關被證明具有抵制行政機關政策創設的能力，有的甚至能促使行政機關修訂政策，甚至廢止行政機關的政策。[20] 立法機關獨立的政策制訂能力一般與

---

18. 參閱 Polsby, Nelson W. (1975). "Legislatures," in *Handbook of Political Science*, vol. 5, Greenstein, Fred I. and Polsby, Nelson W., eds. Massachusetts: Addison-Wesley. p. 277. Mezey, Michael L. (1979). *Comparative Legislatures*. Durham: Duke University Press. pp. 26–27.

19. Olson, David M. (1980). *The Legislative Process: A Comparative Perspective*. New York: Harper and Row. pp. 174.

20. 如德國聯邦議會修正、拒絕政府立法的能力正在增強（參閱 Braunthal, Gerard [1972]. *The West German Legislative Process: A Case Study of Two Transportation Bills*. New York: Cornell University Press.）、英國政府在議案修正方面的失敗愈來愈頻繁（參閱 Norton, Philip [1981]. *The Commons in Perspective*. New York: Longman.）、波蘭議會也曾挫敗某些政府的立法計劃（參閱 Olson, David M. and Maurice Simon [1982] "The Institutional Development of a Minimal Parliament: The Case of the Polish Sejm," in *Communist Legislatures in Comparative Perspective*, Nelson, Daniel and White, Stephen, eds. New York: State University of New York Press）。這些研究正說明全球的立法機關具有獨立發展的趨勢與能力，即使是波蘭這種曾是東歐社會主義國家也有這種趨勢。

立法機關所屬的政體是議會制還是總統制有關。在議會制政府中，總理和內閣成員由議會選出，並控制着議會中的多數政黨，故其主導的政策建議容易在議會中通行。相反，民選總統更容易與立法機關產生對立關係，因此其主導的政策建議便容易在立法機關中受阻。議會制政府和總統制政府之間有如此差異的一個重要原因在於，議會制政府的失敗會導致十分嚴重的後果——內閣成員集體辭職或解散議會，而總統制政府不會發生這種情況。另外，議會制政府更容易受到紀律型政黨的形塑，政黨在行政機關和議會多數之間起着橋樑的作用。因此，可以認為：總統制政府中立法機關的政策制定活動較議會制政府中立法機關的政策制定活動更為活躍。

　　立法機關在政策制訂中的角色，也在一定程度上受制於體制中行政權力的集中程度。一國官僚體制亦有「封閉—高度集中型」和「開放—分散型」之分。[21]「封閉—高度集中型」官僚體制強調官僚制與集體負責，從而限制了立法機關議員的自主活動；而在更開放的行政體制中，立法機關可以更有作為。因此可以認為，在更開放而非封閉，更分散而非更集中的行政體制下，立法機關的政策活動能力更強。同樣，行政決策的層級也會加強或削弱立法機關活動的可能性。如果行政決策是由內閣或總統這樣的最高行政層級作出，那麼立法機關可作為的空間便會減小。因為作出決策的層級愈高，相應拒絕或抵制此決策的政治代價則愈大；反之，作出行政決策的層級愈低，則立法機關制衡之的可能性也就愈大。比如在美國，總統在立法提案中扮演的角色不甚清晰，立法機關在此方面可活動的範圍就非常廣闊；而在議會制政府，立法活動幾乎由行政部門主導，立法機關的活動範圍則被大大限制。因此，如果行政決策由較低層級可操作性的部門而非最高行政層級決定，那麼立法機關更有可為。

---

21. Campbell, Colin and Garrand, Ted (1981). "Bureaucracy and Legislative Democracy in Canada, the U. K., the U. S., and Switzerland: From Turtle Syndrome to Collegiality" prepared for delivery at the Annual Meeting of the American Political Science Association, New York.

1.2 利益集團

對一般選民而言，關於某項議題的政策偏好可能是模稜兩可的，但對利益集團而言，他們的政策偏好則是明確無誤的。一般情形下，利益集團將其訴求傾注於立法機關，他們更希望立法機關能獨立於行政機關來運作，而行政官僚則希望盡可能減少立法機關制衡力方面的影響，希望立法機關能剝離於利益集團。利益集團對立法機關參與政策制訂的影響部分取決於特定政策領域內利益集團自身的地位或特點、與利益集團互動的政治機構、利益集團內部的共識與分歧。特定功能化的利益集團有較為一致的成員構成，大部分的成員都關注某個特定領域內較為狹窄的議題，如農業組織、貿易組織、職業團體等。另外一種利益集團，成員較為分散，覆蓋的公共政策領域較為廣泛，例如全國性的勞工聯盟、商業協會等。特定功能化的利益集團傾向於伊始將注意力集中在能夠管轄其政策事項的行政機關身上。但如果他們無法得到行政機關的「照顧」，則會轉向立法機關。[22] 在委員會制強大的立法機關，利益集團會直接向覆蓋其政策領域的委員會尋求幫助；而後一種利益集團則會將注意力放在全國性的政黨組織上或最高層級的行政決策部門。一般而言，規模愈大、建制程度愈高的利益集團會就凝聚共識的議題尋求立法支持。新興的、建制程度較低的利益集團因為沒有掌握社會資源，僅能去較大的選區尋求支持。同理，立法機關不太可能捲入利益集團所達成共識又毫無爭議的議題中，這些議題也不會對既定的行政決策模式構成挑戰。而當新的利益集團被捲入具有爭議的議題中時，既有的決策模式就可能遭遇挑戰，立法機關捲入的可能性則會增加。因此可以說，立法機關政策制定的能力隨特定功能型利益集團的捲入而增加；立法機關政策制定的能力隨利益集團與執行官僚之間的分化而增加；立法機關政策活動的能力隨利益集團內部的分歧而增加；立法機關政策活動的能力隨新的利益集團加入而增加。

---

22. LaPalombara, Joseph (1974). *Politics within Nations*. New Jersey: Prentice-Hall. p. 33.

2. 立法機關的內部結構

2.1 政黨

在任何一個議會，政黨的功能都是把那些分散但基於共同政策目標的議員聯合起來，政黨同樣在編制議程和決定議事程序方面發揮作用。首先，在代議制政府中，執政的內閣成員同時也是議會議員，其所屬政黨為議會中的多數派或由政黨聯盟組成多數派；在總統制政府中，議會中所主導的政黨通常與行政機構構成敵對關係；即使當議會中的主導政黨與行政機關同出一個政黨，他們也經常獨立於行政部門行事。[23] 第二，議會中的主導政黨成員與政黨領袖的關係也因政府體制而有所不同。出自某一黨派的議員在議會內仍從屬於該政黨領袖。[24] 議員跟其所屬黨派的政黨領袖之間的關係反映在投票凝聚力上，議員投票時必須追隨政黨組織的政策路線，這就減少了立法機關政策活動的空間，因為議員對政策的決定受其政黨組織影響。因此若議會中的政黨較其全國性政黨組織而言有較大的自主性的話，那麼其在立法機關中的凝聚力則較低，其政策活動的空間就愈大。第三，除議會外黨組織的影響外，立法機關中的政黨亦受政黨內部結構和紀律規則影響。一些政黨受其內部官僚制和凝聚型投票機制的約束，這通常意味着立法機關在整體上有較大的政策活動空間。另一些政黨則嚴格受到內部紀律的拘束，立法機關中的個體議員在政策活動上難有自主性。第四，立法機關內部的政黨體系也會影響其政策制訂能力，政黨數目繁多的立法機關比單一政黨主導的立法機關更具活力。單一政黨主導的立法機關內部，無論是個體議員還是委員會，其活力都不如政黨數目較多的立法機關。概而言之，立法機關中政黨的結構和數量對立法機

23. King, A. (1976). "Modes of Executive-Legislative Relations: Great Britain, France and West Germany," *Legislative Studies Quarterly*, 1 (February): 11–36.

24. Duverger, Maurice (1954). *Political Parties: Their Organization and Activity in the Modern State*. New York: Wiley. pp. 190–202. Epstein, Leon (1980). "What Happened to the British Party Model?" *American Political Science Review*, 74 (March): 9–22.

關的政策活動空間有影響。故而可以認為，政黨數目較多的議會且不存在某一政黨或聯合政黨主導的立法機關，其政策活動能力較政黨數目較少或存在某一政黨或聯合政黨主導的立法機關強；政黨組織能力較薄弱或呈碎片化的政黨，較之官僚化組織的、具有高度凝聚力的政黨，其所在的議會具有較強的政策活動能力；更多獨立於外部社會聯繫的政黨較之從屬於政黨領袖的政黨，其所在的議會具有較強的政策活動能力。

2.2 委員會

在現代議會中，議會中的委員會是政策制訂過程中的重要參與者，委員會一般具有雙重功能：第一，作為議會中的政策專家機構；第二，監督行政官僚的政策執行。常設委員會一般配備特定政策領域的專業人員而擁有一定程度的自主性，擁有常設委員會體制的議會通常也具備較強的政策制訂、參與能力；而臨時委員會通常不太可能匹配此種議會能力。另外，立法機關的政策制定能力還受制於議會中委員會是否與其行政部門有對應的平行機構。如果議會的委員會是與特定領域行政機構相匹配而組織設立的話，那麼委員會更有可能成為議會中的專家智庫，更可能對行政部門進行嚴格的監控。若兩者並非對應而立的話，那麼便會削弱立法機關對行政的制衡能力，其政策活動的能力也不強。因此可以認為，如果議會具有常設委員會制，並且委員會與行政部門呈平行設置的狀態，較之那些只有臨時委員會或委員會與行政部門無對應設置的議會而言，具有更強的政策活動能力。

3.　立法機關所需要處理的不同種類的公共議題

立法機關在不同的政策領域具有不同的活動能力。面對涉及調節社會利益分配這樣的政策或議題時，立法機關的政策活動能力較面對國家安全、外交、宏觀經濟政策這類政策或議題時更活躍。立法機關作為代議機關，更容易捲入具有社會爭議性的政策、議題中，這些政策、議題在議事日程上通常處於優先地位。因此，面對受眾更廣泛、更具爭議性的議題時，立法機關在政策制訂過程中能做的更多。在政

策制訂的初始階段，一項特定的政策建議可能由市民提出，也可能由半公共的諮詢機構、或者行政部門成員，也可能由立法機關議員、委員會提出。一但政策進入審議和決策階段，立法部門和行政部門均會在此階段有所作為和互動，各種正式的組織如議會中的委員會、全體會議等會對政策進行審議和討論，還有一些非正式的程序如各政黨之間的游說、討價還價等亦會大量湧現。即使立法機關在全體會議中經常有正式的機會對公共政策進行決議，但現實是，政策的最終決策仍由非立法部門，如官僚系統、內閣或政黨領袖委員掌握。在政策執行階段，通過委員會制度、會議中的辯論、質詢等，議員也會盡可能抓住機會監督政策的執行情況，防止行政部門出現低效、不公、腐敗等情況。因此可以說，立法機關對政策活動的參與在政策審議決策、執行階段較為強勁，在政策初始階段較弱。

（二）重新闡釋立法機關——「立法權」的除魅

一個多世紀以前，關於立法機關的研究普遍面臨着「立法機關影響力顯著下降」這一預設。[25]「下降」一詞充分説明人們對立法會機關功能的預期，除了立法機關的有效性和功能外，立法機關所履行的職能、承擔的具體職責都是評估立法機關影響力的重要因素。與之對應的著名論斷是：大部分立法機關不再扮演制訂法律、制訂（影響）公共政策、資源分配方面的重要角色，而是作為國家重要權力機關的存在，得益於其對政治穩定的貢獻。[26] 既然制訂法律不再是立法機關的主要職能，那麼基於功能主義，立法機關還必須履行其他方面的重要職

---

25. Norton, Philip (1993). *Does Parliament Matter?* New York; London: Harvester Wheatsheaf. p. 4.

26. Blondel, Jean (1973). *Comparative Legislatures*. New Jersey: Prentice-Hall. p. 7. Loewenberg, Gerhard, and Patterson, Samuel (1979). *Comparing Legislatures*. Boston: Little Brown. pp. 65–67. Packenham, Robert A. (1979). "Legislatures and Political Development," in *Legislatures in Developmental Perspective*, Kornberg, Allan and Musolf, Lloyd, eds. Durham: Duke University Press. p. 530. Mezey, Michael L. (1979). *Comparative Legislatures*. Durham: Duke University Press. pp. 256–257.

能。這一論斷建基於立法機關能提供一個制度性的空間，代表社會各階層利益的代表們可置身其間表達意見，從而有利於社會利益整合，減少政治衝突，並為政府提供合法性。持這種觀點的學者大多並未從正面論述究竟在何種條件、何種程度下，立法機關會影響政治穩定，亦並未論證為何代議機關就比非代議機關在某些方面更能促進政治穩定。但也有學者持相反的觀點，如 William Mishler 和 Anne Hildreth 認為「立法機關的存續可以促進政治穩定」。這一說法未能加以闡述，局限於人以立法機關在政策制訂和資源分配方面的代表性和有效性為前提，同時受制於一個國家的民主發展狀態、社會分裂 / 共識程度、經濟條件等外部因素。他們通過對 100 個國家和地區的數據進行實證研究得出，在民主政體之下，高效的、具有回應性的立法機關可以促進政治穩定；反之，在極權政體之下，大量立法機關對政治穩定無絲毫作用，有些反而會加劇社會的動亂和暴力程度。[27]

　　儘管存在前述分歧，但一般而言，制度化或建制化程度愈高的立法機關愈有能力適應政治壓力、處理政治衝突、為政權和政體提供公眾支持，從而促進政治穩定。政治機構的制度化這一概念最早由政治學家塞繆爾・亨廷頓提出，他認為「制度化是組織和程序獲取價值觀和穩定性的一種進程，任何政治體系的制度化程度都可根據它的那些組織和程序所具備的適應性、複雜性、自治性和內部協調性來衡量」。第一，組織和程序的適應能力愈強，其制度化程度就愈高；反之，適應能力愈差，其制度化程度就愈低；第二，一個組織愈複雜，其制度化程度就愈高，一個組織必須具有數量龐大的下屬組織，這個組織不同類型的下屬組織各具高度專門化水平；第三，政治組織和程序獨立於其他社會團體和行為方式而生存的程度愈高，其制度化程度就愈高；第四，一個組織愈團結，愈有凝聚力，其制度化程度也愈高，組織愈

27. Mishler, W and Hildreth, A. (1984). "Legislatures and Political Stability: An Exploratory Analysis," *Journal of Politics*, 46: 25–59.

不團結，其制度化程度也就愈低。[28] 後繼學者 Polsby、Sisson、Grumm 等人綜合亨廷頓的觀點，得出立法機關的制度化主要包括以下五個相互區分又緊密相關的方面：[29]（1）立法機關的自主性，立法機關有獨立於其他權力機關的正式程序與規則；（2）立法機關的開放性，立法機關召開的會議必須對公眾和媒體開放，這種開放性反映在立法機關的程序與規則中；（3）立法機關應具有複雜及理性的內部組織，即擁有一定數量與政府部門平行設置的委員會；（4）立法機關當具有持續性和專業性，即具有特定長度的會期和專業人員、相應專業的物質條件；（5）立法機關在組織上當具有有效性，能行使正式的權力並能真正影響立法。

Blondel 教授在《比較立法機關》一書中通過數據實證分析了立法機關開會的頻率和會期長度、立法機關內部委員會的數目、參與議會辯論的議員人數、法案的通過數量、議員的身份背景等來研究世界範圍內的立法機關，並直言不諱憲制文本「迷惑」立法機關的定位，未必能真實反映立法機關在政策制訂中的作用。同時 Blondel 教授認為人們對立法機關的職能存在「重大誤解」——總把立法職能作為立法會機關最重要的活動。Blondel 教授指出人們對立法機關「重大誤解」源於 17 世紀的古典政治思想家洛克和孟德斯鳩，「立法機關的功能在於立法」，作為代議機構當促進人類自由和民主。[30] 然而有些論調認為除了西方民主國家之外，全球其他的立法機關的政策制訂能力弱，或者不具備政策制訂的能力。這顯然是基於一種未言明的預設——但凡立法機關不能像美國國會或歐洲國家的議會那樣對行政機關說「不」，就會

---

28. 賽繆爾・亨廷頓，王冠華、劉為等譯，沈宗美校（2008）。《變化社會中的政治秩序》。上海：上海世紀出版集團。10–16 頁。

29. 參閱 Polsby, Nelson W. (1968). "Institutionalization of the U. S. House of Representatives," *American Political Science Review*, 62:144–68. Sisson, Richard (1973). "Comparative Legislative Institutionalization: A Theoretical Exploration," in *Legislatures in Comparative Perspective*, Kornberg, Allan, ed. New York: David McKay. Grumm, John G. (1973). *A Paradigm for the Comparative Analysis of Legislative Systems*. Beverly Hills: Sage Publications.

30. Blondel, Jean (1973). *Comparative Legislatures*. New Jersey: Prentice-Hall. pp. 4–5.

被認為是軟弱無力的。[31] 對此，Blondel 教授拓展了所謂議會「政策制訂」的權力這一概念，在〈政府與反對派〉一文中，他提出了「立法黏度」（viscosity）的概念，用來形容立法機關抵制政府主導立法的能力，「在有些地區，立法機關是相當順服的，法案總能輕鬆通過，而參與審議的議員人數、參與辯論的時間則非常少。伴隨立法機關愈來愈自由，立法審議的時間也開始拉長，立法修正案也開始得到討論，雖然最終政府主導的法案還是能得到通過。」[32] 自 Blondel 起，學者們開始精確闡釋立法機關對立法的影響力，他們認為政策制訂能力並非簡易的「有」或「無」二元對立，而是呈現出一種立法機關參與程度不一的連續性。

　　傳統觀點對立法機關的分類，是基於立法機關在權力體制中的地位，而此種地位關注的則是立法機關的政策制訂能力及與行政部門的關係。「總統制—議會制」二元體制區分下的議會分類長期壟斷着「如何對立法機關進行分類」這一難題，但隨着各國憲法文本規範的立法與行政關係日益複雜，加之轉型國家的憲制文本本身具有不穩定性和生成性的特點，導致實踐中的立法機關與文本上的立法機關存在差異。Polsby 教授將立法機關置於一段連續的光譜：一端為「轉換型立法機關」（transformative legislature），另一端為「場所型立法機關」（arena legislature）。前者指「立法機關具有獨立地將建議轉化或形塑成法律的能力」；後者指「立法機關作為政治體中各種政治立場、觀點博弈的場所」。[33] 同樣，Weinbaum 教授也根據立法機關在政策制訂中的角色來為其分類，其中影響立法機關政策角色的因素包括：立法機關啟動立法的能力、修正、延遲、否決法案的能力、質詢政府的能力、

---

31. Mezey, M. L. (1983). "The Functions of Legislatures in the Third World," *Legislative Studies Quarterly*, 8(4): 515.

32. Blondel, Jean, et al. (1970) "Comparative Legislative Behaviour: Some Steps towards a Cross National Measurement," *Government and Opposition*, 5(1): 80.

33. Polsby, Nelson W. (1975). "Legislatures," in *Handbook of Political Science,* vol. 5, Greenstein, Fred I. and Polsby, Nelson W., eds. Boston: Addison-Wesley. p. 277.

行使調查權的能力、改變政府部門預算的能力、人事任免的能力等。但 Weinbaum 教授也注意到政策制訂只是立法機關的功能之一，立法機關還具有利益整合、解決政治衝突等功能。因此，Weinbaum 教授將立法機關分為五類：協調型立法機關、隸屬型立法機關、順從型立法機關、中間型立法機關、競爭主導型立法機關，他將大多數第三世界民主化地區的立法機關歸為「順從型立法機關」，這一類立法機關擁有較弱的政策制訂能力，但也具有一定的利益整合能力。【34】

Mezey 教授繼承了 Blondel 的觀點，他指出各種類型的立法機關之間的區別在於其對行政機關的政策活動施加的限制，他將「限制」定義為「立法機關施加於行政機關之上，使得立法機關在行政面前不至於脆弱到崩潰，同時防止行政機關僅單邊就能制訂政策」，並且此種限制伴隨着政策制訂階段的不同而有所區別（政策制訂一般分為創制、審議、監督等幾個階段）。【35】簡而言之，立法機關雖不能強勢拒絕行政機關，但可以通過其他微觀層面的行為來抵制行政機關，從而達到形塑公共政策的目的，如在相對私人的委員會會議上影響公共政策等。同時 Mezey 教授指出，不少國家被稱作為「立法機關」的機關其實並非「法律制訂的主體」。通過進一步檢視立法機關的各項職能，Mezey 教授將立法機關定義為「一個政治體內履行不同功能的彈性機構」。【36】Mezey 教授從另一個角度將立法機關的職能概括為：政策職能、代議職能和體制維護職能。【37】「一個立法機關究竟擁有多少政策制訂的權力」成為了經典的「Mezey 難題」。Mezey 教授指出即使在啟動政策方面本無甚

---

34. Weinbaum, Marvin G. (1975). "Classification and Change in Legislative Systems: With Particular Application to Iran, Turkey, and Afghanistan," in *Legislative Systems in Developing Countries*, G. R. Boynton and Chong Lim Kim, eds. Durham: Duke University Press. p. 45.

35. Mezey, Michael L. (1979). *Comparative Legislatures*. Durham: Duke University Press. pp. 25, 47.

36. Ibid, pp. 3, 12.

37. Ibid, pp. 7–11.

影響的立法機關仍可以發揮審慎代議功能。[38] Mezey 教授也根據立法機關的政策制訂和公眾對立法機關的支持，將立法機關分為五類：[39]
（1）積極型立法機關，擁有較強的政策制訂能力和極高的公眾支持率；
（2）脆弱型立法機關，擁有較強的政策制訂能力和極低的公眾支持率；
（3）回應型立法機關，擁有一般的政策制訂能力和較高的公眾支持率；
（4）邊緣型立法機關，擁有一般的政策制訂能力和較低的公眾支持率；
（5）最小型立法機關，不具備政策制訂能力，但擁有較高的公眾支持率。

　　針對立法機關的職能，Packenham 教授提出了 11 項職能，分為三類：第一類，合法性職能；第二類，募集人員、社會化、培訓職能；雖然立法機關的議員並非最具影響力的社會精英，但相對於軍隊或官僚精英，公眾更容易獲得議員的信息。不少國家的議會擔負着為未來政治精英提供人才儲備的功能。第三類，決策性、影響性職能。[40] Carey 教授將民主性的立法機關的功能概括為五項：代表、審議、信息、決策、制衡。[41]儘管學者們對立法機關職能的分類角度各不相同，但均未將立法職能作為立法機關活動的中心，並對立法機關採取了更寬泛的闡釋。除了對立法功能進行除魅外，學者們進一步將立法職能放置在立法的階段性過程中檢視。在 Mezey 教授的經典分類基礎上，Norton 教授補充了一項新的功能：即立法形成或取代（重新制訂）政策的功能。這項功能是一項啟動性權力，處在立法的早期階段，一般而言，立法

38. Norton, Philip (1993). *Does Parliament Matter?* New York; London: Harvester Wheatsheaf. p. 7.

39. Mezey, Michael L. (1979). *Comparative Legislatures.* Durham: Duke University Press. p. 27.

40. Packenham, Robert A. (1970). "Legislatures and Political Development," in *Legislatures in Developmental Perspective*, Kornberg, Allan, Musolf, Lloyd D., et al., eds. Durham: Duke University Press. pp. 527–536.

41. Carey, John M. (2006). "Legislative Organization," in *The Oxford Handbook of Political Institutions in Rhodes*, R. A. W., Binder, Sarah A., et al., eds. Oxford; New York: Oxford University Press. p. 431.

機關往往在立法的後續階段才會發揮影響力。[42]在立法的早期階段，雖由立法機關自身控制着「立法形成或取代（重新制訂）政策」這項啟動功能，但這並不是強勢立法機關的必要條件。在對拉美國家代議機關的研究中，Cox 和 Morgenstern 教授提出「參與式互動」，這也是立法機關重要的角色，立法機關並不一定要具備積極啟動的權能 —— 啟動立法、設置議程，即源於制衡行政機關的能力。[43] Arter 教授亦指出了立法機關研究中的一項轉變，即從 Mezey 教授的設問「立法機關享有多少政策制訂的權力」到「立法機關如何發揮政策制訂的權力」，學界將問題轉向立法機關的實際表現而非其在理論上的全能，「集體議員或個體議員，在立法過程的三個階段中 —— 形成公共政策、履行公共政策、監督行政機關，如何履行職能？」Arter 教授的系統評估標準獨到地區分了立法機關的能力和立法機關的實際表現，下面 15 個問題囊括了「個體議員及議員集體如何在整個立法過程中 —— 包括政策的形成、審議及對政策進行監督三個階段中行使自身權限」：[44]

1. 議員如何影響立法的形成？

   (a) 立法機關議員是否擁有（不受限制的）立法提案權？個人提案還是聯合提案？

   (b) 立法機關委員會是否享有立法提案權？

   (c) 立法機關議事規則是否要求對重大的立法實行絕對多數通過？

   (d) 立法機關立法是否以立法聯盟為基礎？

   (e) 議員是否參與行政機關啟動的立法籌備工作？

---

42. Carey, John M. (2006). "Legislative Organization," in *The Oxford Handbook of Political Institutions,* Rhodes, R. A. W., Binder, Sarah A., et al., eds. Oxford; New York: Oxford University Press. p. 201.

43. Cox, Gary W. and Morgenstern, Scott (2001). "Latin America's Reactive Assemblies and Proactive Presidents," *Comparative Politics*, 33: 172.

44. Arter, David (2007). "Conclusion: Questioning the 'Mezey Question': An Interrogatory Framework for the Comparative Study of Legislatures," in *Comparing and Classifying Legislatures*, Arter, David, ed. London; New York: Routledge. p. 206.

      (f)　立法機關議員領袖是否與行政部門主要官員就政策問題進行事前商議？

2.　議員如何參與立法審議？

      (a)　議員是否能經常有效聚首議會審議立法？

      (b)　立法機關是否能有效控制議事日程？

      (c)　立法機關是否能有效收集訊息？

      (d)　立法機關是否將審議職能移交下屬委員會？

      (e)　立法機關委員會是否能獨立於行政機關審查立法？

      (f)　議員審議時是否遵循各自的政黨路線投票？

3.　立法機關如何進行政策監督？

      (a)　立法機關是否具有制度化的監督能力？

      (b)　立法機關是否重視對行政機關的監督？

      (c)　議員監督行政時是否遵循各自的政黨路線投票？

三、小結

　　儘管不同國家、不同地區的政權組織形式存在極大差異，簡單而言，政治學家仍然根據立法機關和行政機關之間的關係，把這些多樣化的憲法架構粗略劃分為總統制（presidentialism）和議會制（parliamentarism）。總統制之下，總統作為行政機關首長，是由獨立於立法機關的選舉程序產生，總統也擁有獨立於立法機關的任期制。作為行政機關的首長，不受立法機關的直接控制。所以，總統制下的國家和地區一般也擁有較為清晰的分權——行政權、立法權和司法權，分別由享有平等憲法地位的不同機關來執掌。而議會制下立法機關與行政機關的關係則與總統制下大相徑庭。議會制中的行政機關一般就是內閣，內閣成員在立法機關的成員中產生；行政機關由總理或者首相領導，而總理或首相往往是議會的多數黨或者佔多數的黨派聯盟的領袖。因此，議會制下立法機關和行政機關的人員是重疊的，行政機關受到立法機關的直接控制。行政機關的施政必須得到議會多數的支

持；一但行政機關首長失去了議會的支持（如議會通過對政府的不信任案或否決重要政府法案），首相或總理就必須辭職，或者解散議會重新選舉，把決定權交到選民手中。在總統制與議會制之外，亦存在介於兩者之間的制度安排，即半總統制（semi-presidentialism）。這些國家的憲法架構中有經過直接選舉而產生的總統，同時也有經議會多數黨派產生的總理，兩者分享總統制下屬於行政首長的權力。半總統制的憲法架構有可能導致所謂的「左右共治」狀況的出現，即總統和總理分別來自意識形態上對立的兩個政黨或政黨聯盟。

對於發展中的新型民主國家或地區而言，究竟總統制還是議會制更能促進政治穩定和有利建設良好的政府？這一直是困擾政治學者的經典政治難題。如前文所述，總統制和議會制兩種憲法架構都存在一定缺陷。總統制下，總統制的架構可能導致多黨派的政黨競爭成為一種「你輸我贏」的零和博弈遊戲。輸掉選舉的黨派幾乎缺乏制度內的參政管道來分享行政權力，他們只能鋌而走險選擇以制度外的暴力街頭政治甚至政變來重新進入政治舞台。另外，獨立的行政與立法系統之間的分歧而導致的政治僵局，一直也是總統制憲法架構中不可克服的潛在矛盾。議會制存在的弊端，主要是行政機關由立法機關直接控制，一但出現政策失誤，選民就很難決定究竟應該問責內閣系統，還是問責議會系統，遂產生行政與立法機關之間問責不清的情況。同時，由於行政機關服從立法機關的直接控制，有時國家公共政策很難在「多數決」的民主原則與保護少數群體利益之間取得平衡。佔據議會多數群體通過控制議會而統治了全部政治議程，就可能引發所謂「多數暴政」，導致少數的利益在政治過程中無法得到體現。最後，議會制也可能出現兩黨之間通過議會政治而進行權力博弈，導致內閣動盪不堪，通常為了在兩黨席位數目接近的情況下形成議會多數，主要政黨必須聯合小黨組成政黨聯盟，因此可能出現一些席位較少的小黨有機會成為議會中的關鍵少數，從而劫持議會的政治議程，對政治施加與其席位不相匹配的影響力。但迄今而言，總統制和議會制何者更有利於形成穩定的證據，政治學界未有定論。

　　在國家的政權組織架構中，立法機關的基本職能是制訂法律，決定國家財政收入和支出。20 世紀以來，在不少威權主義地區，議會的重要性持續下降，代表作用不斷萎縮，甚至一些非民主國家的統治者完全廢棄了議會，但要徹底取消立法機關確是困難的，立法機關的彈性恰恰表現在其類型的多樣性，正如前文議會學者們研究所呈現的那樣，表現出積極型議會、反應型議會、邊緣型議會、弱小型議會等幾種類型，除了較為強勢的積極型議會，其他類型的議會在各自所處的政體中正在或逐漸失去相對於行政機關的權力──主要是議會正慢慢失去了對立法過程的控制。法案經過議會而成為法律文本，但它們的起源卻是在其他地方，包括行政機構、官僚階層和利益集團。有紀律的政黨和政策制訂的複雜性也增強了行政機構的地位，行政機關如今成為政治行動的核心所在，而議會卻成為了政治的展覽品。儘管如此，草率地認為今天的立法機關已然衰落也為時過早。首先，即使議會不再創設法案，但它們仍發揮着代表、監督及在議會制國家納用政府職員等諸多功能。其次，雖然議會的黃金時代已經落幕，但在其他方面，比如作為政治辯論的舞台、作為少數者抗爭的提出者，特別是作為監督機構，議會的作用愈來愈重要，議會具有獨一無二的權威，能夠迫使政治家和公務員在這個仍然代表國家的實體機構面前對自己的行為負責。

第二章

港英時期行政與立法關係的演變

∞∞∞∞∞∞∞∞∞∞∞∞∞∞∞∞∞∞∞

　　九七回歸前，香港從來沒有民主選舉，卻有一定的公民、言論和經濟自由，有獨立的司法和自由市場，這種狀況是適應英國殖民統治的政治需要而形成的。除港督外，所有殖民地政府官員皆為公務員，這些公務員擁有極大的決策權，但他們不對立法機關或市民直接負責。殖民地政府時的行政局及立法局皆為港督的「諮詢」架構，其成員都由港督任免（直到 1991 年立法局才有部分直選議席的議員），故當時不存在立法機關制衡行政機關之說。歷任港督以至殖民地政府官員均缺乏本地民意授權，政府以此體制運作，並以經濟發展為核心，轉移民眾的政治訴求。港英殖民時期，政治權力集中於以港督為首的行政機關，港督由倫敦直接委派過來，屬於政治任命，具體行政工作依賴布政司協助，政府的日常決策則由政務官一手包辦，除了被委任進入各級諮詢架構的少數工商界精英能夠參與決策外，一般大眾及社會人士根本無從置喙。

一、1985 年前港英殖民統治時期的行政與立法

（一）1985 年前港英政府憲制框架中的行政與立法

　　1985 年前港英殖民統治期間，香港的政治制度主要由《英皇制誥》（*Letters Patent*）、《皇室訓令》（*Royal Instructions*）及《殖民地條例》（*Colonial Regulations*）三份憲制性文件共同建構。1843 年《英皇制誥》授權設立港督、行政局及立法局，並賦權港督經諮詢立法局後制訂法

律及條例;《皇室訓令》則定明行政、立法兩局的角色和職責、兩局的組成,以及訂定立法局制訂法律及條例的規則和程序。[1]其中《英皇制誥》明確規定「在任的港督在取得立法局意見後制訂及通過維持香港和平、秩序及良好管治而不時需要的所有法律及條例」,[2]這清晰表明當時的立法局還不是真正意義上的立法機關,只是港督立法的諮詢機構而已。

1888 年 1 月 19 日,《英皇制誥》作出修訂並生效,第 7 條規定:「總督參照立法局之意見及得該局同意制訂法律,以確保本殖民地之和平、秩序及良好管理」。此次修訂賦予立法機關成員若干真正權力。根據經修訂的條文,限制港督在制訂法律的過程中,不但須徵詢立法局的意見,更須獲得立法局的同意。不過,香港立法的主體是港督而非立法局,對立法局通過的法案,港督可以批准,也可以拒絕批准,且王室保留駁回經港督批准的法律的絕對權力;港督主持立法局的會議;立法局的會期由港督公佈;港督有權在立法局休會期間召開立法局特別會議;立法局表決議案時,港督雖然只享有普通一票,但當贊成與反對票數相等時,他的一票便成為決定性的一票,而且港督可隨時解散立法局。[3]儘管如此,但《英皇制誥》文本於「參照立法局之意見」之後加入「及得該局同意」的字眼,説明此時的立法局已不僅僅是港督的諮詢機構、輔助機構、協助定例的機構,其亦具有西方議會的某些職能。1917 年《皇室訓令》進一步針對港督和立法局的立法權

---

1. Tsang, Steve Yui-Sang ed. (1995). *A Documentary History of Hong Kong: Government and Politics*. Hong Kong: Hong Kong Univerisity Press. pp. 19–22.

2. 1843 年《英皇制誥》原文規定:"the Governor for the time being......with the advice of the said Legislative Council, shall have full power and authority to make and enact all such laws and ordinances as may from time to time be required for the peace, order, and good government of the said colony of Hong Kong." 參閱 Tsang, Steve Yui-Sang ed. (1995). *A Documentary History of Hong Kong: Government and Politics*. Hong Kong: Hong Kong Univerisity Press. p. 19.

3. 鄭宇碩編(1987)。《香港政制及政治》。香港:天地圖書有限公司。88、95 頁。

限施加限制，第 26 條規定了十類港督不得以皇室名義批准的法律。[4]同時，第 24 條對議員的權力施加限制：「立法局議員有資格在立法局會議上提出問題，並按照規例進行辯論。關係到皇室在本殖民地收益之條例、投票、決議及問題，應由港督或港督允許或指定之人提出。」[5]概而言之，香港如同其他英屬殖民地一樣，設有港督、行政局與立法局三大部分，行政局和立法局在港督之下，其成員均由委任產生，輔助港督管治殖民地。[6]港督作為英皇的代表，統領殖民地。行政局與立法局（合稱「兩局」）僅為港督諮詢之用，並受到港督轄下布政司署控制，「兩局」分工協作，並無分立制衡之意。

　　殖民地行政立法兩局均為輔助港督施政的工具，行政立法兩局議員由港督委任，大多為官守議員。官守議員，指有政府官員身份的議員。如公務員事務司長出任行政局議員。其中布政司、財政司、律政司等一定出任行政局 / 立法局議員，稱之為「當然官守議員」；反之，非官守議員，即指非政府行政機關官員的行政局 / 立法局議員。第二任港督戴維斯（Sir John Francis Davis，1844–1848 在任）上台後，橫徵暴斂，引發華人士紳與英商不滿，於 1848 年去職。1848 年 1 月，香港一些商界領袖向倫敦呈交請願書，投訴立法機關內既無他們推選的代表，也沒有經提名由港督選任的人士，以致他們在立法機關沒有任何

---

4. 1917 年《皇室訓令》第 26 條規定：「……港督不得以皇室名義批准：1、領聖洗結婚人士離婚之法案；2、贈與他自己土地、金錢、捐獻或獎金之法案；3、影響本殖民地貨幣或關係到發行紙幣之法案；4、設立銀行工會，修訂銀行工會章程、權力或特權之法案；5、徵收差額稅之法案；6、包含有與皇室承擔之條約義務相違背之條款之法案；7、干擾英國陸、海、空三軍紀律之法案；8、損害皇室特權、損害居住在香港以外的英國臣民之權利及財產，以及損害聯合王國及其屬土貿易及航運之性質特殊而且特別重要之法案；9、對非歐洲出生或非歐洲血統人士實施禁令或限制而對歐洲出生或歐洲血統人士則不受禁令或限制之法案；10、包含有皇室曾經拒絕或不批准之條款之法案。」由於港督是政治任命的，一般不會違抗殖民地部的命令。殖民地部亦不會輕易推翻立法局通過的法律。根據學者 Miners 的統計，對立法局通過的法律進行行政審查並推翻的個案數量很少，且推翻的理由極隨意，並無共通的特徵。參閱 Miners, N. J. (1988). "Disallowance and the Administrative Review of Hong Kong Legislation by the Colonial Office, 1844–1947," *Hong Kong Law Journal*, 18: 218, 247.

5. 史深良（1991）。《香港政制縱橫談》。廣州：廣東人民出版社。214–223 頁。

6. 鄭宇碩編（1987）。《香港政制及政治》。香港：天地圖書有限公司。1–3 頁。

參與。年底，第三任港督文咸（Sir Samuel Benham，1848–1854 在任）召集一些非官守太平紳士，並委任他們推舉兩位民間人士進入立法局。於是 1850 年出現第一批非官守立法局議員。1896 年，在倫敦當局的授意下，香港行政局又出現第一批非官守議員，但直到 1985 年前，港督除委任立法局所有議員外，局上所討論的一切議案或法案最終必須得到港督同意並簽署才可通過，港督在所有議案上也有「最終否決權」，立法局成員的總數由 1940 年代末期至 1980 年代中期逐步增長，自 1964 年 7 月，官守議員與非官守議員人數漸趨相等。增加非官守議員人數，旨在吸納社會不同階層人士進入議會，從而提升立法局的代表性。港英政府在 1850 年後之所以積極推動非官守議員委任，目的是擴大港督在香港的統治基礎，但這樣的基礎是建立在殖民地官僚與商人，特別是華人財團與英商的合作互利之上，形成了港英政府與華人商人共治香港的印象，主要的考量是英國在香港乃至遠東地區的商業利益，而非要擴大香港本地居民參政或打破中英之間的種族藩籬。[7]

殖民地行政局成員包括現任駐港英軍司令、布政司、律政司、財政司，合為當然官守議員；還包括其他按照是否在殖民地持有官職來區分的委任官守議員和非官守議員。行政局並非執行立法和行政任務的行政機關，其主要職責在於為港督提供諮詢，尤其是關於殖民地政策的形成。鑒於其成員的委任性質，大多數的非官守行政局成員不具有修正或挑戰港督或政府的政策制訂權，學者 Lorenz Langer 更評價「香港的行政已不僅僅是『行政主導』；根本上說，香港的政制除了行政而別無他物」。[8] 在港英的政治體制中，港督集大權於一身，「兩局」議

---

7. 劉曼容（2001）。《港英政府政治制度論》。北京：中國社會科學文獻出版社。31 頁。1850–1900 年間，政府委任的 43 名立法局非官守議員中，有約六成由英商擔任。1861 年，在港英資洋行組成香港總商會，對港英政治經濟事務，更具重要影響力。馮邦彥（1997）。《香港華資財團》。香港：三聯書店。26–27 頁。

8. Wesley-Smith, Peter (1994). *Constitutional and Administrative Law in Hong Kong.* Hong Kong: Longman Asia Ltd. p. 124. Langer, Lorenz (2007). "The Elusive Aim of Universal Suffrage: Constitutional Developments in Hong Kong," *International Journal of Constitutional Law*, 5: 422.

員由港督直接官派或從英資財團中委任，[9]而港督身兼立法局主席，形成以港督為核心的「行政主導」體制。[10]在立法局部分議席開放直接選舉之前，立法機關可說是完全依附於行政首長之下，對行政機關並無任何制衡的作用。行政局是港督首要的諮詢組織，行政局既非決策機關，亦非決策執行機構。在港英政府中，承擔行政職能的行政機關是由港督領導的司局為主體的。行政局會議由港督或港督指定的議員主持。只有港督有權向行政局提出議案，徵求議員們的意見並作出決定。行政局也是行政系統外的人士參與港英政府管治的最高階梯，立法局則成為晉升行政局的重要一步。部分行政局議員同時兼任立法局議員，以增加立法局對行政局的向心力。立法局在開放選舉前，其對港英政府財政及法案的審議工作猶如橡皮圖章。[11]

總體而言，香港的憲制性文件《英皇制誥》和《皇室訓令》並無「實現皇室與港督之間權力平衡」的意圖，反而在諸多方面鞏固了港督無節制的權力。[12]雖然作為香港基本憲制文件的殖民地憲法從 1840 年到 20 世紀 80 年代，除若干修改外，本質上並無太大變化，但作為正式文本的憲制安排並不一定是現實政治或憲制發展的真實導引，這些安排很快便被港英政府巧妙地將權力轉移，亦把指向自治層面的政治慣例沖淡，例如港督雖保留法律上的權力，但實際卻退居幕後，政治舞台的中心由主要官僚把持，港督也從立法局大會中退出，由主要官僚在會

---

9. 一般而言，大財團人物能進入行政局，一般財團人物能進入立法局。任何有關商業利益的立法，都要他們同意。這種討價還價的局面保證了香港資本主義運作不至於損害商人利益，嚇跑資本，其政策也能穩定。香港也被認為是世界上少有的政策穩定的地區。李昌道（1997）。《香港政治體制研究》。上海：上海人民出版社。26–27 頁。

10. 楊奇（1996）。《香港概論（上、下）》。北京：中國社會科學出版社。11 頁。

11. 1980 年代以前，立法局官守議員公開挑戰港督的行為可謂鳳毛麟角。學者 Endacott 記錄了 1946 年一例，官守議員成功挑戰港督的稅收建議，Gladstone 作為殖民地布政司維持了這項反對。參閱 Endacott, G B. (1964). *Government and People in Hong Kong, 1841–1962*. Hong Kong: Hong Kong University Press. p. 22.

12. Chan, Johannes (1997). "The Jurisdiction and Legality of the Provisional Council," *Hong Kong Law Journal*, 27: 374, 377.

上主持政務，並在立法局審議中作為獨立的發言人。港督和兩局之間就政策制訂亦存在着政治慣例——港督也會與兩局成員分享本屬於自己的政策制訂特權，港督拒絕兩局建議的例子非常罕見。[13] 隨着港英政府「去殖民化」進程的推移，立法局、行政局中官守議員、非官守議員之間勢均力敵，更加鞏固了這一時期的政治慣例。[14] 對此，有學者認為港英政府後續被動或主動的代議制改革是違反香港憲制的，因《英皇制誥》、《皇室訓令》等憲制文件，對行政、立法兩局的組成、性質、會議、關係等都有明確規定。[15]

（二）1844 至 1985 年間歷屆港督改革中的行政與立法

「去殖民化」（decolonization）與「民主化」同屬殖民地政治形態變化的重要過程，但兩者不盡相同。殖民政府推動「去殖民化」不一定會促成殖民社會的民主化，前者的重心在於宗主國主動以民主方式，進行符合宗主國目的的權力轉移及撤離過程，後者側重於殖民社會民主機制建立的開展。在香港，港英殖民者倚重英商資本協助英國本土經濟發展，雙方利害與共，港英政府只需給商人提供政治穩定與法治社會的營商條件，而無須對他們實施殖民同化政策，亦無須與他們分享政治權力。此種「政商共治」的管治形態下，難有實施民主政制的誘因。[16] 佳日思教授曾頗具洞見地指出，港英政府的財政吸取能力和公共服務取決於香港的經濟狀況，這一現實因素決定了殖民地憲法必須讓

---

13. Miners, N. (1991). *The Government and Politics of Hong Kong*, 5th ed. Hong Kong: Oxford University Press. p. 84.

14. Ghai, Yash (1997). *Hong Kong's New Constitutional Order: The Resumption of Chinese Sovereignty and the Basic Law* (Second Edition). Hong Kong: Hong Kong University Press. p. 16.

15. 李昌道（1999）。《香港政治體制研究》。上海：上海人民出版社。117 頁。

16. 1843 年首任港督砵甸乍（Sir Henry Pottinger）兼任對華貿易和香港三軍統率職銜，殖民地部致函其即指出：「香港的佔領，不是為了殖民，而是為外交、商業及軍事目的。負責管治此地的官員，須同時負責與中國的接觸和談判，管治在中國境內的英國人，處理與中國的貿易。因此，香港所設立的方式，一定與英國其他殖民地有所不同」。參閱楊奇（1996）。《香港概論（上、下）》。北京：中國社會科學出版社。6–7 頁。

步於「自由市場」的意識形態，而立憲主義本身的民主要求則必然會被視為香港經濟繁榮的主要威脅。[17]

2.1　楊慕奇改革中的行政與立法

英國決定採取具選擇性的「去殖民化」政治策略，即透過在殖民地推行民主，以在當地培養親英勢力。1946 年，港督楊慕奇（Sir Mark Young，1941–1946 在任）主動提出香港非殖民化的首次重要政制改革，[18] 史稱「楊慕奇計劃」。其最主要內容為建立「市議會」（Municipal Council）作為地方自治政府，將少部分權力下放香港市民以懷柔港人，恢復港英統治權威。「市議會」設有 30 個議席，其中 20 個為直選。非中國人與中國人各佔一半。選區劃分上，洋人以全港為一選區，選出 10 名議員。10 名華人民選議員的選舉方法，是將香港劃分為 10 個選區，每個選區選出一名華人代表當議員。餘下 10 席由不同行會組織提名，例如香港總商會（Chambers of Commerce）、工會（Trade Unions）、香港大學及太平紳士等。

在選舉及被選舉的資格上，「楊計劃」並非對全民開放，而是偏重資產階級：（1）選民必須年滿 25 歲並具備中英文兩種讀寫能力；（2）必須過去 10 年內，在港居住滿 6 年（中國人只需 3 年）；（3）個人入息或資產稅一年不能低於 200 港元，或擁有符合成為陪審團的資格。[19] 因

---

17. Ghai, Yash (1997). *Hong Kong's New Constitutional Order: The Resumption of Chinese Sovereignty and the Basic Law* (Second Edition). Hong Kong: Hong Kong University Press. p. 16.

18. 英國本土徵稅與民主化傳統存在一種稅收與民主的迷思，這使得英國起初認為，在港華人已蘊含爭取「非殖民化」的意識。1939 年歐戰掀起至 1949 年太平洋戰爭爆發期間，港府為支應英國歐戰軍費，在港制訂「戰爭稅收條例」，開徵所得稅，包括資產物業稅、薪俸累進稅、公司利得稅及非公司累進稅等多種稅項，港英「稅制委員會」（Taxation Committee）當時即提出，徵稅「從根本上偏離『自由港』財政政策，將引起現今市民對代議政制的潛在需求」，即橫徵暴斂可能招致港人追求民主的危險。Miners, N. J. (1984). "Plans for Constitutional Reform in Hong Kong," *The China Quarterly*. 107: 465. Cullen, Richard, and Krever, Tor (2005). *Taxation and Democracy in Hong Kong*. Hong Kong: Civic Exchange.

19. Miners,N. J. (1984). "Plans for Constitutional Reform in Hong Kong," *The China Quarterly*, 107: 468–469.

此，當時有投票權的香港市民為少數中的少數，幾乎都只是受過教育的精英或有錢的商人階級。當時在港的歐洲籍商人，也站在改革的對立面，因為按照選舉方案，華人議員代表可能掌握市議會的有效控制權，這對於殖民當局的立場——保持歐洲人的優勢概念背道而馳。[20] 事實上，「市議會」的功能，只不過是負責公園、車輛及市政工作，外交、軍事、財務等要務全權由港督掌握，「市議會」與「市政局」一樣充其量只是立法局以外另一新設的諮詢機構。然而無論是在港發展的華商，還是戰後來港謀生的基層市民，均無政治改革的熱情；中國商會勢力也僅是假借「市議會」謀求經濟性及高效率的行政權力，並不樂見改革中的「民主成分」。

楊慕奇的政改計劃並未絲毫動搖以港督為首、大權在握的港英政府體制，計劃中的市議會只是被動接受來自殖民政府某些行政權方面的「有限授權」事項，因此「楊慕奇計劃」只是一個戰後對香港政、經、社各層面的精英進行行政吸納的計劃，不涉及到港英政府「高層政治權威」向下對基層政治空間的釋放和形塑。

2. 葛量洪改革中的行政與立法

「楊慕奇計劃」夭折後，繼任港督葛量洪（Sir Alexander Grantham，1947–1957 在任）並未慌張進行政治改革，[21] 其認定香港未來並不是獨立或自治的問題，而是如何面對 1949 年以後的中國。其在回憶錄中對香港的殖民地地位有十分清楚的戰略定位：「香港的根本政治問題，是其與中國的關係，而不是大多數英國殖民地所面臨的問題。」在此情況下，香港人需要的只是「穩定的環境」、「合宜的稅率」和「公正的

---

20. Miners N. (1989). "Constitutional Reform in Hong Kong, 1945–1952 and 1984–1989," *Asian Journal of Public Administration*, 11(1): 96.

21. 葛洪量考慮在國共內戰的形勢下貿然在港設立民選自治政府，恐將淪為國民黨或共產黨在港的政治舞台，甚至有可能架空了立法局及港英政府，對港英管治權威有害無益。參閱 Louis, Wm. Roger (1997). "Hong Kong: The Critical Phase, 1945–1949," *The American Historical Review*, Vol. 102, No. 4, (10): 1058–1060.

司法」。香港人只注重工作和賺錢，而且不會真正了解民主，因此由一般「專家」治理香港更為合適。[22] 葛量洪向英國政府提議取消憲政改革計劃，只增加市政局民選議席，英政府同意其提案。[23] 1950 年中英建交，中國表示短期內不會急於收回香港主權，英國當局遂認為香港沒有急切需要成立市議會或政治改革的動機。至 1952 年，英國及港英兩地政府同時宣佈「香港不會推行大規模的政制改革」。故有學者認為此階段英國政府想讓香港開展「去殖民化」的工作，可能性並不高。[24]

葛量洪將改革中心轉移至已有的市政局及立法局，在市政局增加民選成分，在行政局、立法局及市政局增加非官守議員人數，並推動公務員「本土化」，以吸納在港華人。港英政府通過公共機構公開招聘華人，加入港英文官體系，構成主從或勞資關係，使其廣泛階層均要直接依附政府。就立法局改革而言，無論是楊慕奇還是葛量洪，由於設有委任制度及選民資格限制，實質的民主都非常有限。

葛量洪的新政措施使香港行政特別有效率，市政局的認受性甚至超過行政局與立法局，逐漸顯現出「行政吸納政治」的現象。學者金耀基指出「行政吸納政治」有三層含義：首先由威權政府或政治精英壟斷一切政治決策；其次是盡量滿足包括經濟精英和知識精英在內的其他社會精英的經濟利益或需求；最後是通過「諮詢」等方式安撫或平息非精英大眾的不滿和反抗。[25] 總而言之，「行政吸納政治」即由「行政系統承擔政治的功能，從而抑制並消解經濟精英和社會大眾的政治意識和參與行動」，意指港英政府通過諮詢委員會、議會的委任議席，確

22. Grantham, Alexander (1965). *From Hong Kong to Hong Kong*. Hong Kong: Hong Kong University. p. 105.

23. 葛量洪，曾景安譯（1984）。《葛量洪回憶錄》。香港：香港廣角鏡出版社。229 頁。

24. 參閱強世功（2008）。《中國香港：文化與政治的視野》。香港：牛津大學出版社。70–71 頁。王宏志（2000）。《歷史的沉重：從香港看中國大陸的香港史論述》。香港：牛津大學出版社。114–116 頁。

25. 刑慕寰、金耀基編（1985）。《行政吸納政治：香港的政治模式 —— 香港之發展經驗》。香港：香港中文大學出版社。

表2.1 1985年後立法局議席改革方案的變化 [26]

	楊慕奇 計劃 （1946）	克里奇·瓊斯 （Creech Jones） 改革（1946）	非官守議 員的動議 （1949）	葛量洪 改革 （1950）	葛量洪 改革 （1952）
港督	1	–	1	1	1
官守議員	7	7	5	4	4
非官守議員					
委任	4	4	5	4	5
間接選舉	4	–	–	6	6
直接選舉	–	7	6	–	–
總數	16	18	17	15	16

保華人社會中集團利益的代表、意見領袖、專業人士，與政府行政部門進行閉門協商，以使各方利益衝突保持在一定程度和範圍，不至於矛盾公開化。在 1964 年以前，立法局 90% 以上的委任非官守議員都來自「親建制」的富裕家族，自 1960 年代中期，又有一些實業家加入。[27] 立法局成為殖民地統治者和本地商業精英解決利益衝突的閉門場所。在立法局引入直選之前，除周三全體會議外，其他所有立法局會議均不對外公開。所有政府政策、法案在提交立法會表決前，審議、討論都是在行政局、官僚系統內部、立法局小組討論和諮詢委員會中閉門進行。絕大部分政府政策都無須通過立法會的嚴格審查，而是極其容易「橡皮圖章」式地通過三讀程序。極少數的法案會遭到議員們的反對，政府和受政策影響的利益集團之間的衝突通過委員會階段對法案進行修正來解決。英國推行的「去殖民化」戰略本質上以延續賺取貿易及財政利益為目的，雖為推動港人民主帶來巨大契機，但多次緣於中國政

26. Miners, N. J (1984). "Plans for Constitutional Reform in Hong Kong," *The China Quarterly*, 107: 463–482.

27. King, Ambrose Yeo-chi (1975). "Adminstrative Absorption of Politics in Hong Kong: Emphasis on the Grass-roots Level," *Asian Survey*, 15(5).

局不穩定，以及大量來港華人移民習慣於香港經濟放任而政治專制的生活模式，甚少關注政治，部分選擇與殖民政商合作，形成移民社會不問「主子」的「買辦」經濟及投機性格，致使香港的政經主體性與自主性長期無法凝聚。

歷史學者 G. B. Endacott 評論英國殖民政策，認為英國「從未認真地嘗試推行去殖民地化讓香港走向某種『內部自治』的道路」。[28]儘管有楊慕奇改革的夭折，港英在 1960 年代曾嘗試過建立地方政府，以削弱中國的影響力。60 年代，港英提出了兩項地方政府改革：[29]一是市政局特設委員會的工作報告；二是迪金森（W. V. Dicksen）的工作小組報告。前者主張成立「大香港市政府」或「大香港市議會」，管轄整個香港地區，並對純粹內政問題負起行政責任。在市議會下設三個區議會，香港島、九龍和新界各一個，市議會中以民選議員居多，三分之二為地區直選、三分之一由該區的議會非官守議員推選。後者主張取消市政局、設立地方當局，分為區議會、市區議會和市議會三種，在各自地區執行原屬市政局的職責，同時擴充其中的民選議席。這兩項改革計劃後因「六七暴動」等事件而夭折。「六七暴動」後，英國政府警覺香港殖民治理方式必須改變，開始全面檢討香港的管治模式，並推動行政、廉政改革。隨着經濟迅速發展，市民要求的不再是安定的生活，而是更多的社會參與，政府於是開始成立地區諮詢組織，搜集民意同時加強與市民的溝通。學者 John Michael Lee 指出英屬殖民地的「善治」是通過建立殖民地和殖民地部之間，以及殖民地管治者和被管治者之間的溝通機制來實現的。大英帝國曾就殖民地管治提出過一套

---

28. Endacott, G. B. (1964). *Government and People in Hong Kong, 1841–1962*. Hong Kong: Hong Kong University Press. p. 229. 英國在香港採取的政制形式，除了便於統治的需要之外，還有其自身的考慮，港英政府雖然重視香港的經濟戰略地位，但也覺得無法長期統治香港，而把香港看做「借來的地方，借來的時間」。參閱 Hughes, Richard (1968). *Hong Kong: Borrowed Place, Borrowed Time*. London: Andre Deutsch.

29. 左正東（1997）。《關於香港立法局直接選舉的爭論：1982–1993》。台北：國立臺灣大學政治研究所碩士論文。30 頁。

「發展理論」，這套發展理論鼓勵 1940 年後的殖民地進行社會改革，每一殖民地的政府官員必須開展福利制度的改革，同時維繫行政管理和法制運作的高效。同時，「善治」意味着政府官員要對發展改革承擔責任。這一過程也通常描述為「打造新的政治班底」，將本地精英吸納進管治隊伍中去。[30]

3. 麥理浩、尤德改革中的行政與立法

1970 年代初，第 25 任港督麥理浩上任（Crawford Murray MacLehose，1971–1982 在任）在香港推行代議政制的概念，讓市民擁有參政權利。他上任後大膽推動改革，先是取消市政局官守議員，僅保留委任的和選舉產生的非官守議員，以增強政府的民意代表性。其次在 1981 年設立區議會，並將選民資格門檻下調，改為任何滿 21 歲在港居住滿 7 年的永久性居民都可登記為選民。[31]到 1984 年，非官守議員人數上限首次超越官守議員人數上限，比例為 32:29。[32] 在中英談判香港前途之前，港英政府無意在香港建立民主制度。港英時代設置的行政局與立法局，主要功能是配合港督施政所需，儘管所有香港法例均必須在立法

30. Lee, J. M. (1967). *Colonial Development and Good Government: A Study of the Ideas Expressed by the British Official Classes in Planning Decolonization, 1939–1964*. Oxford: Claredon Press. pp. 13–31.

31. 蕭全政（1995）。〈1997 前夕的香港在兩岸政經關係中的角色〉。見蕭全政主編，《臺灣新思維：國民主義》。台北：時英出版社。263 頁。

32. 在 1972 年，立法局成員中，23 位非官守議員裏有 15 位華人，已佔當時立法局的一半議席。從 1960 年代香港經濟起飛時，華籍非官守議員在立法局議席比例一直呈上升趨勢。1945–1950 年仍低於 50%，但 1960–1963 年佔 62%，1964–1967 年為 70%，1968–1969 年佔 77%，1970 年上升為 84%。King, Ambrose Yeo-chi (1975). "Administrative Absorption of Politics in Hong Kong: Emphasis on the Grass-roots Level," *Asian Survey*, 15(5): 426–427. 關於官守議員、非官守議員數目的描述參見：Endacott, G. B. (1964). *Government and People in Hong Kong 1841–1962: A Constitutional History*. Hong Kong: Hong Kong Univerisity Press. Millers, Norman John and Tang, Tuck-hang James (1998). *The Government and Politics of Hong Kong*. Hong Kong: Oxford University Press. Cheek-Milby, Kathleen (1996). *A Legislature Comes of Age*. Hong Kong, Oxford and New York: Oxford Univerisity Press.

局中通過，但港督實則對立法局絕對控制，立法局議員很少運用權力
為難政府。

　　1980 年代，港英政府積極改革代議政制，逐次提高普選的質量，
使更多香港人可以參與香港的政治運作。1982 年香港首次舉行區議會
選舉，全港 18 個區議會三分之一的議員共 132 人均由直接選舉方式產
生。1984 年 7 月 18 日立法局特別會議，港督尤德（Sir Edward Youde，
1982–1986 在任）發表《代議政制綠皮書 —— 代議政制在香港的進一步
發展》，希望建立一個「使其權力穩固地立根於香港，有充分權威代表
港人意見，同時更能直接向市民負責」的政治體制，循序漸進地發展民
選政府機關，這份文件被視為殖民地時期的香港政制改革的開端。[33]
尤德表示，「必須考慮香港本身特殊的政治情況，而某些利益構成了基
礎，香港現時在國際上享有工業、商業及金融領導中心的地位，對本
港未來繁榮更是不可或缺，香港的代議制度亦必須予以充分重視……
變革應當循序漸進，應特別為香港獨特的社會和情況而度身訂造，更
應是以行之有效和對香港貢獻良多的制度為基礎。」同年 11 月又發
表《代議政制白皮書 —— 代議政制在香港的進一步發展》，繼續稱要
逐步建立一個能直接向港人負責，又穩固地立根於香港的代議政制，
開展有限度的民主化，將原定於 1988 年在立法局引入間接選舉的計劃
提前至 1985 年實施，並增加間接選舉議席數目至全部議席中的近五分
之一，納入民選區議員等民主成分入選舉團，並探索如何促進政黨發
展，爭取在 1988 年實現立法局直選。白皮書還建議 1985 年香港立法局
選舉，當中 24 名議員分別由選舉團和功能組別間接選出，每類各選 12
名。這個建議最終得到落實，故此時港英政府一改立法局議員由港督
任命的傳統，在立法局引進逾五分之一的功能組別議席，以降低既得

---

33. 張漢德、盧子健編（1984）。《政制改革何去何從》。香港：香港金陵出版社。49–58 頁。

利益者及其他保守精英對民主化的拒斥。[34]功能組別為代表社會上某些職業而在特定公職選舉中擁有投票權的類別,之所以引入以團體作為投票人的間接選舉制度,而非直接選舉,主要目的是為了鞏固港英政府與香港工商業精英階層的政治同盟,防止中國政府支持的香港左派通過選舉進入港英政府。對此,綠皮書寫道,「直接選舉並不是一個放諸四海皆準的辦法,不足以確保選出一個穩定的代議制政府⋯⋯推行直接選舉,可能使本港迅速陷入一個反對派系參政的局面,以致在這個關鍵時期,加上一種不穩定的因素。」

1985年首屆立法局間接選舉,發出了港人對立法局引入直選的求,1985至1991年間的立法局仍被政府牢牢掌控,政府控制了委任非官守議員的22票和官守議員的10票,相對於選舉議席來説,仍形成了大多數支持政府的局面(32:24),而功能組別中的商業團體多與政府有着緊密的聯繫,在涉及政府利益和政治改革等事項上會堅定站在政府一邊。絕大多數情況下,政府都不必擔心其主導的法案在立法局中不能通過。[35]正如不少學者所評價的,儘管此時香港擁有間接選舉,但由於功能組別本質上的封閉性,香港政府仍被少數精英和特權階層掌

---

34. 1984年《代議政制白皮書——代議政制發展在香港的進一步發展》,香港各階層對待白皮書的態度各異,出現社會大眾與商界分離的情況:香港首批追求民主的民間領袖,視直選為掌握自身命運的關鍵。態度相對保守的傳統精英階層則認為直選必然導致福利主義及增加財稅負擔,故反對任何急促和激進的改革。如新興政團「匯點」(後期與「港同盟」合併為「民主黨」)主張倒數式改革,在九七前建立大眾支持的民主自治政府。同時反對功能界別和選舉團,認為他們只是親英勢力的集合,無法真正代表港人利益;而政府所提拔的商界精英,在中英談判期間關切自身能否作為香港代表。香港當時缺乏領袖,更應由他們來承擔意見責任。直選只代表選區利益,香港的「諮詢式民主」未必比直選反應民意的能力差。在港人未適應全民選舉文化時,委任民選區議員可以彌補立法局代表階層不足的問題。參閱《香港政制討論面面觀》。香港:廣角鏡月刊。1984年3月號,39–40頁。左正東:《關於香港立法局直接選舉的爭論:1982–1993》。台北:國立臺灣大學政治研究所碩士論文。63–64頁。

35. 在1985–1991年間,只有一項政府法案被撤銷要求重新審議。這項法案為1990年《刑事程序(修正)草案》,該草案允許妻子在法庭上舉證丈夫。鑒於當時的倫理觀,官守議員們被號召放棄二讀程序。這項草案遂被視為政府的失敗。參見 Miners, Norman (1994). "The Transformation of the Hong Kong Legislative Council 1970–1994: From Consensus to Confrontation," *Asian Journal of Public Administration*, 16(2): 231.

握。[36]此種政治狀況持續了不少年,倫敦殖民地部建議擴展和制度化功能組別,卻遭到後繼港督們拒絕。拒絕的理由在於間接選舉賦予本港居民參政議政的權力會損害香港的繁榮穩定,並且此階段繼續擴大民主參與亦得不到中國政府的認同。[37]但 1985 年增設間接選舉議員,亦給立法局帶來深遠的影響,較以往議員在議事和表決上充滿紀律,不敢對政府政策提出異議,而間接選舉產生的議員,則更敢於發言,阻擾政府的政策。

在此期間,出現了一批屢次挑戰政府的民主派議員,如李柱銘、司徒華、林鉅成、許賢發等。在 1986 年大亞灣核電站建設議案、1987年《公安(修訂)條例》的審議中,這些民主派議員往往能掀起大規模的民意壓力來反對政府,[38]即使反對失敗,這一時期的立法局也標誌着合意政治的結束。李柱銘和司徒華兩人為 1986 至 1990 年間泛民力量的保護組織民主政制促進聯委會的領袖,他們在立法局審議政制改革時代表泛民團體發言。但民主政制促進聯委會在當時的香港政治社會只是力量極薄弱的組織,在立法局中的影響力極為有限,立法局中民主傾向的議員與民主團體之間也缺乏正式的溝通渠道。此階段立法局中的民主派議員僅僅是「持異見者」,他們在某些公共議題上零星挑戰政府的決定,但尚無法形成規模化的政治反對,因此在 1991 年引入直選議席前,政府權力並未受到大規模的挑戰。

36. Lau, Siu Kai (2003). "The Rise and Decline of Political Support for the Hong Kong Special Administrative Region," in *Hong Kong Government and Politics*, Sing, Ming ed. Oxford: Oxford University Press. pp. 474–476. 亦有學者認為,第一屆功能組別選舉也為立法局帶來了少數來自衛生、教育、福利界別的自由派議員,他們在政府的大量政策面前扮演了有效反對的角色。參見 Scott, Ian (2003). "The Disarticulation of Hong Kong's Post-Handover Political System," in *Hong Kong Government and Politics*, Sing, Ming ed. Oxford: Oxford University Press. pp. 678–679.

37. Langer, Lorenz (2007). "The Elusive Aim of Universal Suffrage: Constitutional Developments in Hong Kong," *International Journal of Constitutional Law*, 5: 419, 428–429.

38. Scott, Ian (1989). *Political Change and the Crisis of Legitimacy in Hong Kong*. Hong Kong: Oxford University Press. pp. 309–316.

二、1985 年後彭定康代議制改革中的行政與立法

（一）彭定康代議制政改的內容

自 1991 年以來，港英政府便不再能確保其在立法局能獲得穩定的多數支持，立法計劃和財政計劃想要通過，便必須要求高級別的政府官員盡量游說立法局議員，同時還必須取得公眾信任與支持。正如彭定康指出，兩局議員既要履行行政局保密原則，承擔集體責任，又要在立法局層面，爭取市民支持及醞釀政黨發展。同時基於部分立法局議員身兼行政局成員，部分政策辯論可能要由立法局的公開辯論轉變成行政局閉門辯論，部分行政局議員或身兼立法局功能界別議員，挾持相當民意基礎，會在行政局議事時企圖發揮影響力，削弱港督的絕對權力，影響英國光榮撤退。【39】

1992 年彭定康在首份施政報告上，提出一套政治制度改革方案，包括於 1995 年對香港立法局選舉、市政局選舉、區議會選舉進行大幅度改革，其中政改方案新增九個功能組別（即所謂「新九組」）最受爭議。最終立法局投票，通過了彭定康的政改方案。依據此一規劃：

1.　行政、立法兩局分立：行政局將是一個非政黨的政治組織，並委任獨立的社會精英和港府高級官員加入。同時，港督不再擔任立法局主席職位，而由立法局議員互選產生；立法局主席負責主持會議。

　　彭定康的行政立法「分家」改革，實為香港逾 150 年來最大規模的改革，政府將相當權力下放立法局，立法局也引入民選基礎。不過行政體系並非由執政黨產生，成員依然是委任制，加上兩局分家，行政局決議重要政策時，難以事先溝通，以確保立法局會通過相關草案；立法局作為制衡行政體系的機關，又可提請私人法案，議員再無躋身行政局的誘

39.　香港政府（1992）。《施政報告——香港的未來：五年大計展新狀》。香港：香港政府印務局。

因，開始出現反對政府的傾向，因此，港府想要獲得立法局的多數支持，難有過往的必然保證。[40]港英自此須得立法局內支持建制勢力組成「執政聯盟」，游說或拉攏多數立法局議員培養「親政府派」，以在適當時候確保政府重要法案通過，或應付議員私人提案等問題。

2. 立法制約行政：港督將以行政機關首長的身份向立法局負責，每個月至少一次就重大事項向立法局報告工作，從而建立起立法制衡行政的機制。

3. 降低投票年齡：由原來的 21 歲降低至 18 歲。此外，在地區直選實行單議票制，由選民投出一票，在一個選區選出一名代表。

4. 改變功能組別選舉方式：功能組別議席由 21 席增加至 30 席；新增 9 席，以個人投票取代團體投票，將原本功能組別的選民範圍進一步放寬，使全港 270 萬工作人口，都成為合格選民，改變功能組別選舉的性質與意義。[41]

---

40. 鄭宇碩、雷競璇（1995）。〈九十年代香港的政治發展〉。見鄭宇碩、雷競璇，《香港政治與選舉》。香港：牛津大學出版社。71 頁。蔡子強、劉細良（2003）。〈九七回歸前夕的香港行政與立法關係〉。見成名編，《香港政府與政治》。香港：牛津大學出版社。168 頁。

41. 彭定康對功能組別的改革，根本上改變了港英政府設立功能組別，照顧相關界別僱主利益的目的，嚴重衝擊功能組別過往以輔助行政體系的「吸納」政治作用，打亂了中方原擬在功能組別中注入中國影響力的戰略部署。參閱 Jonathan Dimbleby，張弘遠等譯（1997）。《香港末代總督彭定康》。台北：時報文化。1995 年，聯合國人權委員會指出，香港立法局功能組別選舉制度不符合《公民權利與政治權利國際公約》第 2（1）條、第 25 條及第 26 條。對此，民主派認為應盡快取消功能組別，全面落實立法局普選。

5. 成立選舉委員會，由全港民選區議會議員，通過「比例代表制」（將有關議席變相按各政黨在全港區議員的席位比例分配）選出另外 10 名立法局議員。【42】

6. 擴大直選議席：除新界區議會的當然員額外，取消區議會委任議席，所有區議員都由直選產生；廢除市政局的委任議席，增加兩個市政局的直選議席，讓區議會及鄉議局選出現有數目的代表進入兩個市政局等。香港學者馬嶽認為，1982 年的區議會計劃對港英政府而言，可以說是「進可攻，退可守」。因為區議會只具備諮詢功能，所以如果英國在 1997 年失去香港，區議會計劃會成為其民主化改革的第一步，而即使 1997 年後英國能夠繼續管治香港，局部的民主化也不會對其統治造成威脅。【43】

7. 發展立法局的委員會架構，引入西方議會的委員會制。引進委員會制的目的在於增強立法局的權力，為把立法局變成權力中樞提供機制保障。

此外，彭定康還在行政體系中清除了他視為親中分子的高官及各界精英，將政策制訂權力部分授予高級公務員如陳方安生等，以確保港英政府的管治權威，【44】並鼓勵官僚系統進行問責改革，並借港英文官全數過渡，讓公務員的「政治中立」傳統成為一股抗衡特區政府體系的

---

42. 針對選舉委員會的安排，北京為確保收回香港初期對立法局的控制，本欲借《基本法》附件一的規定，由中央人民政府任命 800 人選舉委員會，產生關鍵性的 10 名立法局議員，使北京在掌控立法局多數議席上，立於不敗之地，同時在《基本法》中規定，將直選議席與選舉委員會議席合成一組，令直選議員通過動議辯論挑戰政府權威時更難成功，最終目的在於確保立法機關不會成為特區政府的施政障礙。參見鄭宇碩（1995）.〈香港的立法局選舉 —— 九一選舉回顧與九五選舉部署〉。見鄭宇碩、雷競璇編，《香港政治與選舉》。香港：牛津大學出版社。92–93 頁。

43. 馬嶽（2010）.《香港政治：發展歷程與核心課題》。香港：香港中文大學香港亞太研究所。23 頁。

44. 學者 Stephen Vines 評價彭定康和董建華時指出，兩者的管治風格顯著不同。彭定康除了直接影響其名譽和政治計劃的措施如擴大代議制等，其他的政務均願意授權高級文官來管治。而董建華則對任何授權保持謹慎態度，以致香港官僚系統日漸癱瘓。參閱：Vines, S. (1998). *Hong Kong: China's New Colony.* London: Aurum Press Ltd. p. 100.

力量。有評論指出，對官僚系統的整治也是彭定康增強民主改革認受性的一種工具。[45] 至此，香港政治生態的變更，「親英」與「親中」的兩極抗衡的基本政治格局因而形成，親北京的政黨必須與民主派人士在民主選舉政治中分庭抗禮，並成為民主政治的主要參與者之一。[46]

彭定康先借「分家」拆除「兩局制度」，行政局成員內再沒有立法局議員。港督作為行政機關首長，必須向立法局負責，其本人不時須出席立法局答問大會，主要官員則必須在每周會議上同樣公開接受議員提問及質詢，建立起問責制的雛形。立法局主席再非由港督出任，改由立法局議員互選產生，令立法局更獨立於行政機關。彭定康通過改革三級議會選舉，盡可能培養一些「民主派」人士晉升建制，以加強1997年後對特區政府的制衡力量。彭定康的政改及其前幾任港督所推行的「民主化改革」雖一定程度是在《聯合聲明》內尋求最大民主化，從而與《基本法》接軌，[47]但其絕大部分改革措施都與《基本法》、《中英聯合聲明》、中英兩國過去所達成的諒解和協議互相違背，其根本目的在於使立法局從諮詢機關逐步變成決策中樞，以迫使香港未來的行政首長向立法機關負責，從而間接減少中央對行政首長的干預。

1995年，立法局的直接議席數目連同功能組別及選委會議席僅佔全域三分之一，民主派未見有絕對優勢可控制立法局，難以撼動行政體系。就客觀而言，彭定康的改革只為增加立法局的認受性，提高民

---

45. 前任港督衞奕信（Sir David Wilson）也曾進行過公共部門改革，試圖在官僚系統中加強問責，而彭定康的公共部門改革則是其民主藍圖的一部分。參閱 Lee, Jane C. Y. and Cheung, Anthony B. L. eds. (1995). *Public Sector Reform in Hong Kong*. Hong Kong: The Chinese University Press. Huque, Ahrned Shafiqul, Lee, Grace O. M. and Cheung Anthony B. L. *The Civil Service in Hong Kong: Continuity and Change*. Hong Kong: Hong Kong University Press. pp. 125–140.

46. Lo, Shiu-hing (1996). "Political Parties in a Democratizing Polity: The Role of the Pro-China Democratic Alliance for Betterment of Hong Kong," *Asian Journal of Political Science*, 4(1): 120–121.

47. 彭定康曾強調自己熟讀《基本法》，《基本法》儼然是自己的「聖經」。參見 Lo, Shiu-hing (1994). "An Analysis of Sino-British Negotiations over Hong Kong's Political Reform," *Contemporary Southeast Asia*, 16(2): 178–209. Flowerdew, John (1998). *The Final Years of British Hong Kong: The Discourse of Colonial Withdrawal*. London: Macmillan. pp. 106–128.

主派人士的政治影響力，但不能認定此時的立法局已完全擺脫了行政體系的控制，演變成一個能夠從根本上對政府進行制衡的代議機構。較之前幾任港督對港英傳統政制被動的、消極的、僅對政制枝節作修補的改革，彭定康的政改則顯然是主動積極的，改革內容亦是對政制實質的改變，客觀上也多少「使港英政制逐步由封閉走向開放、由權力獨裁走向權力制約，由不民主走向民主」。[48]彭定康在任期間，其改革方案雖然受到香港市民相當的支持，但造成中英關係緊張，引致北京批評，指謫其為「三違反」（違反《中英聯合聲明》、《基本法》及中英兩國相關協議），[49]國務院港澳辦主任魯平認為，港英政府在過渡階段後期，頻繁推出政改方案，為香港引進民主，企圖使民選政府「權力穩固地立根於香港」，達成「還政於民」，而非「還政於中」，有利於英國政府在 1997 年之後繼續維持其影響力，為中國完整收回香港主權設立「政治隔離層」，在社會上引進西方民主機制對抗中國。[50]後來，中方宣佈「直通車」不再有效，1997 後，所有立法局議員必須「下車」，也為港英時代最後的政治改革畫上句號。

---

48. 周平（2006）。《香港政制發展》。北京：中國社會科學出版社。12 頁。

49. 中央對「直通車」問題的構想，是基於 1990 年 4 月由第七屆全國人大第三次會議通過的《關於香港特別行政區政府和立法會產生辦法的決定》。《決定》中指出，1995 年選出的議員能否做「坐直通車」成為首屆立法會議員，必須符合三條標準，即擁護《基本法》、效忠特別行政區符合《基本法》規定條件，並經香港特區籌委會確認。因此中央的「直通車」立場是有條件的，對於那些反中國和《基本法》的議員必須被排除在第一屆立法會之外。

50. 另一種對彭定康政改的評價，認為彭與其前任港督們的最不同之處在於，彭的政改為香港殖民政權增加了程序上的認受性（合法性），而且其在政改過程中最大程度保障了香港的利益，如彭定康公開指摘英國「1981 國籍法案」便是對港人利益的背叛，也曾對中英秘密外交表達不滿，拒絕接受所謂的「亞洲價值」等。彭定康本人也拒絕接受「一件事總督」的說法，除了政治改革，其對香港其他領域的改革並未停滯，只是受時間和環境的局限而已。彭還在其回憶錄中揭露第 26 任港督尤德因捍衛港人利益而被英國外交部視為「a tad awkward」（傻瓜的意思）。參見 Lo, Shiu Hing (2001). *Governing Hong Kong: Legitimacy, Communication and Political Decay.* New York: Nova Science Pub Inc. pp. 41–52. Patten, Christopher (1998). *East and West: China, Power and the Future.* New York: Times Books.

（二）彭定康代議制政改與「民主—親中」兩級對抗的形成

1991 年的選舉中，親北京陣營並未積極參與，直選成為民主派人士和保守親政府陣營之間的角力。民主派勢力壯大，刺激了前行政局成員李鵬飛、周梁淑儀、張鑑泉等委任議員，連同一些功能組別議員組成啟聯資源中心（Co-operative Resources Centre，自由黨前身）。該組織成為 1993 年之前最具規模的親政府、親工商陣營，在立法局中捍衛政府政策，狙擊民主派勢力。此階段民主派陣營和保守親政府陣營之間的區別在於：在政治議題上，前者主張激進的民主改革，強調人權和自治，一般皆會支持有利於保障草根階層利益的社會福利改革；而後者對激進的民主改革持謹慎態度，堅持與中央政府保持良好的關係，抵制福利主義。

1991 至 1992 年的立法局投票中，啟聯資源和官守議員的投票保持一致，兩者構成政治經濟上的保守親政府陣營，控制着立法會中的多數席位，而民主派別則佔據着 20 個左右的席位。彭定康兩局分離改革意味着行政局成員不得再兼職立法局議員，啟聯資源成員若進入立法局，則不必然負有支持政府的義務，直選的立法局議員若要延續政治生命，就不得不考慮民意，而非一邊倒地支持政府，因此自 1992 年後，啟聯資源便不再是彭定康政府的忠實支持者。隨立法局控制政府的能力增強，1993 至 1997 年間，政府便無法保證能控制立法局中的多數，民主派議員成為政府在民主改革和民權事務方面最大的敵人。在階層議題上，民主派議員和其他草根議員主張推動底層福利，而彭定康政府為取得工商階層的支持，則必須維持其代表工商利益的本色；在其他社會政策議題上，議會圖景則更為複雜，不同的政黨和獨立候選人聯合起來為難政府的情形與日俱增，此時的民主派議員成為立法局歷史上規模最大的反對派，一度佔據立法局半壁江山。

表2.2　立法局中的議席分佈（1991–1997）[51]

陣營	1991–1995		1995–1997	
	選舉後議席	解散前議席	選舉後議席	解散前議席
啟聯資源中心／自由黨	0	15	10	10
自民聯	3	1	1	1
工聯會／民建聯	1	1	7	7
新港盟	1	1	1	1
穩港協	3	0	–	–
工商專聯	2	0	–	–
專業會議／早餐派	0	6	5	5
港進聯	–	–	1	2
港九勞工社團聯會	–	–	1	1
公民力量	–	–	1	0
獨立參選人	13	2	2	2
親政府／親北京保守陣營總數	**23**	**26**	**29**	**29**
香港民主同盟／民主黨	14	15	19	19
香港民主促進會	2	1	–	–
香港民主民生協進會	1	1	4	4
港九工團聯合總會	1	1	–	–
香港職工會聯盟	0	1	1	0
匯點	2	0	–	–
前線	–	–	0	4

51. 資料來源：香港立法局 1991–1995 年間議員名錄，香港立法局 1995 年選舉結果名單，參見維基百科：https://en.wikipedia.org/wiki/List_of_Legislative_Council_of_Hong_Kong_members_1991%E2%80%9395, https://en.wikipedia.org/wiki/List_of_Legislative_Council_of_Hong_Kong_members_elected_in_1995

（續上表）

陣營	1991–1995		1995–1997	
	選舉後議席	解散前議席	選舉後議席	解散前議席
123 民主聯盟	–	–	1	1
公民黨	–	–	0	1
街坊工友服務處	–	–	1	0
獨立參選人	3	4	5	2
民主派陣營總數	23	23	31	31
中立獨立參選人	10	8	–	–
官守議員（包括作為立法會主席的港督）	4	3	–	–
總數	60	60	60	60

　　1991 年北京親中陣營經歷在立法局選舉中慘敗，開始對親中人士進行政黨統合，期望通過 1995 年三級會議選舉，消弭彭定康改革扶植民主派的效果，民建聯正式在此背景下成立。政黨既作為反映及爭取民意的組織，民主親中雙方對壘，自然涉及港人的政治心態，「九二政改」所帶動的香港民主議題恰好符合港人當時「民主防共」、保障自身公民權的主流心態。[52]分析 1995 至 1997 年間的立法局投票情況，可以確定此階段立法局內部基於議題產生的分裂愈來愈明顯：就憲制與人權事務而言，民主派陣營較建制陣營的態度更激進；就房屋、醫療等議題，民建聯與香港民主民生協進會（民協）、民主黨等草根政黨態度一致，而與自由黨等工商派勢力存在根本差異；而在公共交通、公共服務費用、社會福利和勞工問題上，立法會內投票情況則更為複雜，

---

52. 有關 1991 年立法局分區直選，有調查發現港人有意投票的主要原因，有 59% 的被訪者表示「盡公民責任」、「支持選舉」，政治性原因則以「為支持代議制政府」、「為促進民主」及「為保障公民的權利」等為主。雷競璇、尹寶珊（1995）.〈香港選民投票行為研究的發展〉。見鄭宇碩、雷競璇主編，《香港政治與選舉》。香港：牛津大學出版社。140–144 頁。

民建聯和自由黨有時會站在民主黨一邊，此時的泛民陣營未必是鐵板一塊，民主黨跟民協及其他勞工政團相比，不總會採取偏向草根的立場。

自 1991 年港英在立法局引入直選議席後，原有容許議員兼任行政局與立法局的兩局制度，已由過往協助港英政府進行「政商共治」的積極角色轉而成為妨礙港英政府落實「民主抗共」新策略的消極因素。立法局引入直選議席，配合議會逐漸變得公開，逐步打破港英的「吸納式」諮詢政府，立法局不再是從屬於行政局的諮詢性機構，擺脫了舊有反映在兩局非官守議員辦事處的「共識政治」制度，具有了真正履行審議法案及否決財政預算案的權力，漸漸變成真正制衡行政體系的政治架構。[53]1991 年直選議席的引入也促進了政黨政治的崛起。1991 年立法局選舉，民主黨作為最大的泛民政團贏得 18 個直選議席中的 16 個席位，而整個民主派勢力佔據 60 個立法局席位的三分之一，成為了立法局歷史上初具規模的反對派。選舉制度和政黨政治的興起加速終結了立法局的合意政治，開啟了立法會對政府的制度性控制。

此階段立法局中的反對勢力並非一股穩定的團結力量，相反它昭示了立法局未來的持續性分裂和碎片化，主要基於下列原因：（1）對立法局議員的立法能力和政策啟動能力的制度性限制；（2）立法局中政黨本身的分裂；（3）立法局議員與其自身所屬的組織（尤其是功能組別議員）之間的角色衝突，這些因素導致了立法局在制衡政府時的低效，也一直延續到回歸後的立法會。由於立法和政策制訂需要大量基礎性的技術、訊息工作，議會中的政黨相比於行政官僚們在制訂政策方面處於「先天不足」的狀態。即使在立法局內部，對「行政—立法」關係的認知在不同政黨派別的議員看來也是不同的，來自工商陣營的「親中派」在政治立場上更能接受港英統治的「行政主導」體制遺

---

53. Choy, Chi-keung (1999). "Political Parties and Political Participation in Hong Kong," in *Political Participation in Hong Kong: Theoretical Issues and Historical Legacy,* Joseph Y. S. Cheng, et al. eds. Hong Kong: City Univerisity of Hong Kong Press. p. 121.

產；而民主派議員則用「行政獨裁」（executive dictatorship）、「行政極權」（executive authoritarianism） 來形容港英的行政主導。[54]

由於當時立法和政策制訂的主導權力仍掌握在官僚系統手中，立法局議員不得不面對其批評和建議是否獲官僚系統接受的問題，這從根本上會影響立法局制衡政府的程度。主導立法和政策制訂的高級官僚通常會質疑立法局議員的議政能力，他們對議員提出的建議停留在「流於表面」的接受，更有甚者認為與議員一起工作是「浪費時間」，立法局的審議工作更是花俏的「膚淺民主」。因此作為殖民地遺產的行政主導所帶來的「反民主」的官僚文化，並不鼓勵高級官員公開接受來自立法局的監督。有學者指出香港的公共行政仍維持了「政治—行政」二元對立的傳統，行政部門頑固地維持內部系統中習以為常的「官僚自治」及「父權家長主義」，認為官僚才是政策制訂的唯一重要角色，從而在民主文化尚未深入人心的過渡階段拒絕接受來自立法局「對抗式」政治的挑戰。[55]

三、立法會的制度性發展：立法會自主性初現

議會自主性的主要用途，是衡量政治組織及其程序有多獨立於其他社會組織及其行為方式。議會的自主性主要表現在兩個方面，首先，議會的自主性從外在上要求立法機關一定程度獨立於其他機關，尤其是行政和司法機關；立法機關必須擁有足夠的憲法權力，以參與制訂有關憲政架構的規則；具有一定程度的公共政策制定能力；同時

---

54. Chui, Ernest Wing-tak (1996). "The 1995 Legislative Council Election: Inefficacious Opposition Characterized by Fragmentation," in *The 1995 Legislative Council Elections in Hong Kong*, Kuan, Hsin-chi. et. al. eds. Hong Kong: Hong Kong Institute of Asia-Pacific Studies.

55. Lui, T. T. and Cooper, T. L. (1990). "Democracy and the Administrative State: The Case of Hong Kong," *Public Administration Review*, 50(3): 339–340.

可以廣泛代表社會各階層。[56] 其次，議會的自主性從內在上要求立法機關能自主進行內部管理和安排財政計畫，例如它可以獨自制訂內部規則和程式；可以決定內部的組織架構和人事安排；可以決定用於自身的撥款等。[57] 一個自主性較高的立法機關，不僅擁有一定的憲制權力和地位，同時其內部還發展出一套較為成熟、且獨立不受干擾的內部運作程式，以行使其權力。以前述標準為參照，可以説香港立法局在內部管理和財政方面的自主性程度是比較高的。立法局的行政管理委員會獨立於政府，其成員除了立法局主席和內務委員會主席，其他成員都由議員互選產生。行政管理委員會有權決定立法局內部的行政事務、人事安排及財務政策。

（一）立法局委員會制度與議事程序逐漸完善

1991 年之前的立法局並未完全呈現西方議會所具備的「對抗式政治」的特點，香港學者雷競璇認為立法局過去的內部紀律主要奠基於以下四個方面：[58] 第一，因為議員為港督委任，在心理和權責關係上，要向港督負責，必然不會挑剔、懷疑或敵視政府的政策，而是持以出謀策劃、拾漏補缺的態度；第二，獲得立法局委任的議員，都是被行政吸納的精英，對此身份，議員彼此之間也具有高度認同，因此立法局作為整體始終是一個易於進行內部溝通、共同進退的團體；第三，當時的香港社會，上層的政治精英和基層的民眾之間，基本上缺乏有效的溝通途徑。立法局議員不需要遵從政黨指令，也不需要考慮游説壓力。立法局內的游説活動僅限於政府單向針對議員的。議員在議事、

56. Sisson, Richard (1973). "Comparative Legislative Institutionalization: A Theoretical Exploration," in *Legislatures in Comparative Perspective*, Allen Kornberg, ed. New York: David McKay Company Inc.

57. Couderc, Michel (1998). "The Administrative and Financial Autonomy of Parliamentary Assemblies," Moscow: Association of Secretary Generals of Parliament, available at: www.asgp.co/node/29411 (last visited 18 Apr 2018).

58. 雷競璇（1987）。《香港政治與政制初探》。香港：香港商務印書館。25–26 頁。

表決時，自然表現出向政府靠攏的姿態；第四，議員之間的階層和權威分野，在「長幼有序」的前提下，資淺議員要以資深議員馬首是瞻，資深議員中又有部分人以進入行政局為仕途目標，謀求進一步進入政府決策層，所以兩局議員中資深議員和普通議員之間，排列有序，容易形成穩定的非對抗紀律。

1991 年之前，港督擔任立法局主席以控制議會的議程設置和日常運行。民主派議員李柱銘等遂要求政府放權給立法局，讓立法局議員自行選舉主席以提升立法局的獨立性。此時的立法局由 16 位官守議員小組來討論和監督政府在各領域的公共政策，法案亦由他們來審議。然而無論是官守議員小組，抑或其他具有法律地位的立法局團體，都是由行政局成員把控，因此政府的意見總能在立法局內部得到認同，任何政策或法案在公開前就已能在內部達成合意。【59】1991 年立法局直選後，一位公認是行事公允且不具有黨派背景的議員施偉賢（John Swaine）曾獲任命為立法局副主席。而港督雖在法律上仍是立法局主席，但不再主持立法局會議。1995 年以後，立法局不再有委任議員，立法局主席便由全體議員選舉產生。1991 年前，還存在着一種立法局內部會議，即所有兼職行政局高級議員的立法局非官守議員會在周三全體會議前閉門審議，以提前達成共識。1991 年直選後，新當選的民主派議員集體要求內部會議公開化，且內部會議召集人必須在議員中選舉產生。1991 年 10 月，行政局高級議員李鵬飛以角色衝突為由辭去內部會議召集人一職，自此內部會議（後來名為內務委員會）不再是一個閉門打造合意政治的場所，而是一個常設委員會，其召集人由議會選舉產生，會公開討論議程設置、委員會事務及其他與議會程序的相

---

59. Lau, Sai-leung (1995). "Executive-led as Ever: Changes of Congress System after 1991," in *Election and Parliamentary Politics: New Political Environment after the Rise of Parties,* Choy, Chi-keung and Chow, Pak-kwan eds. Hong Kong: Hong Kong Humanities Press. p. 195. Miners, Norman Johh (1994). "The Transformation of Hong Kong Legislative Council 1970–1994: From Consensus to Confrontation," *Asian Journal of Public Administration*, 16(2): 235.

關事宜。民主派議員同時要求修正《立法會（權力及特權）條例》，[60]仿照美國國會建立委員會制度。民主派議員倡導設立與政府部門機構設置相匹配的常設委員會。常設委員會應擁有法案審議和質詢政府政策的權力，但佔據立法局多數的親政府議員並不希望立法局監督政府的權力得到擴張，他們主張法案審議的權力當與政策質詢的權力分開。這項改革在 1992 年 1 月獲得通過，被稱為「夏佳理改革」，自此法案委員會僅負責二讀休會後審議法案，政策小組單獨再設立，並且由內務委員會決定一項法案是否有必要成立法案委員會和政策小組來審議。1991 年後的法案委員會和政策小組的運作極大提高了對政府的監控，尤其是制度化運作的委員會提高了立法局運作的活力，成為立法局最具影響力的運作機制。

（二）議員提案權：立法局制衡政府的有效工具

殖民地時期立法機關面對的兩大限制包括：來自殖民地部的外部限制和對議員本身的內部限制。前者表現為英國政府對立法的控制，港督通過阻止非官守議員提出不利於政府穩定的議案或法案。[61]後者表現為殖民地時期的立法局允許非官守議員提出法律草案，但長期以來「除了一些非政策性的私人方面的法案外，所有法案都是由官守議員提出的」。[62]回歸以前對非官守議員提案的唯一限制在於草案不得涉及政

---

60. 港英當局在 1985 年頒佈《立法局（權力與特權）條例》曾引發不少爭議。該法案旨在加強立法局及其議員的權力，將立法局變成更富權威性和尊嚴性的機構，可以產生批評政府和監察行政機關的作用，卻被外界批評缺乏對立法局及其議員在運用所賦予的權力時相應的制衡條款。《立法局（權力與特權）條例》主要賦予議員更大的權力，如：（1）立法局議員享有的特權，即在議會上享有言論自由，辯論自由，在立法局外不受質詢，並免受刑事、民事起訴；（2）立法局享有的權力，即有傳訊權力，可以作出決議，對旁聽事項作出限制性規定；（3）立法局主席的權力，如立法局在任期屆滿前被解散，主席仍持有權力。參閱楊森（1986）.《香港政制改革》.香港：廣角鏡出版社。99 頁。

61. Miners, Norman John (1988). "Disallowance and the Administrative Review of Hong Kong Legislation by the Colonial Office, 1844–1947," *Hong Kong Law Journal*, 18: 248.

62. 香港政府新聞處（1988）.《香港便覽 1988》.香港：香港政府印務局。轉引自劉曼容（2001）.《港英政府政治制度論》.北京：社會科學文獻出版社。74 頁。

府公共開支。回溯私人提案權的歷史，即使私人提案權是一項強而有力的政策工具，但 1985 年以前立法局成員尚無人行使。1991 年直選議席引入前，唯一一起私人提案來自李柱銘的針對《選舉條例草案》所作的提案，但在立法局並沒有通過。

1991 年後第一起重要私人提案是由香港民主同盟 Michael Ho 提出的《移民（修正）草案》，旨在借助立法局否決政府的勞工輸入機制，但由於受到親工商勢力議員反對而未能通過。自此立法局成員逐漸學習到如何利用私人提案權將自己的政策引入到政府的提案議程中去。1991 至 1995 年間，議員一共成功提出 12 項草案，其中有 7 項被立法局主席基於草案涉及政府公共開支為由撤銷或否決。1995 至 1997 年間，私人提案成為推動政策制訂的強力武器，共有 53 項草案提出，其中 26 項獲得通過。[63] 這段時間有如此多的私人提案被提出，得益於 1995 至 1997 年間立法局主席黃宏發，較之前任，其在判斷一項草案是否涉及政府開支時採取了更為寬鬆的標準。另外，他作為直選議員，並無強烈的動機去阻止挑戰現行政府政策的提案。[64] 這 53 項私人草案佔據 1995 至 1997 立法局草案總數（228）的 23.2%，通過率更是高達 49.1%，而英國下議院的私人提案通過率僅為 10% 左右。這段時期的議員法案都集中於勞動、住房、人權、公共交通、安全保障、政治改革等公共事務，議員法案大量湧現，促使政府不斷修正、更新自己的立法項目，對政府施政亦產生深遠影響，即使此時政府受制於《皇室訓令》第 24

---

63. 數據參閱 Ma, Ngok (2007). *Political Development in Hong Kong: State, Political Society, and Civil Society*. Hong Kong: Hong Kong University Press。另見數據：1992–1995 年間，有 6 項私人法案呈交立法局；1995–1997 年間私人法案的數量增至 34 項，且其中 16 項獲得通過。參見 Chau, Pak Kwan (1995). "The Challenge Facing the Executive-led Government by Private Member's Bill," in *Election and Parliamentary Politics: New Political Environment after the Rise of Political* Parties, Choy, Chi Keung, Lau, Sai Leung Lau, et al., eds. Hong Kong: Hong Kong Humanities. p. 174. 馬和周的數據並不一致。

64. Ma, Ngok (2007). *Political Development in Hong Kong: State, Political Society, and Civil Society*. Hong Kong: Hong Kong University Press. p. 274.

條。【65】另外一項影響政府政策的機制為立法局修正案動議權，立法局議員在法案委員會就草案進行嚴格審查，質疑政府政策的動機和立法的漏洞。即使法案委員會無權對法案進行投票，但委員會帶來的輿論壓力也會促使政府在委員會階段對草案進行修正。下表展示了政府和議員分別提出的法案數量及投票結果，顯示立法局議員更能促使政府妥協，也顯示政府和立法局議員之間就草案內容進行政治性地討價還價。

立法權是立法局最傳統的權能。立法局的立法權較少受到正面的限制。政府草案要在立法局法案委員會與全體委員會階段受到嚴格審查。平均而言，法案委員會通過兩年審議的法案得經過七十多項修訂才能通過。【66】1996 至 1997 年議員所通過政府草案提出的修正案數目將近是 1991 至 1992 年的兩倍，而政府針對法案提出的修正案在 1994 至 1995 和 1996 至 1997 年兩個年度均大幅增加。【67】這也說明政府面對來自立法局的壓力時，不得不相應地修正政策。

（三）立法局積極行使對政府的財政控制

立法局控制財政的職權內容主要包括：審核通過港英政府每年制訂的財政預算案；審議批准追加預算及額外撥款；審查財政預算案執行的帳目情況。立法局是通過其內設的財務委員會和政府帳目委員會來執行前述職權的。殖民地政府的年度財政預算需要立法局通過，立法局有權修正政府撥款草案以減少政府開支，但根據當時的《立法局議事規則》，任何非官守議員不得提出任何會導致從本港財政收入中撥款

---

65. 《皇室訓令》第 24 條規定：立法局議員有資格在立法局會議上提出問題，並按照規例進行辯論。關係到皇室在本殖民地收益之條例、投票、決議及問題，應由總督或總督允許或指定之人提出。

66. Miners, Norman John (1994). "The Transformation of Hong Kong Legislative Council 1970–1994: From Consensus to Confrontation," *Asian Journal of Public Administration*, 16(2): 239.

67. Ma, Ngok (2007). *Political Development in Hong Kong: State, Political Society, and Civil Society*. Hong Kong: Hong Kong University Press. pp. 109–110.

表2.3 港英政府代議制改革後的「立法黏度」（1991-1997）[68]

年份	91/92	92/93	93/94	94/95	95/96	96/97
政府修正案總數	24	66	76	198	47	147
政府修正案通過數量	24	66	76	193	44	142
議會修正案總數	44	46	45	84	17	121
議員修正案通過數量	44	43	25	24	14	84
法案總數	79	84	104	120	112	116
法案修正率	0.86	1.33	1.16	2.35	0.57	2.31

的動議或修正案。[69]增加新的稅收必須以稅收法案修正案的形式提出，並且由立法局逐項審議通過。超過一千萬的額外年度財政撥款必須由所有非官守議員組成的立法局財經事務委員會審議通過。

1991 至 1997 年間，立法局預算審議的權力使得政黨政治與直選政治家們有能力迫使政府作出政策上的讓步。香港政府首次面對直選政治家在財政控制方面的挑戰是在 1992 年預算審議過程中，民主黨為兌現競選承諾，要求政府將所得稅的個人免稅額從 41,000 元增至 64,000

---

68. 此規則來源於 1706 年英國下議院的類似規定。當時選票政治尚未成熟，政黨紀律十分寬鬆。有些議員在向政府提出預算案時，向選民許諾增加福利開支，以樹立自己的形象。所以，下議院規則限制了這種可能導致經費增長的動議權。朱世海（2007）。《香港立法機關研究》。北京：中央編譯出版社。27 頁。

69. Ma, Ngok (2007). *Political Development in Hong Kong: State, Political Society, and Civil Society.* Hong Kong: Hong Kong University Press. p. 274. Blondel 教授拓展了所謂議會「政策制訂」權力這一概念，他提出了「立法黏度」（viscosity）的概念，用來形容立法機關抵制政府主導立法的能力，「在有些地區，立法機關相當順從，法案總能輕鬆通過，議員參與審議的人數、參與辯論的時間投入則非常少。伴隨立法機關自由化的程度增加，立法審議的時間也開始拉長，立法修正案也開始得到討論，雖然最終政府主導的法案還是能得到通過。」Blondel 將前述議員提案的數目、修正案的數目、審議的時長、審議的人數等一系列指標統稱為「立法黏度」。Blondel, Jean, et al. (1970). "Comparative Legislative Behaviour: Some Steps towards a Cross National Measurement," *Government and Opposition*, 5(1): 80.

元，否則將對政府預算投反對票，而當時的政府財政預算僅將免稅額增至 46,000 元。而啟聯資源為贏得中產的支持，亦策略性地與民主黨結盟聯合向政府施壓，並反對政府將財產稅稅率由 5.5% 上調至 6%。最終政府被迫放棄調高稅率，但財政預算在啟聯資源的支持下通過，雖然大多數直選議員均投反對票，[70]財務委員會亦許諾在未來增加個人免稅額度。1992 年之後，財經委員會內部開始採納慣例，如會與提交預算「願望清單」的主要政黨團體進行諮詢，「願望清單」一般包括一系列反映該界別利益的社會福利、社區建設支出項目。自 1994 年開始，財經事務委員會在宣佈預算案之前會與各主要政團進行書面交流，列舉政府可以滿足的政黨需求。例如，1995 年時自由黨就收到長達 19 頁的清單，詳細説明了政府能夠滿足的承諾事項。[71]

儘管如此，立法局在控制財政方面也有一些局限。雖然理論上，立法局主要以全體非官守議員組成的財務委員會否決或批准政府提交的財政預算，任何追加撥款的申請也需要財務委員會批准；但實際上，立法局財務委員會在行使權力時仍受到種種障礙和挑戰：一、港督可運用立法局中官守議員的多數票來否決財務委員會的決定。即使立法局中官守議員的票數不夠多，港督可以拖延表決，等到任命新的官守議員上任後構成立法局的多數為止。二、根據立法局議事規則，財務委員會有權批准、否決和削減公共開支，但不能增加任何公共開支，也不能直接修改公共稅收的途徑，對不同政策範圍的開支平衡等概括性問題均無權過問。三、當時的立法局還存在着不成文的政治慣例，非官守議員不得無故妨礙或僭越行政局的職權。四、港督能控制非官守議員的任免，為保住議席，非官守議員有時會選擇三緘其口。

---

70. Choy, Chi-keung and Lau, Sai-leung (1996). "The Executive-Legislative Relations in Hong Kong before 1997," *Hong Kong Journal of Social Sciences*, 8: 245–246.

71. Chow, Pak-Kwan (1995). "Are Directly Elected Members the 'Free Lunch' Camp? The Challenge of Directly Elected LegCo members to Fiscal Policy," in *Election and Parliamentary Politics: New Political Environment after the Rise of Political* Parties, Choy, Chi Keung, Lau, Sai Leung Lau, et al., eds. Hong Kong: Hong Kong Humanities. p. 142.

　　總體而言，1995 至 1997 年是立法局在法律制訂、財政監督、影響公共政策方面最為積極的時期。九七後的立法會受制於《基本法》第 74 條和分組點票機制的限制，故從制度化的角度而言，這時期的立法局比 1997 年回歸後的立法會權限更大。總之，1985 年後翻新的立法局，尤其是 1991 年直選後的立法局，包括正式的委員會制度和其他提高立法局自主性的措施，這些都為立法局發揮其積極性提供了先決條件。立法局內部的規則和程序在立法局達成一致決議的過程中扮演的角色愈來愈重要。[72] 殖民地末期立法局的崛起也對即將進行主權移交的中央政府造成挑戰，當然，立法局組成議員的變化（直選議員的加入，尤其是民主派議員的加入）是立法局發揮重要影響的根本原因。正如學者 Cheek-Milby 指出，即使退一萬步講，1985 年後的立法局雖然在政策制訂方面的權限沒有增加，但它逐漸、真正地行使立法局本擁有的職權。[73]

72. Louie, Kin Sheun (2003). "Politicians, Political Parties and the Legislative Council," in *Hong Kong Government and Politics*, Sing, Ming ed. Oxford: Oxford University Press. p. 192.

73. Cheek-Milby, Kathleen (1995). *A Legislature Comes of Age: Hong Kong's Search for Influence and Identity*. Hong Kong: Oxford University Press. p. 165.

第三章

《基本法》設計下的行政與立法

❧❧❧❧❧❧❧❧❧❧❧❧❧❧❧❧❧❧

　　目前香港特別行政區政治體制的最大缺陷在於行政長官得不到立法會的大多數支持，這加劇了日後香港政府制訂政策的難度，導致政府經常性癱瘓。在《基本法》的普選框架下，行政長官和立法會雙重選舉合法性的衝突仍將繼續，此種持續性的衝突無疑會繼續削弱政府的管治能力。雖然《基本法》的憲制設計賦予了行政和立法不同的權力，但無論是實踐還是規範層面，兩種權力均呈現競爭性的樣態，尤其是在《基本法》對權力的設計上存在諸多不周延、語焉不詳之處。

一、作為制度遺產和理性政治設計的「行政主導」

　　1984 年《中英聯合聲明》文本中僅僅提到了行政長官、政府和公共服務，對立法機關的組成及職權卻隻字未提。關於立法機關的框架性條文則出現在聯合聲明附件一中，文本將之簡要表述為「立法會由選舉組成，行政機關需向立法機關負責」。雖然聯合聲明的文本倚重於行政長官，但未勾勒內閣制的圖景。由於港英統治時期官僚系統遺留的「政治中立」傳統並不支持內閣制，而且行政長官必須由中央基於「選舉和諮詢」來任命，預示西方議會內閣制不可能在香港實行。故行政與立法的關係很大程度上取決於「負責」的具體含義和範圍。《基本法》是中國對香港行使主權的依據，它維持香港的生活方式、經濟及政治制度的獨立性，訂明中央與香港的權利與義務，明確「一國兩制，高度自治」的管治方針。然而，從《基本法》背後的憲制設計原型來看，法律框架着墨兩制差異多於一國。於《基本法》醞釀階段，中央為了向世界說明中國收回香港的決心，以及穩定香港人回歸的信心，當時起

草委員會成員有意或無意將《基本法》的重心放在「兩制」的討論上，致使大部分條文均強調原有制度保持不變，中央與香港的關係只是寥寥數條，而香港與中國其他地方政府的關係更是含糊不清。當時英國當局對香港土地、財政儲備問題喋喋不休，卻極少談及憲制及政制發展進程等政治構想，這也間接使中方誤會英國只在意香港的經濟利益及財政問題，結果在《基本法》中關於經濟和財政的條文鉅細無遺。另對英國當局和香港本地對回歸後的憲制建議照單全收，未有充分評估這些政制設計所帶來的後果。

中央在 1980 年代思考香港的管治體系時，對港英殖民統治時期的政制十分欣賞和滿意，認為其具有高效、穩定及易於控制的特點，並將此模式歸納為「行政吸納 + 文官系統 + 諮詢民主」的模式。而這樣的體制可以把社會新興力量的代表吸納到行政體系內，提高行政機器的效率，並在一定程度緩和社會矛盾。中央方面也曾大力宣揚此種「行政主導」對香港治理的優勢，如人大法工委副主任李飛在 2004 年 4 月訪港時演說指出，「特區的政治體制保留原有政治體制之行之有效的部分，主要表現為行政主導」，「《基本法》確定，香港特別行政區的政治體制保留原政治體制中的行之有效的部分……過去促成香港成功發展的多種因素中，推行行政主導是一個主要的方面。同時，香港回歸後要保持國際金融中心、經貿中心的地位，也必須保持行政主導體制。為了保持行政主導體制繼續發揮作用，《基本法》必須妥善處理行政長官的產生途徑」。正是基於香港政制的地方性及保持香港政制延續與繁榮穩定的實際需要，中央在制訂《基本法》時採行了不同於議會至上和三權分立的行政主導制。行政主導制與現代國家的民主法治原理存在一定的規範性張力，因為現代民主法治要求民主優先和依法行政，要求從民主程序和監督體制上嚴格剝奪行政權的裁量餘地，抑制行政專斷。但香港的行政主導制沿襲自殖民時代的港督制，港督制下的港督合法性是單一的，基於宗主國的單方委任權。行政主導制下的特首合法性是複合的，基於地方選舉和中央委任。作為地方性政制的行政主導制仍具有一定的憲制合理性。

二、《基本法》文本層面的行政與立法

（一）行政主導概念的濫觴與原意解釋

「行政主導」這一概念最早濫觴於末代港督彭定康在 1995 年的施政報告。施政報告將香港的政制描述成「『行政主導』的行政機關向逐步實現直選的立法會負責，行政主導意味着政府對政策的形成負有責任，並且政府的政策需要通過立法會的審查從而向公眾負責。」[1] 當時的政務官陳方安生亦向立法會作出對「行政主導」的解釋：

> 香港政制的建立以「分權基礎」上的行政主導為原則。行政、立法、司法各自具有獨立的角色與功能，相互制衡、相互支持。行政主導制下，行政部門負責形成和執行政策並向社會提供公共服務。因此，政府必須將其立法和財政計劃提交立法會審議……1995 年港督的報告不僅僅是對「行政主導」憲制上的承認。港督亦強調政府基於社會公義必須與立法會共同合作。「行政主導」並不意味着政府可以為所欲為。在香港的體制下，立法、行政各司其職又相互制衡。政府的立法和財政計劃必須提交立法會審議和批准。[2]

司法系統中，香港的法官極少對香港政府體制作出描述，極其難得的是夏正民法官（Hartmann J.）在 Yau Kwong Man 訴保安局局長案中評論行政長官的職權時說，「《基本法》作為憲制性文件，追隨的是『西敏寺模式』（Westminster model）。」[3] 後在梁國雄訴立法會主席案中，夏正民法官指出，「香港實行的是行政主導（executive-led government）體制，由行政長官領導政府，決定政府政策以及批准立法會提出的財

---

1. 香港政府（1995）。《施政報告》，載於 www.legco.gov.hk/yr95-96/chinese/lc_sitg/hansard/han1110.htm（2018 年 4 月 18 日瀏覽）

2. Official Records of Proceeding (1996), available at www.legco.gov.hk/yr95-96/english/lc_sitg/hansard/960313fe.doc (last visited 18 Apr 2018).

3. *Yau Kwong Man v. Secretary for Security*, HCAL1595/2001.

政收支動議」，他還強調「《基本法》從本質上看是在效仿『西敏寺模式』」。【4】然而夏正民法官並沒有詳細闡述他所謂的「西敏寺模式」，僅理所當然地認定其是眾所周知的一種政治體制而已。當然夏正民法官的評論不能被視為一般對香港體制的理解，況且香港的政府體制與通行的「西敏寺模式」（議會內閣制）相去甚遠，同樣「行政主導」的說法在夏正民法官的判詞中也僅是「貼標籤」式的術語而已。【5】

1986 年 11 月，基本法起草委員會在北京舉行第三次大會，聽取了五個專題小組的工作報告，《中華人民共和國香港特別行政區基本法起草委員會第三次全體會議文件匯編》中記載：「委員們認為，在『一國兩制』的原則下，香港特別行政區的政治體制應原則上採用『三權分立』的模式，雖然有的委員主張三權分立、行政主導，有的委員主張三權分立、立法主導，但對於司法獨立，行政機關和立法機關既互相制衡、又互相配合的原則，小組會上沒有人提出異議。」當時的草委蕭蔚雲教授在工作報告中總結對於行政與立法的關係時，再次指出：「委員們同意應原則上採用『三權分立』的模式，使行政機關和立法機關既互相制衡又互相配合。」【6】「互相制衡、互相配合」更是草委會主任姬鵬飛在 1990 年人大第三次會議中所呈交的《基本法》草案說明中引用來論述行政與立法關係的原則。「三權分立」一詞最後沒有在草案說明中出現，這可能跟鄧小平於 1987 年會見草委會委員有關，他提到不贊成香港「搞三權分立、搞英美的議會制度」。【7】該次講話也被當作起草《基本法》的指導思想，間接推翻了前述政制小組原來有關「三權分立」的初步決定。由此可見，草委們面臨立法主導、三權分立和行政主導三種

4. *Leung Kwok Hung v. President of the Legislative Council*, HCAL87/2006.

5. Lo Pui Yin (2014). *The Judicial Construction of Hong Kong's Basic Law : Courts, Politics, and Society after 1997*. Hong Kong: Hong Kong University Press, pp. 51–60.

6. 張結鳳、楊建興、盧永雄、陳露茜（1991）。《不變，五十年？中英港角力基本法》。香港：香港浪潮出版社。106 頁。

7. 鄧小平（1993）。〈會見香港特別行政區基本法起草委員會時的講話〉。見鄧小平。《鄧小平論香港問題》。香港：三聯書店。35 頁。

選擇方案，而立法主導模式率先被放棄。[8]制度設計者或許有意確立行政主導制，但在此之外又設定了比較完備的相互制衡、相互配合的機制。因此，也有學者概括指出，行政主導與三權分立並不互相排斥，香港特區的政治體制是三權分立與行政主導的結合體，是在三權分立的基礎上實行行政主導制。[9]

值得注意的是，九七年之前內地的《基本法》學者兼原草委亦是以「互相制衡、互相配合」來論述特區政制的。如蕭蔚雲教授認為：「《基本法》規定行政機關與立法機關之間的相互關係是既互相制衡又互相配合……行政機關和立法機關都應具有一定權力，權力過大地集中於行政機關或者立法機關，都將不利於香港特區的發展。」[10]《基本法》另一草委王叔文教授亦在專著中聲稱「基本的原則就是行政立法之間互相制衡，互相配合……不是誰壓倒誰的問題，也不存在誰凌駕於誰的問題」。[11]可是後來許崇德教授兼原草委在九七前和九七後所寫的文章出現了不一致的轉調。他主編的《香港基本法教程》中指明當年草委會有關政制設計的爭論有三種意見：一、立法主導模式；二、行政主導模式；三、行政機關與立法機關既互相配合又互相制衡。當中寫

---

8. 主張「立法主導」的草委和社會人士認為，未來香港特區的政治體制應當確保「立法機關為香港最高權力機關，擁有創制權、立法權、財政權、彈劾權、監察權、任免行政長官和主要官員的提名權。立法機關和行政機關應是領導和被領導的關係，後者從屬前者，執行前者所制訂的政策。」主張立法主導的理據主要在於：其一，此種安排符合《中英聯合聲明》之規定；其二，這樣安排有利於抵制來自北京的干預；第三，也更能體現民主，防止行政權力過大導致獨裁。1987 年 7 月底，政制小組在廣州召開第十次會議，就行政機關向立法機關「負責」的問題表決，最終決定「行政機關只要定期向立法機關做出施政報告、答覆立法機關成員的質詢，以及執行立法機關已經通過並已生效的法案就算是負責了」，這次表決也意味着正式否定了立法主導模式。參閱 1986 年 4 月《香港各界人士對〈基本法〉結構等問題的意見彙集》（基本法起草委員會第二次會議參閱材料之一）48–51 頁，載於李浩然（2012）。《香港基本法起草過程概覽（中冊）》。香港：三聯書店。741 頁。張結鳳、楊建興、盧永雄、陳露茜（1991）。《不變，五十年？中英港角力基本法》。香港：香港浪潮出版社。111 頁。

9. 朱國斌（2017）。〈行政主導還是三權分立？——香港特區政治體制的立法原意辨析〉。見朱國斌編著，《香港特區政治體制研究》。香港：香港城市大學出版社。4 頁。

10. 蕭蔚雲（1990）。〈香港特別行政區政治體制中的幾個主要法律問題〉，《中國法學》。4 期。

11. 王叔文（1991）。《香港特別行政區基本法導論》。北京：中共中央黨校出版社。158 頁。

道，「經過長時間的討論，起草委員會多數委員同意採納第三種意見，並將它貫徹於《基本法》中」[12]。不過，在 1998 年的一篇文章，他卻突出行政主導，認為香港特區政制的特點是「行政主導，司法獨立，行政與立法既互相制約，又互相配合」，而且強調「相互制約和相互配合都是在行政主導原則下的制約和配合」。[13]王叔文教授也在 1997 年修訂版的專著中指出：「從《基本法》的有關規定來看，香港特區的政治體制是一種『行政主導』體制，但行政主導的原則是可以與行政立法相互配合和制衡的，以及與司法獨立並行不悖，三者均為特區政制設計背後的原則。」[14]

同樣，王叔文教授主編的《香港特別行政區基本法導論》的 1997年修訂本，在談及草委會的這個爭論時也認為，「香港特別行政區的政治體制，從《基本法》的有關規定來看，也是一種『行政主導』的體制」。[15]香港學者陳祖為通過梳理蕭蔚雲、王叔文、許崇德三位教授對香港政制的觀點，認為他們在解釋《基本法》時，存在着一種轉調，即事實上的行政主導 —— 形容政府的行政能力及表現，是指行政機關所推出的法案、財政預算和政策，都有很大機會能獲得立法機關的支持。在這個意義下，不同的政治體制都有可能達到行政主導的效果，並日漸變成一種指導香港政制架構的原則。不過，1997 年內地原草委對《基本法》政制部分的解釋出現這種大轉調，最可能的原因是北京不能接受末代港督彭定康所設計及扶植的立法局，所以取消所謂九七立法會「直通車」，且對民主派在九七後進入立法會戒心重重，因而中央政府作出了「行政主導」的大轉調。[16]就「行政主導」到底是不是《基

---

12. 許崇德編（1994）。《港澳基本法教程》。北京：中國人民大學出版社。169 頁。

13. 許崇德（1997）。〈「一國兩制」方針下的政治體制〉，《法學家》。5 期。45–46 頁。

14. 王叔文（1997）。《香港特別行政區基本法導論（修訂版）》。北京：中共中央黨校出版社。207 頁。

15. 王叔文編（1990）。《香港特別行政區基本法導論》。北京：中共中央黨校出版社。207 頁。

16. 陳祖為：解釋《基本法》護法轉調 行政主導原非《基本法》立法原意，參見：www.article23.org.hk/newsupdate/jun04/0628c2.htm（2018 年 4 月 18 日瀏覽）

本法》所規定的政制設計背後的基本原則時，香港學者 Peter Wesley-Smith、陳文敏、Lison Harris 均認為行政長官雖擁有寬廣的職權，但這一現象在大部分政治體制中都是極為常見的，並不能以此認定香港政制即為「行政主導」，更不能以此斷定行政凌駕於立法之上。[17]

在後續的政制發展討論中，中央及特區政府官員多次強調行政主導的重要性，並將它提升至《基本法》甚至是國家主權的層次來討論。2004 年 4 月，香港特區政制發展專責小組在其第二號報告書中，清楚表達了此觀點：「行政主導是特區政治政體設計的一項重要原則，是體現國家主權的重要表徵。任何方案必須鞏固以行政長官為首的行政主導體制，不能偏離這項設計原則」。[18]同年，《全國人民代表大會常務委員會關於〈中華人民共和國香港特別行政區基本法〉附件一第七條和附件二第三條的解釋（草案）》的說明以及《全國人民代表大會常務委員會關於香港特別行政區 2007 年行政長官和 2008 年立法會產生辦法有關問題的決定》中均使用了「行政主導」來概括特區的政治體制特徵。2007 年 6 月，時任全國人大常委會委員長吳邦國在紀念中華人民共和國香港特別行政區基本法實施十周年座談會上的講話也指出，「香港特別行政區政治體制的最大特點是行政主導。」[19] 2014 年 6 月，國務院新聞辦公室發表了《「一國兩制」在香港特別行政區的實踐》白皮書，指出「作為特別行政區和特別行政區政府的『雙首長』，行政長官是香港

---

17. Wesley-Smith, Peter (2005). "The Hong Kong Constitutional System: The Separation of Powers, Executive-Led Government and Political Accountability," in *Hong Kong's Constitutional Debates*, Chan, Johannes and Harris, Lison eds. Hong Kong: Hong Kong Law Journal Ltd. pp. 3–7. Chan, Johannes and Harris, Lison (2005). "The Constitutional Journey: The Way Forward", in ibid. pp. 143–169.

18. 政治發展專責小組第二號報告：《基本法》中有關政制發展的原則問題，21 頁。參見：www.cmab.gov.hk/cd/chi/report2/pdf/secondreport-c.pdf（2018 年 4 月 18 日瀏覽）

19. 吳邦國（2007）。《深入實施香港特別行政區基本法 把「一國兩制」偉大實踐推向前進 —— 在紀念中華人民共和國香港特別行政區基本法 實施十周年座談會上的講話》，參見：www.gov.cn/ldhd/2007-06/06/content_639111.htm（2018 年 4 月 18 日瀏覽）

落實『一國兩制』方針政策和基本法的第一責任人。」[20] 此外，2015 年 9 月，中央人民政府駐特區聯絡辦公室主任張曉明在基本法頒佈二十周年研討會上致辭強調，香港政治體制是中央政府直轄下的以行政長官為核心的「行政主導」，從來不實行「三權分立」，特首地位超然於行政、立法及司法之上。[21]

　　中央必須在誰是代理人的問題上有不可動搖的決定權，所以提委會必須存在。立法會要全面普選，也只能在特首普選中有辦法確保選出符合「愛國愛港」標準的特首後，才會予以考慮。而透過問責制賦予特首更大的組閣權（政治委任），中央也可進一步以人事任命來鞏固對特區政府行政機關的影響。同時，在設計行政與立法關係時，《基本法》也全面限制了立法會的提案權，大大削弱了立法會制衡政府的權力。要進一步確立特首超然於本土力量，確保他對中央有絕對忠誠，還需要限制政黨政治的發展空間，不能讓政黨坐大。這種策略的目的固然在於減低民主派的發展空間，但同時也希望能減少特首受制於任何本地政黨的可能性。因為政黨要生存必須依靠選票，哪怕是愛國政團，為了本身政治利益考慮，也會受本地民情牽引，不一定會事事與政府立場一致。

　　要限制政黨發展，《基本法》設計了以下幾個制度安排：第一、立法會普選部分議席由比例代表制辦法產生，再輔以功能組別議席，大大減低議會出現政黨佔立法會多數議席的可能性；第二、根據《基本法》第 44 條及附件一《行政長官的產生辦法》，《基本法》並未論及行政長官不能從屬於任一政黨的規定，但《行政長官選舉條例》第三十一條卻明確規定，勝出的候選人必須聲明其不是政黨成員。因此，要

20. 中華人民共和國國務院新聞辦公室（2014）。《「一國兩制」在香港特別行政區的實踐》白皮書，參見：www.scio.gov.cn/ztk/dtzt/2014/31039/31042/Document/1372897/1372897.htm（2018 年 4 月 18 日瀏覽）

21. 張曉明（2015）。《正確認識香港特別行政區政治體制的特點——在「基本法頒佈二十五周年研討會」上的致辭》，原文參見：http://news.takungpao.com/hkol/topnews/2015-09/3164056.html（2018 年 4 月 18 日瀏覽）

求行政長官不能有政黨背景，一方面可以使政黨活動在選舉行政長官過程中無法產生積極作用，另一方面，可以降低政黨對行政首長的干擾，避免形成政黨政治，將政黨競爭局限在立法部門的議會席次，不至於影響行政權，更不可能取得執政權，進一步割斷特首與政黨的聯繫；第三、《基本法》排拒了英式的議會內閣制——由議會的多數政黨去組織政府執政，特區行政首長和立法會則各自由互不相關的選舉產生，這可以進一步減低行政首長對政黨的依賴。

（二）《基本法》文本設計及實踐中的「行政主導」與立法會制衡

雖然在三種可供討論的政治體制模式中，立法主導最先被否決，三權分立也因被領導人認定為「不適宜香港」而沒有再被提起，但這並不意味着分權模式的終結，對香港政治體制的考察還必須回歸《基本法》文本。《基本法》文本中並未直接出現「行政主導」或「三權分立」的字眼，單單分析文本可能無助判斷香港特區的政治體制，但根據《基本法》第四章關於特區政治體制的規定，可以發現《基本法》文本中既有突出行政權力的條款，也有體現權力制衡的內容。不過總體而言，在司法權力完整且獨立的基礎上，《基本法》之下的行政權力大於立法權力，其主要表現如下：[22]

1. 行政長官擁有崇高的憲制地位。與其他政府部門相比，行政長官由 1,200 人組成的選舉委員會選舉產生，擁有獨立於立法會的權威且根據《基本法》第 48 條享有廣泛的權力；同時根據《基本法》第 43 條和第 60 條，行政長官既是香港特區的首長，也是香港特區政府的首長，即所謂「雙重角色」。

---

22. 參見 Lau, Siu-kau (2000). "The Executive-Dominant System: Design and Reality," in *The Twenty First Century Blueprint for Hong Kong*, Lau Siu-kai ed. Hong Kong: Chinese University Press. pp. 3–36. Li, Pang-kwong (2001). "The Executive-Legislature Relationship in Hong Kong: Evolution and Development," in *Political Development in the HKSAR*, Joseph Cheng ed. Hong Kong: City University of Hong Kong Press. pp. 85–100. 陳弘毅、陳文敏（1999）。《香港法概論》。香港：三聯書店。126–128 頁。

2. 行政長官和特區政府分享部分立法權，而行政長官擁有提案附議權和否決權。根據《基本法》第 76 條和第 49 條，立法會通過的法案必須經行政長官簽署和公佈方能生效；《基本法》第 49 條規定，若個別議員提出對政府法案之修訂案，即使議會最後通過，行政長官若認為其不符合特別行政區的整體利益，可在三個月內將法案發回立法會重審。因此行政長官個人即可否決議會通過的法案。立法會若以不少於全體議員的三分之二再次通過原法案，行政長官可在一個月內簽署公佈，或者如《基本法》第 53 條規定的，行政長官如拒絕簽署立法會再次通過的法案，或立法會拒絕政府提出的財政預算案或其他重要法案，經協商後不能取得一致意見，行政長官可解散立法會。[23] 根據《基本法》第 62 條，特區政府可以擬定並提出法案、議案、附屬法規，法案的範圍不受限制且政府法案具有優先進入立法會議程的權利。

相對而言，立法部門提案權則被嚴重限縮，《基本法》第 74 條規定，立法會議員可提出法律草案，但前提是法案不涉及公共開支或政治體制或政府運作；涉及政府政策者，必須得到行政長官的書面同意。政府提出的法案只需全體議員過半贊成通過；而議員提出的法案、議案或對政府法案的修訂案須地區直選及功能組別兩組議員同時過半贊成通過；此外，立法會議員不得提出涉及公共開支（減少政府收入或增加支出）、政治體制或政府運作之法案。

3. 行政長官擁有廣泛的人事任免權。根據《基本法》第 48 條和第 55 條，行政長官擁有廣泛且不受立法會或法院左右的人事任免權，包括任免各級法院法官、公職人員、任命主要政府

---

23. 截止目前，行政長官並沒有動用過此否決權，因為一但否決必將遭立法會議員、大眾媒體、政治反對派的批評；行政長官也沒有解散過立法會，行政長官出於維護政治穩定的考慮，不會輕易解散立法會，而是將這種權力作為一種威懾力量，備而不用。

官員、決定任命和任免行政會議成員等，並且不需要徵得立法會或法院同意。

4. 缺乏對等的制衡設計。根據《基本法》第 50 條，如果立法會不通過政府的法案或財政預算案，行政長官可以解散立法會（一屆任期最多解散一次）；根據《基本法》第 79 條，立法會議員若因行為不檢或違反誓言而經立法會出席會議的議員三分之二通過譴責，可經立法會主席宣告其喪失立法會議員資格，而無需經過選民罷免。立法會雖然有《基本法》第 73 條第（九）款規定的彈劾行政長官的權力，但規定十分繁瑣，且彈劾案通過後，必須報請中央政府決定[24]（因為行政長官由選舉委員會選舉產生，且經中央任命，所以要對中央負責）。雖然《基本法》第 64 條也規定了特區政府必須對立法會負責，但僅對負責的範圍作了限定性的列舉規定，包括執行立法會通過並已生效的法律、定期向立法會作施政報告、答覆立法會議員的質詢，以及徵稅和公共開支須經立法會批准。由於

---

24. 《基本法》七十三條第（九）款規定：如立法會全體議員的四分之一聯合動議，指控行政長官有嚴重違法或瀆職行為而不辭職，經立法會通過進行調查，立法會可委託終審法院首席法官負責組成獨立的調查委員會，並擔任主席。調查委員會負責進行調查，並向立法會提出報告。如該調查委員會認為有足夠證據構成上述指控，立法會又以全體議員三分之二多數通過，可提出彈劾案，報請中央人民政府決定。香港現任特首梁振英私宅僭建而引發的 2012 年末至 2013 年初的彈劾案為《基本法》在彈劾制度上首次實踐。2012 年 12 月 19 及 20 日舉行的立法會會議上，立法會針對由李卓人議員根據《立法會（權力及特權）條例》，就有關委任一個專責委員會，以調查香港特別行政區行政長官梁振英先生位於山頂具路道的違例建築工程及對有關事宜進行了辯論。2013 年 1 月 9 日舉行的立法會會議上，立法會對該彈劾動議進行了投票，投票結果是：有關動議在功能界別以 9 票贊成、23 票反對，地區直選以 18 票贊成、14 票反對，未能通過分組點票而被否決。參見 www.legco.gov.hk/yr12-13/chinese/counmtg/papers/cm0109-ag-app-c.pdf。立法會彈劾特首本質上是代議機關和行政機關之間一種制約和平衡的權力配置，當行政權的行使偏離其正常的軌道時，代議機關作為民意之代表本於對人民負責的精神和態度對行政首腦進行限制，但由於目前立法會彈劾實踐的素材僅此一例，尚無法進行憲法實務和學理方面的深入檢討。對此問題的研究可參見：秦前紅、塗雲新（2015）〈香港彈劾制度初論 —— 以立法權與行政權的互動關係為核心的探討〉，《當代中國政治研究報告》。

無概括性或兜底性的條款，[25]有學者認為政府對立法會負責的範圍僅限於列舉事項，故特區政府對立法會負責的程度不能超出規定的範圍。[26]

前述《基本法》條文的種種安排反映出行政長官和特區政府行使的行政權獨立完整，行政機關因而掌握着某種程度的主導權和控制權。《基本法》賦予行政長官簽署法案和解散議會的權力，也確保了行政機關在行政與立法互相衝突之際能夠掌握主動權。同時必須指出的是，雖然《基本法》賦予了行政機關大於立法機關的權力，但《基本法》的設計者並非要將特區的行政機關擺在至高無上、不受制約的地位，行政機關還是必須向立法機關負責，遵循代議制政府的基本原理與精神。根據《基本法》第 45 條和第 68 條的規定，行政長官和立法會主席及議員的產生方法實際上也體現了行政機關與立法機關彼此獨立的立法意圖；同時，根據《基本法》第 73 條、第 49 條、第 50 條、第 52 條、第 64 條等，也反映出行政機關和立法機關之間存在一定程度的相互制衡。因此，可以得出結論，雖然《基本法》總體設計上，行政權力優於立法權力，但《基本法》中權力分立的基礎和權力之間相互配合、相互制衡的架構也是清晰可辨的。可以說行政主導並沒有違背或者放棄分權的設計，分權首先強調的是權力的來源和配置問題，其次才強調各權力之間的關係問題。儘管行政主導強調的是行政權相對立法權處於優勢地位，但本質上卻是突出權力之間的關係，正如有學者所說的，「沒有分權，就無所謂行政主導；有分權才有誰主導的問題」[27]。另外，在分權基礎上權力之間的配合與制衡也不可能否認行政主導這一

---

25. 兜底條款（Miscellaneous Provisions）作為一項立法技術，它將所有其他條款沒有包括的、或者難以包括的、或者目前預測不到的，都包括在這個條款中。兜底條款是法律文本中常見的法律表述，主要是為了防止法律的不周嚴性，以及社會情勢的變遷性。

26. 蕭蔚雲（2003）。《論香港基本法》。北京：北京大學出版社。872 頁。還有學者認為立法會要求特區政府就超出《基本法》第 64 條規定的範圍負責的話，就是一種越權行為。參閱張定淮、黃國平（2007）。〈香港的「行政主導」體制：性質、困境與發展〉。見張定淮主編，《面向二零零七的香港政治發展》。香港：大公報出版社。49 頁。

27. 張定淮（2007）。《面向二零零七年的香港政治發展》。香港：大公報出版社。46 頁。

客觀事實。總體而言，香港特區的政治體制是行政主導與三權分立的混合物（hybrid），是權力分立基礎之上的行政主導。[28]

「行政主導制」能否在實踐中落地生根，還必須依賴一系列前提條件，諸如行政長官和他的政府必須有一個強而有力的管治同盟，能夠得到他們的支持；同盟必須具有廣泛的社會基礎，能夠凝聚一股跨階層和跨界別的政治力量作為政府的施政基礎；行政長官能夠駕馭立法會等。[29]然而，回歸後的特區政府遭到了近乎矛盾的雙面批評，例如有學者指出回歸後的香港社會、政治活動、社會文化與行政主導制產生激烈衝突，與原有的管治體系不協調。行政長官雖然名義上由間接選舉產生，但仍必須由中央人民政府任命。《基本法》的規定讓立法會難以有效制衡行政長官，使得行政長官的權力甚至比九七前港督的實質權力還大，形成「寡頭政治」，代議政治功能無從發揮。[30]陳弘毅教授雖然承認《基本法》對九七後立法會加以前所未有的限制，但仍然認為立法會對行政權力構成了重要的限制。他評價九七後的立法會為「充滿活力、自信堅決、自主能動的議會」，政府則不得不耗費大量精力持續地游說議員，通過政治商討來爭取立法會合意。儘管如此，九七後的香港政府在受爭議的立法或大規模的基礎設施建設項目方面仍必須面對來自立法會的阻擾。[31]也有學者認為九七回歸後的香港體制雖被描述為「行政主導」，但真相是港英時期的「行政主導」奠基於無選舉、

---

28. 更多對這種觀點的闡釋可參見朱國斌（2017）.〈行政主導還是三權分立？——香港特區政治體制的立法原意辨析〉，載朱國斌，《香港特區政治體制研究》。香港：香港城市大學出版社。朱世海（2017）.〈香港政體的屬性及改革〉，同上載。

29. 劉兆佳（2000）.〈行政主導的政治體制設想與現實〉，載劉兆佳主編，《香港 21 世紀藍圖》。香港：香港中文大學出版社。1–36 頁。

30. 廖光生（1996）.《香港民主化的困境 —— 回歸與民主化之爭議》。台北：允晨文化。216–219 頁。

31. Chen, Albert H. Y. (2007). "The Basic Law and the Development of the Political System in Hong Kong," *Asia Pacific Law Review*, 15(1): 24.

無政黨並且由港督及文官系統掌控的「行政國」基礎之上，[32]而如今的
香港環境已是天壤之別，說如今的香港政體為「行政主導」只是虛有其
表，並不可能做到真正的「行政主導」。[33]即使《基本法》限制了立法
會的權力使之無法與特首的權力相互制衡，但政府的大部分政策、立
法、預算、財政撥款都必須依賴立法會的批准，所以 Peter Wesley-Smith
教授認為，「要在現行的《基本法》框架下，實現有效的政府運作幾乎
是不可能的。『行政主導』並非描述現行體制的有效用語」。[34]還有學者
認為九七後的憲制設計對行政長官的實際權力其實隱藏着限制：[35]（1）
政策制訂權限分散於不同的機構（如大量的諮詢機構），而實質上代表
公眾的機構（如立法會）的權力相當有限；（2）特區管治聯盟的不同
背景使得特區精英整合非常困難；（3）政治精英為爭奪權勢甚至繞過

32. 「行政國」這一概念來源於英文 "The Administrative State"，出自美國行政學者瓦爾多
（Dwight Waldo, 1913–2000）1948 年所著的《行政國：美國行政學的政治理論研究》(The
Administrative State: A Study of the Political Theory of American Public Administration)，用以
形容描述一國家政府職能擴張、人民依賴政府的一種情形，在這種狀況下的行政部門佔有極重
要的地位，雖然立法、司法權還存在，但行政組織與運作變得特別重要。需要注意的是，行政
國並非專指某單個國家或某一種類的國家，而是用以描述國家政府職能擴張的狀況。

33. Zhang, B. (2009). "Political Paralysis of the Basic Law Regime and the Politics of Institutional
Reform in Hong Kong," Asian Survey, 49(2): 315–316. 另有文獻指出英賴以成功的「行政主
導」是建立在以下條件之上：(1)「行政吸納政治」的有效精英整合；(2) 當時的社會環境下，香
港民眾追求民主的意願不強烈；(3) 行之有效的行政體制改革加上行政系統之外的精英吸納；
(4) 政府堅持「不干預原則」，促進和保障自由市場的發展，不僭越私人利益；5. 立法局力量
薄弱不足以制衡行政機關；(5) 公民社會發育不健全。Cheung, A. B. L. (2007). "Executive-Led
Governance or Executive Power 'Hollowed-Out' — The Political Quagmire of Hong Kong," Asian
Journal of Political Science, 15(1): 21.

34. Wesley-Smith, Peter (2005). "The Hong Kong Constitutional System: The Separation of Powers,
Executive-Led Government and Political Accountability," in Hong Kong's Constitutional
Debates, Chan, Johannes and Harris, Lison eds. Hong Kong: Hong Kong Law Journal Ltd. p.
6.

35. Chu, Yun-han (1995). "Changes and Challenges on Political Transition and Sovereignty Handover
of Hong Kong," in Political and Economic Environment in Hong Kong and Hong Kong-Taiwan
Relaitons on the Eve of 1997, Chu Yunhan, et al. eds. Taipei: Ye Qiang Press. pp. 1–48. 載引
自 Ma, Ngok (2007). Political Development in Hong Kong: State, Political Society, and Civil
Society. Hong Kong: Hong Kong University Press. p. 109.

特首直接取得中央政府的信任和資助，這種權威的分散化設計的目的
正在於特首必須依賴中央的干預。必須承認的是，主權移交從根本上
改變了香港地區政治權力的來源與結構，而《基本法》重新確定了香港
特區政治權力的組織方式與原則。雖然行政長官與港督在微觀的權力
層面仍保留了某種相似性，但九七後的行政長官並無法像殖民地時期
的港督那樣佔有一種較為徹底的「集權者」的憲制地位，也無法像港督
那樣作為「外來統治者」具有超脫於本地利益的政治問責性。[36]

　　就選舉層面而言，隨着九七的到來，「特區籌委會」為特區選出行
政首長和臨時立法會後，就開始將工作的重點轉移到第一屆特區立法
會的組成上，立法會的組成必須保證是一種「均衡的參與」，不希望
地方選區選舉被一個或少數幾個黨派支配。香港新的立法會選舉是一
種多渠道式的選舉，即並非只由一種方式的選舉選出，而是通過三種
渠道產生，即功能界別選舉、地方選區選舉和選舉委員會選舉。這種
多渠道的選舉安排源自 1997 年以前的立法局選舉，本屬過渡性質的選
舉，但逐漸固定下來。香港政府在 1980 年代初發展代議政制時，秉承
循序漸進的原則，首先推行一種選民資格受到很大限制的功能組別選
舉，以及一種屬於間接選舉的委員會選舉，比起普選性質的直接選舉
來說，前兩種選舉的民主程度自然較低。1980 年代中期，香港社會出
現爭取立法機關進行普選的運動，香港政府也同意朝其方向發展。九
七後的選舉委員會，選民僅 800 人，是三個界別中最少的，為小圈子選
舉，這種選舉方式僅在 1998 年和 2000 年的立法會選舉中實行。選舉委
員會的組成方式根據《基本法》附件一規定。選舉委員會的委員多來自
工商界和政界，有着濃厚的工商與親中色彩，因而代表着中上階層利

---

36. 有學者建議應當提高行政長官在香港本地政制中的超脫性，把行政長官塑造成《基本法》的守護
　　者和保障者，並扮演本地憲制機關爭議的仲裁者。具體措施可考慮適當修改《基本法》，行政長
　　官不再作為特別行政區政府的負責人，僅作為特別行政區的首長，設立副行政長官負責政府工
　　作，向立法會負責。而行政長官可利用協商程序解決香港立法機關、行政機關和司法機關之間
　　的爭議等。參閱朱世海（2017）〈香港政治體制的屬性及改革〉，載朱國斌，《香港特區政治體
　　制研究》。香港：香港城市大學出版社。70 頁。

益和親北京人士在選舉委員會選舉中佔據優勢。又由於選舉特區行政長官的選舉委員會的成員背景與立法會選舉委員會成員背景雷同（詳見《基本法》附件一、二），因此立法會選舉委員會旨在選出與特首理念相同的人，因此立法會選舉委員會選出的立法會議員被視為特首的支持者、擁護者，為新政權在立法會中提供穩定的支持，對於回歸頭兩年建設行政與立法關係方面起到正面作用。

誠如佳日思教授對回歸的預言，《基本法》所規定的政制有內在的矛盾，一方面行政和中央的權力體現着威權統治；另一方面，立法會體現着民主政治，直選議員的民望和認受性凌駕於特首之上，立法會可行使其對法案和財政預算案的否決權癱瘓政府的運作。[37] 特首在《基本法》上的優越地位，從憲制文本上雖無可否認，然而特區回歸以來，歷任政府一直施政不順，根源在於作為中央對港行管治的「主要途徑和抓手」的特首，處處受到立法機關和法院掣肘，以致政令不行。問題是，為什麼種種有利的制度安排和保護下，於加上龐大的公共資配合，歷任特首還處處碰壁，施政艱難？諷刺的是，前一節所述的種種刻意削政黨影響的安排，也會反過來令特首施政更難，因為比例代表制下產生的議席分散，而群龍無首的議會，會令政府立法機關尋求妥協時交易成本更高。沒有政黨的聯繫，特首也缺少了在議會內的鐵票「忠粉」，只能見步行步，與議員合作只能貌合神離。而行政長官與立法會議員是由不同的選舉產生，各有不同的許可權，互不相干，也令議員可以更肆無忌憚攻擊政府，因為即使拖垮施政，甚至令政府下台，議員的任期仍是絲毫無損，不用擔心政府會倒台引發大選，而需要承擔重選失敗的風險。

早年中央與香港社會間是以特首作連接點，當特區政府出現重大管治失誤時，中央只需按《基本法》規定的既定程序重新選出一名本地屬意人選便能應對管治危機。然而，自 2003 年董建華卸任、中央調整

---

37. Ghai, Yash (1999). *Hong Kong's New Constitutional Order*, 2nd ed. Hong Kong: Hong Kong University Press. pp. 292–302.

治港思路以後，特首不再是中央管治香港的唯一「抓手」，而權力也相應地流失於各政治勢力和機構中。也正由於權力的流失，建制和商界可利用其政治網絡，繞過特首直接與北京當局聯繫來影響香港政策制訂過程。在政治網絡的影響下，當特區陷入管治危機時，行政長官的中間人角色便會形同虛設。在現有的制度設置下，行政長官儼然是政壇上的孤家寡人。沒有政黨背景的特首缺乏政治聯盟的支持，在需要通過具有爭議性的法案時，政府經常花費大量資源進行游說工作，不然的話便需向利益集團妥協。為了擺脫既得利益集團的枷鎖，各屆特首絞盡腦汁，但仍難大有所為。例如擅長協調各黨派關係的時任特首曾蔭權，其任內通過的政策基本是短期的小修小補型政策。這些政策對治理住房、貧困問題等結構性困境於事無補；而敢於挑戰既得利益力量的時任特首梁振英，其政策則因缺少忠實盟友支持而一一告終。時移勢易，行政長官的政治作用與草擬《基本法》時的原型大有不同。早期以行政長官為中心的行政主導構想，使得中央政府對香港管治極為倚重於可靠的特首人選，因而緊緊把住特首候選人關口。但多屆特首實踐證明，基於香港複雜利益網絡的政治現實，行政長官需要時常協調不同階層及政治勢力，「大而有為」的威權主義強勢領導思路，在當下管治環境中顯然是行不通的。簡言之，行政長官既要是敢於向各既得利益者「開刀」的強勢領導人，同時又要成為各社會階層和政治勢力的協調者，這兩種角色之間具有根本矛盾。沒有穩定的政黨支持，政府難在盤根錯節的政治網絡中與利益集團周旋，以落實長遠的利民政策。

三、回歸後香港「行政主導」的萎縮 —— 新興的法團控制

　　香港行政主導面臨着一系列內部或外部缺陷：缺乏政黨政治的連接、管理精英整合程度低、碎片化的制度性權力，這種缺陷根植於《基本法》內在的制度設計邏輯之中。缺乏執政黨意味着行政長官即便擁有廣闊的人事任免權也無法有效整合管治精英。自 20 世紀 80 年代以來，

作為政治策略的一部分，中央政府開始通過吸納社會各界精英在香港著手建立起「法團主義」的政制，這也是導致九七後香港政治由過去的「積極不干預主義」或「最小國家理論」轉變為積極管治與干預主義。回歸後的特區政府必須面對一個強大的、具有憲制上的地位保障的商界力量。《基本法》本身的制度設計體現出某種程度「法團主義」的意味，特區職位網絡分散於眾多機構，嘉獎政治忠誠者，並主力排除或邊緣化政治敵人（如民主派），不希望與之分享真實的行政權力。由於香港政府和利益團體之間缺乏討價還價的制度性通道，政府便難以建立強大的「政商聯盟」來為特區的管治提供基礎，但 1997 年後政府和利益集團之間的討價還價仍是主導政府政策制訂的最重要力量。自 80 年代以來，中央政府極力拉攏的商業力量在回歸後一直把持著立法會的功能組別，始料未及的是，這也為利益集團反向俘獲政府提供了便利。香港學者馬嶽通過研究九七後立法會功能組別議員的表現和政府政策之間的關聯，認為功能組別扮演的就是展現界別利益與訴求的「法團主體」架構，所以香港政府不得不花費更多的政府資源傾向於界別的發展，不斷設立新的諮詢機構和政府職位以吸納界別成員。[38]

由於香港立法會權力有限，即使功能界別議員提出訴求也未必能完全轉化為政府政策。不過，功能界別不僅佔據著立法會半壁江山，還在特首選舉委員會扮演著重要角色，影響政府的施政。選出現任特首的 1,200 名選舉委員會成員中，超過七成（940 名）都是來自這 28 個功能界別，第一界別即工商界佔到四分之一，而其他界別選出的代表也多以商人為主，如第四界別的港區人大代表、政協委員、區議會議員、鄉議局議員等。這套選舉系統最大程度保證了工商界的利益。

有研究指出 1992 至 1997 年間由中央政府任命的機構亦是以工商業和專業界主導，工商界人士佔港事顧問（Hong Kong Advisors）、區域顧問（District Advisors），香港特區籌委會（Preparatory Committee）、

38. Ma, Ngok (2015). "The Making of a Corporatist State in Hong Kong: The Road to Sectoral Intervention," *Journal of Contemporary Asia*, 2015: 1–20.

表3.1 香港回歸功能組別的席位變化（1998–2015）

年份	功能組別	席位
1998	在 1991 年的基礎上： 減去：漁農礦產界、能源及建造界、製造界、酒店及飲食界、 　　　交通運輸界、金融保險地產及商業服務界、公共社會及 　　　個人服務界 新增：體育界、體育表演藝術界、文化出版界、訊息科技界、 　　　漁農界、保險界、運輸界。	28
2000	在 1998 年的基礎上： 減去：市政局、區域市政局 新增：飲食界、區議會	28
2012	在 2000 年的基礎上將區議會改為區議會（一）、區議會（二）	30

表3.2 2012年特首選舉委員會的界別成分

界別	2012 年特首選舉委員會的界別成分	人數	佔 2012 年特首選舉委員會的比例
第一界別	工業界（第一）、工業界（第二）、商界（第一）、商界（第二）、旅遊界、飲食界、酒店界、金融界、保險界、香港僱主聯合會、香港中國企業協會、紡織及製衣界、金融服務界、進出口界、航運交通界、批發及零售界、地產及建造界	300	25%
第二界別	會計界、工程界、建築、測量及都市規劃界、中醫界、醫學界、教育界、法律界、衛生服務界、高等教育界、資訊科技界	300	25%
第三界別	漁農界、勞工界、宗教界、社會福利界、體育演藝文化出版界	300	25%
第四界別	港區人大代表、港區政協委員、立法會議員、區議會議員、鄉議局議員	300	25%

香港預備工作委員會（Preliminary Working Committee）和遴選委員會（Selection Committee）的大部分，接近 52%，這也是中央政府「統一戰線」運用得當的結果。而勞工界別僅佔到 3.4%，專業界則佔 28.6%。與港英時期「行政吸納政治」相比，金耀基將中央對精英的吸納過程稱為「政治吸納經濟」，相比港英時期更重視吸納商業精英。2000 年時，商界人員在各大諮詢委員會中佔據了 34.7% 的職位，對傳統行業的吸納（除建築、測量及都市規劃界外）呈現停滯或下降趨勢，教育界和服務界的任命比例則上升至 16.2%。[39]

香港政府早在殖民地時期，已通過設立各種諮詢委員會（Advisory Committees），作為吸納民意、促進官民溝通的平台。而《基本法》第 65 條規定，繼續保留原由行政機關設立諮詢組織的制度，令這種諮詢政治的傳統在 1997 年之後得以延續。回歸以來，諮詢及法定組織（Advisory and Statutory Bodies）進一步擴大及發展，現時相關組織合計約 467 個。各種各樣的諮詢和法定組織是組成香港政治體制的重要部分，輔助着政府施政。同時，它們也是市民參與制訂公共政策的重要渠道。政府高度重視為數約 500 個諮詢和法定組織的職能、角色和組成方式，其目標包括：精簡架構，避免組織和人事過度重疊；廣泛延攬各方英才以增強代表性；強化諮詢和法定組織作為政府施政重要夥伴的角色，增加他們在政府決策過程中的參與；進一步發揮諮詢和法定組織協調社會各方面利益的作用；進一步樹立諮詢和法定組織作為市民參政議政的重要渠道；深化諮詢和法定組織培訓領袖人才的作用；

---

39. King, A. Y. C. (1986). "Hong Kong Talks and Hong Kong Politics," *Issues and Studies*, 22(6): pp. 52–75. 20 世紀 80 年代，港英政府對精英的吸納側重於貿易、商業、金融和工業領域（包括地產業、建造業、旅遊業），這幾個領域的精英佔據了諮詢機構四分之一的職位。在偏商業的基礎上，吸納的界別隨着香港 1975 至 1995 年間經濟發展的內部變化，如服務業和交通業對 GDP 比重的貢獻持續上升，主要諮詢委員會中的勞工代表比率也上升，雖然最多時也僅佔全部人數的 1.9%。佔據主要諮詢職位的人員也多來自醫療、法律、工程、建築測量、財務幾個行業也逐步讓位於教育、社會服務等新行業，前者從 1975 年到 1995 從 30% 下降到 18%；而來自教育、社會服務等行業的諮詢人數則分別由 9.8% 上升到 19.9%、1.2% 上升到 2.6%。參閱 Cheung, Anthony, and Wong, Paul C. W. (2004). "Who Advised the Hong Kong Government? The Politics of Absorption before and after 1997," *Asian Survey*, 44(6): 881–882.

加強諮詢和法定組織連繫政府與市民、解釋公共政策、鼓勵市民討論的功能；強化對諮詢和法定組織的工作評估；以及提升諮詢和法定組織作為公共政策智囊機構的地位。[40]

　　無論是回歸前還是回歸後，這些諮詢組織的成員也是傾向有較多工商界和專業界人士。Cheung 和 Wong 的研究指出，工商界人士自 70 年代以來在這些機構持續佔據 23% 至 28% 的位置，廣大的勞工階層只佔據不超過 2% 的席位，幾乎未被代表。[41] 2002 年香港民主派政團「民主動力」調研指出，103 個主要的諮詢委員會和規管組織、非政府部門的公共機構中，有 33 人同時擔任 7 家以上諮詢委員會的成員，當中大多數人都是來自商界和金融界。[42] 同樣，Manuel 的研究指出，諮詢委員會的成員都為律師或公司高層，成員中擁有政黨背景的極少，即使有也通常為自由黨成員。[43] 新力量網絡在 2014 年的特區管治報告中也顯示現時諮詢委員會的成員多為工商專業界，2,534 個諮詢委員會的非官方成員職位中，工商專業界精英佔五成，而作為反映社會民意的平台，諮詢委員會要有效地發揮作用，很大程度上取決於委員會中非官方成員的代表性。[44] 並不意外的是，前述諮詢委員會中的工商專業界精英也在中央任命的統一戰線各組織及行政長官選舉委員會中佔據席位。香港政府的官方訊息顯示，在 2000 至 2005 年的 800 人選舉委員會中，約有一半的成員同時擔任諮詢委員會主席。[45] 同樣在地方層面，基

40. 《2004 年施政報告》，第 67 段。

41. Cheung, Anthony, and Wong, Paul C. W. (2004). "Who Advised the Hong Kong Government? The Politics of Absorption before and after 1997," *Asian Survey*, 44(6): 882.

42. Power for Democrac (2003). *Research Briefs on Hong Kong SAR Government's Statutory and Consultative Bodies*. Hong Kong: Power for Democracy.

43. Manuel, Glen (2004). "The Men on the Inside Track," in *The Economy of Hong Kong in Non-economic Perspectives*, Law Kam-yee and Lee Kin-ming eds. Hong Kong: Oxford University Press. pp. 245–253.

44. 新力量網絡：《2014 年度香港特區管治評估報告》，23 頁。

45. Hong Kong Government (2003). Press Release: Legco Question 1: Appointments in Statutory and Advisory Bodies. December 3. 2003.

於政治忠誠的獎勵，1999 至 2007 年間由政府委任的 102 名區議員中有
40% 為商人；並且這 102 個席位中，擁有政黨背景成員的多來自民建
聯、港進聯、自由黨，並無人來自民主派政團。

　　港英殖民統治時期，社會精英雖然只是被吸納入體制的玩家，但
在政策制訂中仍享有不可分散的權威；而九七回歸後，被吸納的精英
則具有較強的政治特徵，除了本身作為體制吸納的目標外，還擁有功
能性的權力 —— 以對體制的忠誠來交換對政策的影響力和在諮詢機
構中的職位。在政治交易的過程中，這些精英在對抗政府時並未表現
出猶豫，也沒有以拒絕支持政府為要挾來換取政策上的妥協和利益。
在 1998 年的第一屆立法會中，就出現了自由黨主席李鵬飛召集各路政
黨組成鬆散的議會聯盟來迫使政府接受其救市計劃和稅費減免政策；
2002 年第二屆立法會之時，自由黨主席田北俊領導八黨聯盟與政府就
經濟和民生問題協商，直至他被特首在第二屆任期中將其吸納入行政
會議。更重要的是，九七後特首聯合高官組成的「行政主導」取代港
英時期的「官僚主導」，特首更激勵通過諮詢機構中的職位任命來擴大
政治交易，以換取政治支持。故九七後的精英吸納不僅是為了籠絡人
才，更是為了扶植和鞏固政治聯繫與體制忠誠。正鑒於此，九七後的
「政府—精英」之間的聯繫變得更不穩定，更多依賴於精英之間的相互
競爭，以及政治支持、政治忠誠和政策妥協、退讓之間的交換，甚至
出現被體制吸納的精英領袖反過來企圖控制政府機構的情況。[46]總而言
之，自 1980 年代起，部分工商界別借助能夠輕而易舉進入權力系統的
特權不斷提出自身界別的利益訴求，使得香港的管治表現出嚴重的「干
預主義」。

　　由於缺乏能支配一切的組織（例如政黨）來控制這些巨大規模的任
命和精英整合，基於法團主義分析的「政商管治同盟」在實踐中未必形
成了穩定牢靠的管治基礎。而商界利益本身就是多元化的，並不存在

46. Cheung, Anthony, and Wong, Paul C. W. (2004). "Who Advised the Hong Kong Government? The Politics of Absorption before and after 1997," *Asian Survey*, 44(6): 892–894.

一個能代表所有商業利益的政治組織。雖然不同的專業界別之間亦沒有太多共同利益，但其整合程度甚至不如專業界別。對諮詢委員會和非官方組織機構中的人事任命並不能真正作為某個利益團體或組織的代表，他們雖然擁有相似的階級背景和政治面貌，但並不意味着他們在政策層面可以達成一致，最終也不可能作為所謂鐵板一塊的「工商階層」。即使工商界別的利益團體在特首選舉委員會和委員會成員的選舉中佔據廣泛分量，但仍無法與特首就特定問題形成利益交換，因為特首選舉一定程度由中央把持，競選規則無法滿足正常競爭性選舉中的利益交換與促進。[47]加之利益集團與政府之間缺乏討價還價的制度性渠道，必然導致政府偏袒一部分利益團體而得罪另一些利益團體。

香港學者馬嶽又整理了 2005、2007 及 2012 年特首選舉期間的媒體報道，發現各界別的委員往往會在競選期間向候選人提出有利於自己界別的訴求，如推動界別發展、吸納更多界別代表進入官方機構等，而候選人為了獲得支持，往往也會作出相應的承諾。在將政府 1998 至 2012 年間推行的政策分類後，研究者也發現了明顯的界別傾向，約有三成政策面向界別利益。即使除去有關教育、醫療等有關公眾利益的界別性政策，餘下面向商界整體利益的政策仍然佔約兩成。這些數據反映出，在功能界別制度下，香港各界精英各自為政，向政府提出狹隘的界別訴求，而香港政府似乎也在碎片化地回應這些訴求，與特定界別進行利益交換，缺乏整體發展的策略。這不僅導致了社會發展與資源分配畸形，也破壞了政府的中立性，帶來新的合法性危機。[48]劉兆佳等學者雖一再強調香港政府應擴大特區的管治聯盟以贏得社會各界的支持，但特區政府要贏得社會各界別各階層，也有必要一併考慮背

---

47. Ma, Ngok (2007). *Political Development in Hong Kong: State, Political Society, and Civil Society.* Hong Kong: Hong Kong University Press. p. 76.

48. Ma, Ngok (2015). "The Making of a Corporatist State in Hong Kong: The Road to Sectoral Intervention," *Journal of Contemporary Asia*, 2015: 1–20. 同時馬嶽還統計分析了功能組別議員和直選議席議員們的年度預算辯論（Budget Debate）和特區施政報告辯論（Policy Address Debate）。

後所付出的政策代價。港英殖民統治時期的法團式吸納使政府能超越部門利益，即使在缺乏民主合法性的前提下也不至於尋租過量，從而給外人留下港英政府能區別公共利益和私人利益的印象。如今即使工商界別被認定為特區管治同盟的堅定後盾，特區政府也無法創造出讓每一個利益集團都滿意的政府政策，政商同盟也未必在所有政策事務層面上都能達成共識，共識也僅僅建立在抽象的「繁榮、穩定、政治忠誠」等概念層面。雖然殖民地政府成功通過結盟關係將商業利益鑄成一種社團主義秩序，但從中國大陸改革開放以來，商業急劇轉型，讓這種權力技術變得陳腐落後。大企業群的集團化和碎片化，加上混合型商業的出現，已改變了商業參與的性質，新的理性邏輯也因而出現。伴隨這個新的不確定時代而來的，還有陸港政治邊界的交錯、對政治和公共爭議的再定義。和殖民地時代不同，商業精英們現在面對多重政治博弈。過去，商業的目的相對直白，即追求利益和市場佔有率的最大化；而現在，商業精英在做投資決策和選擇政治立場時，有如走鋼索，他們努力摸索，在做商業決定時，亦盡可能滿足政治盤算。中央和香港特區政府亦然，努力尋找新的權力技術以仲裁社會矛盾和滿足彼此競爭的訴求。對於雙方來說，新的管治形式仍然有待發掘。【49】

---

49. Ng, Tak-Wing (2018). "A Genealogy of Business and Politics in Hong Kong," in *Routledge Handbook of Contemporary Hong Kong*, Lui, Tai-lok, Chu, Stephen Wing-kai, and Yep, Ray, eds. London: Routledge, 轉引自吳德榮（2017）。《香港政商系譜的嬗變——從尋租和利益最大化，到政治「義務」的展現》，紀羽舟、何錦源翻譯，參見：https://theinitium.com/article/20171204-opinion-ngotakwing-hongkong-commerce/（2018 年 4 月 18 日瀏覽）

第四章

《基本法》下的民主與官僚

❦❦❦❦❦❦❦❦❦❦❦❦❦❦❦❦❦

　　德國社會學家韋伯在 20 世紀初首先注意到了官僚組織（bureaucracy，又譯為「官僚制組織」）的現象，並將其放在歷史比較分析的框架中，闡述了這一組織形式的特點和歷史意義。韋伯在組織學意義上將官僚製作為一個特定的組織形態，着重討論了官僚組織等級有序、規章制度為本、即事主義等鮮明特點，以及組織成員即官員的教育、專業化訓練、在組織中的職業生涯，還有由此產生的循規行為和文牘主義現象。[1] 用當今的社會科學術語來說，在這一層次上韋伯關注的是官僚體制的內在組織機制和運行過程；另一方面，韋伯也注意到另一新興階層 —— 職業政治家的興起，他們的影響力並非來自固有的社會身份，而是基於能夠吸納大量市民階級的大型現代政黨。然而現代國家治理中，橫亘於官僚體制的技術性、時效性與民主的問責性之間的衝突應當如何解決遂成為現代政治的一道難題。[2]

---

1. 馬克斯・韋伯，閻克文譯（2010）。《馬克斯・韋伯社會學文集》。北京：人民出版社。188–230 頁。按韋伯的論述，官僚制具有如下基本特徵：第一、一個正式的等級制結構。每個等級控制其下的等級並為其上的等級所控制。一個正式的等級制是中央規劃與集中化決策的基礎；第二、用規則來管理。經由規則控制的系統使得高層次決策能夠被較低層級保持一致地執行。下級的基本職責就是服從上級的命令並執行上級的決策；第三、功能專業化的組織。任務由專家來完成，所有人都基於他們的任務的類型或專長技能進行分類管理；第四、兩種使命類型：關注上面或者關注內部。前者的使命是服務股東、董事會或上級授權機構，後者的使命是服務該組織本身。第五、非人格化。對所有僱員與客戶一視同仁，而不會受到個人差異的影響。第六、聘用基於專業能力。這意味着聘用不是基於人的天然身份或人際關係，而是專業能力。

2. Heady, Ferrel (1979). *Comparative Public Administrative*, revised 2nd ed. New York: Marcel Dekker. pp. 79–126.

一、民主與官僚關係的一般理論

關於政府機構，應當區分具有較強政治色彩的狹義政治系統，以及負責具體行政事務的行政系統或官僚系統。在政治系統中工作的核心人員通常稱為政治家或政務官，並為時常隨着選舉結果不同而更迭的那部分人。民主政體下政治家或政務官，要不是經由選舉的方式當上，就是經由選舉產生的主要行政官員任命，而政治任命往往也是政治家貫徹自己政治意圖和政策的重要方法。在官僚系統裏工作的人員通常稱為公務員、官僚或事務官，其錄用方式一般是考試和升遷，公務員一般最高能晉升到副部長，這是事務官的最高行政級別。副部長以上的部長和內閣成員則由前述的總統或首相任命，或由直接選舉產生。這種級別的政務官一般都有政黨身份，主要取決於政治競爭的結果。政治系統與官僚系統的差異，可以概括如表 4.1。

（一）經典「官僚與民主」關係圖景

最早關於政治家與官僚之間的區別論述非常簡化：政治系統強調政治權力的獲取和公共政策的制訂，而官僚系統強調的是政治權力的行使和公共政策的執行。美國政治學學者 Woodrow Wilson 認為，行政事務處於政治事務的外圍。行政問題不是政治問題，行政就是一門生意，是從政治的紛爭漩渦中解放出來，Wilson 將它比喻為製成品的部分機械裝置。[3] 此後弗蘭克・古德諾（Frank Goodnow）在《政治與行政》一書中說，「政治是國家意志的表達，行政是國家意志的執行」。[4] Luther Gulick 附和認為前述職能必須在制度上分開，在高效的政府裏，是不會存在「行政」和「政治」這兩種職能混起來的情況。[5]

---

3. Wilson, Woodrow (1887). "The Study of Administration," *Political Science Quarterly*, 2: 209–210.

4. Mainzer, L. C. (1973). *Political Bureaucracy*. Glenview: Scott Foresman. p. 69.

5. Gulick, Luther W. (1937). "Notes on the Theory of Organization," in *Papers on the Science of Administration*, Bulick, Luther W. and Urwick, Lyndall eds. New York: Columbia University. p. 10.

表4.1 政治系統與官僚系統的差異[6]

類型	政治系統（政治）	官僚系統（行政）
定位	政治權力的獲取；公共政策的制訂	政治權力的行使；公共政策的執行
身份	政治家或政務官	官僚或公務員
錄用	選舉與政治任命	考試與晉升
規則	競爭與回應性	服從與官僚制
關係	依賴官僚系統的有效性	依賴政治系統的指導

顯然，前述觀點是關於「政治」與「行政」之間關係的最理想化圖景。在大多數國家（美國例外），提出法案的啟動權都高效地由行政部門壟斷，哪怕在行政部門內部，經選舉或任命產生的政治家在數量上和任職時間上甚至超過了行政官僚。[7]由此可見，經驗豐富的官僚系統牢牢掌控着一國政府政策議程的安排，許多重要的公共政策都是在官僚系統內部制訂的，「官僚政治或者說是政黨政治在現代國家政治決策中扮演着最重要的角色。」[8]無論這個極端的觀點是否正確，不可否認的事實是官僚們所能做的不僅僅是執行政府的政策了。

政治家和行政官僚均要參與政策制訂，但兩者的貢獻有所不同：行政官僚貢獻事實和知識；政治家貢獻利益和價值。因此行政官僚強調技術而遵循「政治中立」，政治家則必須對其所在的界別負責。前述區分對應了 Fritz Morstein Marx 所說的「政治理性」與「行政理性」

---

6. 包剛升（2015）。《政治學通識》。北京：北京大學出版社。161 頁。

7. Loewenberg, Gerhard, and Patterson, Samuel (1979). *Comparing Legislatures*. Boston: Little Brown. pp. 142–143. Mayntz, Renate and Scharpf, Fritz W. (1975). *Policy-making in the German Federal Bureaucracy*. Amsterdam: Elsevier. p. 67.

8. Rourke, Francis E. (1976). *Bureaucracy, Politics, and Public Policy*, revised ed. Boston: Little Brown. p. 184.

之間的矛盾：行政理性對政治思維沒有耐心，無論是在行政部門抑或立法部門；而政治決策者通常對繁瑣冷靜的技術理性缺乏興趣，也不願面對大量繁複瑣屑的事實。對政黨領導而言，寬容和接納行政官僚在提出政策時還要謹慎地進行因果關係測試無疑是一種別樣的政治成熟。Morstein Marx 認為行政官僚的角色恰好補充了「不受節制的政治激情」和「簡陋粗糙的政治影響力」。【9】卡爾‧曼海姆（Karl Mannheim）更是極富洞見，指出技術官僚們的基本想法就是將「政治問題行政化」。【10】政治家的職責在於平衡、協調和整合各種相互衝突的社會利益，所以有學者指出：「不要指望官僚們為某一項政策而作出偏袒一方的努力。雖然政府在協調政策時偏袒某一群體的利益，罔顧漠置另一群體的利益的情形在所難免……但官僚則無需在各種利益中區分敵我，以維護其中立性的品格。」【11】隨着職業政治家受教育水平和專業化程度提高，行政官僚不再是政策知識的唯一壟斷者；而行政官僚也並非如人們所想像的那樣「中立」，他們也不得不遊走協調於各種部門利益之中。行政官僚和政治家共同參與政策制訂，兩者的區別在於：政治家整合廣泛的、分散的、未經組織的個人利益；行政官僚則調和狹窄的、集中的、有組織的集體或部門利益。如今，政治和行政難以完全二分，因為政策的制訂是一個持續的過程，而政府的複雜也使政治官員不可能完全掌控每個方面；對官僚而言，除了要對上司負責，其他組織（例如廉政公署、審計處、法院）對他們也具有約束力。

---

9. Marx, Fritz Morstein (1957). *The Administrative State*. Chicago: University of Chicago Press. pp. 25, 41.

10. Mannheim, Karl (1946). *Ideology and Utopia*. New York: Harcourt, Brace and World. p. 105.

11. Marx, Fritz Morstein (1957). *The Administrative State*. Chicago: University of Chicago Press. pp. 137–138.

（二）香港政治中的「民主與官僚」關係

香港回歸以前，政治學者 Peter Harris 認為香港是一個由官僚、本地精英和利益集團聯盟管治的「非政黨行政國」，[12] 金耀基也提出「行政吸納政治之說」。無論是 Peter Harris 還是金耀基，均將官僚統治視為港英管治時具有認受性的、無可撼動的工具。香港回歸之後，政治學者 Jean Blondel 和 Ian Marsh 仍認定香港為「最接近純粹的『行政國』」，官僚統治依然扮演着最具影響力的角色。[13] 另一位學者 Anthony Chen 則在回歸後看到了香港特別行政區「重建官僚制」的趨勢，官僚系統亦是中央管治香港大力推行「行政主導」的重要角色。[14] 不過，自 20 世紀 80 年代，隨着選舉和政黨政治的出現，官僚系統不再是唯一的權威性管治力量，政治性政黨、大眾媒體和自主性日益增強的立法會都開始挑戰傳統的官僚管治系統。

港英時代實行高度集權的「總督制」，港督一人集行政決策權、立法權和司法權於一身，直接向倫敦當局負責。同時，舶來的高級官員往往壟斷了政策決策權和管治主動權；本地公務員只負責行政和管理的工作，形成了政治和行政分隔的二元格局。在港英殖民統治期間，即使沒有民主制度，整體的公務員系統在管治中也擔當着關鍵角色，公務員的任務遠遠超越了提供公共服務及執行公共政策等基本工作，其中的高級官員更是擔當着政策制訂者的超然角色。九七以前的香港可謂一個名副其實由公務員（即官僚）負責管治的「行政國家」，即使

---

12. Harris, Peter (1976). *Hong Kong: A Study in Bureaucratic Politics*. Hong Kong: Heinemann Asian. p. 56.

13. Blondel, Jean and Marsh, Ian (1999). "Conclusion," in *Democracy, Governance and Economic Performance: East and Southeast Asian*, Blondel, Jean, Inoguchi, Takashi and Marsh, Ian eds. Tokyo: United Nations University Press. p. 341.

14. Cheung, Anthony Bing-leung (1997). "Rebureaucratization of Politics in Hong Kong: Prospects after 1997," *Asian Survey*, 37(8): 720–737. Ibid (1997). "The Transition of Bureaucratic Authority: The Political Role the Senior Civil Service in the Post–1997 Governance of Hong Kong," in *Political Order and Power Transition in Hong Kong*, Li Pang-Kwong, ed. Hong Kong: The Chinese University Press. p. 105.

港督是由英國人委派的，但在面對着十多萬本地公務員，也只不過是個孤獨的外來統治者。不過，港英時代的本地公務員雖在人數上佔優勢，但其大部分時候並沒取得管治上的話語權和主導權，故難以具備面對多變政治環境及處理政治危機的能力和經驗，為回歸後的管治危機埋下伏筆。因此在回歸初年推行政治委任制，在缺少政治人才選擇時以行政能手暫代政治大員，沿用高級公務員出任委任官員，為必然的選擇。香港目前的政治現實是具有共識性的普選機制的建立仍然遙遙無期，在着重政治委任的高官問責制下，香港的公務員制度日漸政治化（politicization），「在香港進一步政治化的社會環境中，政治已成為不可迴避的議題。在逐步走向民主的過程中，公務員受到更多政治壓力也無可避免。」[15] 香港學者黃偉豪悲觀地指出，由於香港沒有公務員法保障公務員的政治中立，不受政治干預，甚至迫害，立法會權力亦過弱，以致不能有效監察。因此使「擦鞋文化」及更可怕的政治考慮和獻媚，在不受控制下一層層地從上到下貫穿整個公務員系統，連前線人員也不能倖免，需要為政治而服務，最終使公務員制度也成為了政治的一部分。[16]

民主（democracy）和官僚（bureaucracy）代表的不僅是一個由誰來管治的簡單問題，政治學領域的權威研究著作《西方民主下的官僚與政治家》（*Bureaucrats and Politicians in Western Democracies*）一書早已指出，民主及官僚作為管治制度不是孰好孰壞的二元區分，更重要的是兩者在管治上，即民主與官僚的關係不應當是相互排斥、水火不容的，而是有着共容及互補的共治關係。優良的民主制度可以加強政府對社會轉型的反映，使權力向大多數人的意志而問責，官僚系統在沒有選舉的壓力下，往往能確保少數人的利益不受過分欺壓，也不會被爭取選

---

15. 林朝暉、鄭媛文：《與黃偉豪商榷：民主可防止公務員政治化嗎？》，參見 https://theinitium.com/article/20150122-opinion-lin-governance/（2018 年 5 月 1 日瀏覽）。
16. 黃偉豪：《公務員表現為何如斯不濟？》（香港瓦解論系列之三），參見：https://theinitium.com/article/20151118-opinion-wongwaiho-civilservant/（2018 年 4 月 18 日瀏覽）。

舉勝利的短期利益考慮而沖昏頭腦，能更有效地制訂符合整體及長遠利益的公共政策。西方民主政治下的穩定及有效管治，依賴的是民主及官僚的混合制度，使兩者產生了互補互惠的效果。[17]

二、回歸前後香港管治團隊的變遷

（一）香港作為「行政國」的起源、過渡與瓦解

1. 港英時期的官僚治理與立法局問責

　　英國管治殖民地的骨幹官員，主要來自「英國海外（殖民地）公務員隊伍」，由英國殖民地部因應需要，派駐在不同的殖民地服務。同時，自 1971 年麥理浩擔任港督，英國政府常常借調英國本土官員至香港服務，所以英國政府駐派至香港殖民地的大多數官員既擁有駐派殖民地政府的公務員身份，也同時擁有英國海外公務員身份或「英國本土公務員」身份。這支管治殖民地的隊伍，還按照殖民地公務員的職系分類，建立對應的職系，以便管理。除了處於殖民地管治關鍵位置的政務職系外，這支隊伍還包括教育、工程、醫療、警察、農業、法律、測量、建築及城市規劃等超過 30 個專業職系。[18] 政務職系官員和這些專業職系官員，大多都是出任殖民地相關部門的高層職位，負責在各自職責範圍內執行任務，並構成殖民地的管治團隊，壟斷了政策決策權和管治主動權。至於由殖民地政府招募的公務員，不管是什麼職系的官員，都是負責行政和管理的工作，因而形成了二元分工的人事格局，亦即管治方針的決策權是由英國政府招募和派駐殖民地的官員掌

17. Aberbach, J. D. and Putnam, R. D. (1981). *Bureaucrats and Politicians in Western Democracies.* Cambridge: Harvard University Press.

18. Kirk-Greene, Anthony (1999). *On Crown Service: A History of HM Colonial and Overseas Civil Services, 1837–1997.* London & New York: I. B. Tauris. pp. 51–53.

握和運用，而決策的執行則由殖民地政府招募和管理的官員負責。[19]儘管從數量上看，英籍公務員佔整個港英政府官員的數目並不多，但卻佔據着高層職位，身處決策和管理層，掌握實際的管治權。因此，香港學者李彭廣認為，港英時期實際上管治香港的並非香港公務員，而是來自英國海外公務員的官員，以及不屬於英國海外公務員的香港政府官員，包括華裔官員；香港政府官員則一直被排除在香港管治核心團隊之外。這種情況直到 20 世紀 90 年代才大有改善。[20]

　　針對前述區分「政治」與「行政」的「二元分工的管治人事格局」，也有學者指出港英時期的官僚系統服從於港督及其上級官僚。官僚系統從本質上說隸屬於行政系統而非政治系統，公務員亦不得通過選舉晉升為立法局議員，但高級別的官員可以坐鎮兩局成為行政局必然官守議員或委任議員。雖然傳統觀點將公務員排除在政治系統之外，但高級官員仍是九七前行政部門的重要成員，他們扮演的角色介乎「政治」與「行政」之間，卻幾乎不需要承擔政治責任。這種「政治」與「行政」的混同稍稍瓦解了政策制訂中的政治參與性，高級公務員的實

19. 李彭廣（2014）。〈香港的管治團隊：英治時期的運作與回歸後的更新〉，《港澳研究》。4 期。

20. 李彭廣（2015）。《管治香港 —— 英國解密檔案的啟示》。香港：牛津大學出版社。李彭廣在《管治香港》一書中指出，香港普遍認為 1997 年回歸前後的港府都是同一批人，而李彭廣教授認為這種認知至少「錯了一半」，因為那些從英國被派到港管治的政務官，和現在本地招聘的政務官出自兩個不同的系統。李彭廣根據英國國家檔案館已披露有關香港管治的資料指出，英國過去派遣到港的政務官一般都是根據管治殖民地的標準和要求招聘的，並曾經在多個殖民地擔任不同職位，累積相當多經驗，他們到港並不是一般所認為的執行政策，而是「實際負起管治殖民地的工作」；相反，在本地招聘的政務官不但只有在港任職的經驗，而且招聘的標準是「一般辦公室」的工作包括政策制訂、執行或財政管理，不會要求具有任何政策視野。他說，殖民地時代，英國在香港的管治班子多達數百人，其中被納入為管治核心的，只有十多人。到了回歸前幾年，開始有華人政務官被吸納進這核心，除警務處長外，第一位進入的華人是在 1993 年出任布政司的陳方安生。不過，李彭廣認為，這批華人高級公務員始終是執行政策的技術官僚，缺乏宏觀政策視野和管治意志。他又指出，英治時期的香港管治班底除了港督為首的核心管治團隊，還包括很多輔助性的機構，負有支援殖民地管治和功能的責任：情報收集和分析、政策知識的創造和應用，還有政策參考和建議。香港必須先建立好自己的制度。本地化不僅是人的本地化，還要顧及政府的功能及政治人才的培訓，如果香港政府不做好建立人才庫和政策研究，所謂的管治「真空」仍會存在。

際角色也日趨「政治化」。[21] 港英殖民統治時期，時任港督麥理浩爵士根據《麥健時報告書》（*McKinsey Report*）的建議，總督之下的輔政司、財政司和律政司三司維持不變，但在三司之下的輔政司署，則重新改組為經濟科、環境科、民政科、房屋科、保安科和社會事務科六個決策科，以及架設財政科及人事科兩個資源科。這個新的架構在當時被外界形容為「迷你內閣」，輿論認為新制度令港府管治架構變得像私人公司般更有效率，各政策科首長猶如公司的經理；港督猶如行政總裁；三司猶如行政總裁的副手；而行政立法兩局議員就像其他主要股東。[22] 不過，港府內部也有聲音，質疑麥理浩聘請外間顧問公司，一反以往殖民地由英政府委派專家組織委員會的做法；而新方案把部分制訂政策的權力由行政立法兩局交到各政策科的官員手上，使得過往只負責執行政策的官員需要時間適應。而後任的港督彭定康又要求所有的政策司長（包括各科科長）所提出的施政報告和政策承諾及其施政表現均必須面對公眾的問責和監督，前述高級別公務員還必須在立法局會議上向議員解釋政府的政策，彭本人也在立法局創立了「港督質詢時間」（Governor's Question Time）。

政治學者 Michael DeGolyer 提及，香港的官僚系統在港英殖民統治期間僅需對政策的執行負責而無需考慮政策是如何形成的，故不需要為管治危機「埋單」。因為英政府過去對香港的管治系統和組織設置，還有管治人才的培養調度，都是「離岸」操作的，整個班底不僅由英國派遣高官組成，還有在倫敦從事政策研究的智囊襄助，為香港的管治和決策提供參考，而香港本地的公務員只需要執行這些決策。即使政策執行出現差錯，本地官僚系統並不介意上層決策專家知曉其拙劣的執行過程。儘管港督名義上主導着政策制訂權，但事實上，在決策

---

21. Loh, Christine and Cullen, Richard (2003). "Political without Democracy: A Study of the New Principal Officials Accountability System in Hong Kong," *San Diego International Law Journal*, 4: 127, 149–150.

22. Cheung, Anthony Bing-leung (1997). "Rebureaucratization of Politics in Hong Kong: Prospects after 1997," *Asian Survey*, 37(8): 724.

專家和本地官僚系統之間存在着運作良好的政策反饋機制。直至回歸後，隨着海外公務員及殖民地公務員隊伍撤回英國，香港的管治體制出現了根本性改變，管治系統呈現斷層。不過，特區政府沒有積極重構和更新管治系統，也未重視培訓政治領袖或鼓勵政策研究工作，以至未能抵禦因英國撤離而帶來的「真空」影響。「真空」影響最突出的表現即是，香港新的憲政秩序和政治生態打破了港英時期的前述二元分工政策，而新的香港本土管治團隊及政治人才庫又難以應對九七後新政治生態下所產生的諸多矛盾，以致香港目前並未順利完成由「英人治港」向「港人治港」的過渡。

2. 九七回歸後的香港官僚管治團隊與「政治中立」迷思

董建華執政時期的官僚系統改革使香港公務員系統達至前所未有的政治化，也為官僚系統內部的分裂埋下伏筆。香港學者 Ian Scott 曾指出，香港政體的「離散」導致香港的管治過分側重於官僚系統，這也是《基本法》設計之初所始料未及的。正因為《基本法》並未着墨各大機關之間的關係，所以各自都是在規定的權限範圍內自主行事。[23] 而政黨政治的興起，尤其是香港民主黨派的出現摧毀了官僚系統對政治意見的壟斷。自回歸以來，多次的管治危機令整個官僚系統逐漸喪失「業績合法性」，也令曾經「行政國」的美譽蒙上陰影。理論上的「純粹行政國」要求區分政治與行政，意味着香港的行政部門必須保持政治中立（Politically Neutrality）。在劉兆佳教授對香港政務官群體特徵的總結中，其中兩項為「自認為是香港整體利益的最佳捍衞者，對於局部的狹隘的利益，包括政黨政治十分抗拒」、「他們相信自己在政治上是超然的，以社會全體利益為出發點和立足點」。香港公務員整體能力和質素高是公認的事實，公務員系統內部也自有一套職業精神和價值觀。[24] 然

---

23. Scott, Ian (2000). "The Disarticulation of Hong Kong's Post-Handover Political System," *China Journal*, 43: 29–53.

24. 劉兆佳（2012）。《回歸十五年以來香港特區管治及新政權建設》。香港：商務印書館。123–127 頁。

而現實中香港的官僚系統要保持政治中立幾乎是不可能。Ian Scott 甚至指出香港公務員的政治中立一直以來是個謎，僅在部分範圍內成立，回歸之後則不太可能維繫。【25】

一般而言，理想的政治中立包括：（1）區分政治與行政；（2）基於才能選拔公務員；（3）禁止公務員從事政黨活動；（4）不得公開發表私人在政策、行政上的意見；（5）保護公務員因發表客觀的見解而免遭怨恨；（6）無論誰成為領導仍忠誠地執行政策。【26】所謂「政治中立」嚴格來説其實也是回歸以後才正式出現。《公務員守則》第三章〈操守準則〉一節中提到公務員須具備八項操守，其中一項便是「政治中立」，其重點內容包括：（1）不論本身政治信念如何，公務員必須對在任行政長官和政府完全忠誠；（2）在履行公職時，不得受本身「黨派」的政治聯繫和政治信念所支配或影響；（3）公務員不得以公職身份參與「黨派」的政治活動，亦不得把公共資源用於「黨派」的政治目的上；（4）以私人身份參與「黨派活動」時，須避免引起與公職身份有實際、觀感上或潛在的利益衝突，不會使政府尷尬等。

在香港區分政治與行政殊為不易。自 1985 年立法局引入間接選舉，政治家和官僚的身份便趨於混合，官員會因捍衛政府政策而招致公眾強烈的批評。官僚系統開始意識到一件必要的事情——就政策問題與立法會議員討價還價或達成妥協以讓政府啟動的法案在立法會得到通過，亦是回歸後香港官僚系統的首要任務。即使大部分的香港公務員是基於自身才幹得到晉升，但也無法完全排除政治立場和政黨背

25. Scott, Ian (1996). "Civil Service Neutrality in Hong Kong," in *Democratization and Bureaucratic Neutality,* Asmerom, Haile K. and Reis, Elisa P. eds. London: Macmillan. p.277.

26. Kernaghan, Kenneth and Langford, John W. (1991). *The Responsible Public Servant.* Halifax: The Institute for Research on Public Policy. pp. 56–57.

景的影響。[27] 即使高級別的公務員不允許加入政黨或參加政治活動，但他們仍擁有參政和議政的權利，例如在選舉中投票。國際上不少研究也發現，高級公務員向政治委任官員較為傾斜是較為常見的情況，每日與市民打交道的中層（middle-level）及前線公務員（street-level bureaucrats），相比於對上層的忠誠（hierarchical loyalty），他們更忠於市民及規章制度，尤其重視恪守程序公義及妥善提供公共服務；相反，高層公務員對其政策領域（policy field）中的持份者及政黨較為敏感，隨着層級愈高，公務員的忠誠對象會愈多向政治官員傾斜，愈考慮個人得失。[28]

在香港的政治實踐中，與政治中立的衝突也不乏實例，如：1997 年 10 月 1 日，香港政府宣佈公務員參加港區人大代表選舉會引發角色衝突，禁止公務員參選。香港政府華員會（Chinese Civil Servants Association）前主席 Wong Hyo 反對這項禁令，並指出香港政府應考慮以下四項標準：（1）公務員參選是否會真的導致角色衝突；（2）參選過程中是否存在利益衝突；（3）參選行為會否導致港府尷尬；（4）參選會否影響公務員保持政治中立。另一例子，在 2000 年 9 月立法會選舉中，兩名國土部門首長級公務員提名一位候選人參選功能組別，批判者指出此舉有損政府內部紀律——高級公務員不得參與選舉陣營，而當事

---

27. 香港首任律政司司長梁愛詩的任命就因其專業性而備受質疑，胡仙案發生於 1998 年 3 月 17 日，廉政公署拘捕星島新聞集團三名現任或前任行政人員，指控他們誇大《英文虎報》和《星期日英文虎報》的發行量，串謀詐騙廣告客戶。星島新聞集團主席胡仙被當局認定是串謀者。然而到起訴時，律政司司長梁愛詩以證據不足和公眾利益為理由，決定不檢控胡仙。事件被民主派認為是對香港法治的嚴重衝擊，一些人認為星島新聞集團的中資背景及胡仙與中方的關係使她能被免於起訴。就吳靄儀議員提出「對律政司司長不信任」發表意見時，亦有部分團體認為這是合理的決定。3 月 10 日，吳靄儀議員提出對律政司司長動議不信任議案辯論，在親政府陣營的反對下遭到否決。故有輿論認為針對其的政治任命更多是基於一種政治考慮。香港大律師公會在 1999 年 2 月 10 日發表聲明，對律政司就胡仙案件拒絕尋求獨立的法律意見表示遺憾。在 3 月 5 日的聲明中，公會更指責特區政府最近一連串的行為，令人感到它已將秉行公義的原則拋諸腦後。加之梁愛詩的民建聯創始人身份和其親北京的立場，故當時有輿論認為梁愛詩的任命是基於政治考慮。

28. De Graaf, G. (2011). "The Loyalties of Top Public Administrators," *Journal of Public Administration Research and Theory*, 21(2): 285–306.

人指紀律所禁止的是公務員作為候選人參選，但不包括提名活動。最後一例，在回歸之後，不少中高層的公務員都曾通過公共言行展示自己的政治傾向，如曾蔭權在時任特首董建華民意支持下滑之時公開表達對他的支持；王永平提醒公務員們面對官僚系統改革時應將對政府的忠誠置於首位；前廣播處處長王敏儀公開支持香港電台【29】私有化以擺脫政府干預，後來港府宣佈王敏儀外調日本出任駐日貿易代表等。官僚系統內部對「政治中立」的理解也並不一致，如前政務司司長陳方安生認為公務員是通過才能，而非利益關係或政治忠誠得到自己的職位，所以更應有勇氣不平則鳴，在權力面前說出真相（speaking truth to power）。

（二）《基本法》下的香港政府管治團隊體系

在西方民主社會，政治人才（political talents）一般包括參與各級選舉的從政者、行政機關內的政治委任官員、政黨成員、智庫成員等。廣義來說，在非政府機構從事政策倡議（policy advocacy）、試圖影響政府施政方向的人士也可以包括在內。其中，作為選舉機器和人才培訓搖籃的政黨起着關鍵作用。而作為政府運作骨幹的、以終身制為主的公務員一般被視為行政管理人才，而不是政治人才。

1. 《基本法》下的政治委任人才

政治委任制度在西方國家或民主政體相當普遍，如英國實行議會制，由下議院多數黨組織政府，並委派黨員出任內閣成員（政治委任的部長和大臣任期為四年），領導公務員。無論哪個黨派執政，終身制的公務員都必須服從政治委任官員的領導，執行執政黨的政策。香港過去受英國殖民統治，公務員系統師承英國，工作方式和文化與英國類似，而香港新的政治委任制度在回歸後才逐步引入。作為諮詢架構的香港區議會在 1982 年成立並開始引入直接選舉，立法局在 1985 年開始

---

29. 香港電台（Radio Televison Hong Kong）是香港唯一一家公營媒體，常被視為回歸後香港新聞自由開放程度的指標，特區政府也一再對外宣稱不會干預香港的新聞自由、言論自由，香港電台仍享有獨立自主的空間。即使如此，香港電台仍成為發生新聞自由遭爭議事件頻率最高的媒體。

功能組別選舉、1991 年開始地區直接選舉,此時真正以參選和服務市民為職業的政治人才才逐步形成群體。

回歸以後,香港的行政長官由選舉產生,政治委任制度自 2002 年實施並於 2008 年擴大至副局長和政治助理。公務員以外的政治人才陸續參與政府的管治。回歸後行政長官和立法會的產生辦法不斷民主化,根據《基本法》第 45 條和第 68 條的規定,最終會逐漸實現普選。香港引入政治委任制度,既是回應社會對官員加強問責的要求,也是為未來實現普選作制度上和人才培育上的準備。早前特區政府推行促進政黨政治發展的比例代表制,導致立法會內部政黨林立,政黨議席分佈呈現碎片化的狀態;同時裁撤市政局與區域市政局兩個能讓各政黨中層及獨立參政人士參政的機構,一方面將兩局的用地及財政權收歸政府,更重要的是減少社區施政層面的民意制約,扼殺政黨培育接班梯隊及財政資源的積蓄。加之港府至今仍在落實政黨法及提高參政人士待遇上逡巡不前,不少學者認為由於缺乏相關培育政治領袖的制度,所以社會精英無法也無力角逐政治權力。[30]

通過選舉產生的政治人才因香港政黨政治的發展並不成熟,所以除了在立法會行使監督政府的權力外,並沒有太多制訂政策的機會。政府委任的主要官員除非出身自公務員系統,其他的均沒有制訂政府政策的實踐經驗。《基本法》中涉及主要官員和公務人員的條款包括第 15 條、第 48 條、第 61 條和第 99 至 104 條。第 15 條規定,「中央人民政府依照本法第四章的規定任命香港特別行政區行政長官和行政機關的主要官員。」而主要官員的定義可參閱第 48 條關於行政長官職權的第五款規定:「(行政長官)提名並報請中央人民政府任命下列主要官員:各司司長、副司長,各局局長,廉政專員,審計署署長,警務處處長,入境事務處處長,海關關長;建議中央人民政府免除上述官員職務」。在香港有關問責制的討論中,主要官員一般是指司長和局長。縱觀上述各條文,《基本法》有關主要官員的規定主要涉及提名和任

---

30. 劉兆佳(1996)。《過渡期香港政治》。香港:香港廣角鏡出版社。89 頁。

免權、資格，和宣誓要求。而對於公務人員，為確保香港平穩過渡，讓廣大市民包括公務人員放心，有關條文主要目的在於強調制度、人員、聘用條件和離退休安排基本保持原狀不變。對於公務員與主要官員的工作關係，《基本法》並沒有規定。在草擬《基本法》的時候，香港所有司局長的職位均由公務員擔任（主要為英國籍），而比較成型的政治團體還沒有出現，更遑論政黨。因此，期望上世紀80年代的草擬者能夠預見十多年後香港的政治環境，還在憲制性文件上加以規範，這並不合理。[31]

2.　政務官與政策局的角色及功能

政務官是香港公務員中擔負領導責任的職系，統領着政策局和各政府部門的其他公務員。雖然政務官的編制、理念和傳統來自殖民統治時期，但香港社會正經歷着急速的變化，政務官作為政府行政管理的骨幹，也面臨着前所未有的挑戰。隨着香港政制進一步民主化，政府在制訂及推動各項政策時，愈來愈需要兼顧社會上下不同持份者的意見，以建立及凝聚廣泛的政策共識。通過發表諮詢文件，政府官員提出及倡議各種政策方案供社會大眾考慮，並廣泛吸納各大政黨、團隊、利益團體及社會組織的意見以完善政府的方案，這種做法已成為現時特區政府整個政策制訂過程不可或缺的一環。發佈諮詢文件，就政策進行倡議及醞釀工作，是政府制訂及推動政策的重要環節。

曾蔭權就任特首期間，商務及經濟發展局、財經事務及庫務局及環境局都是較多發表諮詢文件的政策局，反映曾蔭權政府在工商經濟、財經事務及環境保護政策範圍上，有較多新的政策議程及改革。另外，政制及內地事務局亦因為需要處理政制改革、在囚人士投票及個人隱私等議題，而在政策提倡上較為積極。而勞工及福利局、運輸及房屋局、民政事務局及保安局，在四年任期內只發表過一至兩份諮

---

31. 何建宗（2014）。〈香港政治人才的面貌 —— 政務官與政治委任官員的分析〉，《當代港澳研究》。3期。

詢文件，顯示出當時政府在相關政策範圍上，主要是延續現有的政策措施，而未有推行太多的新政。董建華在任時期，特區政府曾積極推動教育及公營部門改革，並因此而先後引發多次的大規模社會抗爭，[32] 但曾蔭權在 2007 年連任後，教育局及公務員事務局未有發表任何的諮詢文件，顯示在經過董建華時代的改革浪潮後，曾蔭權政府基本上「凍結」了整個教育改革及公營部門改革，以免再度引起政治不滿。圖 4.1 為政府、各政策局發佈的諮詢文件統計。

可惜，無論是一些直接惠民的措施（如直接增加長者的福利金）、具爭議的「鄰避」設施（如垃圾堆填區、焚化爐）、長遠規劃的新市鎮（如新界東北新發展區）等政策近年都屢受挫折，或者要經過相當激烈的反對後才能勉強獲得通過。政府要推動落實有關的政策改革，需要向立法會提出立法建議，在得到立法機關的批准及通過後，才能夠正式實施政策。提交法案的次數並不能夠完全反映政策局的立法工作表現，背後的原因在於各政策局提交的法案內容差異極大，有些法案只是一些技術性的條例修訂草案，相關的政策持份者不多，同時議題在社會上的爭議也不大，所以政策局對草擬及推廣這些法案的資源投入及法案通過審議的政治難度自然亦有限。若提出的草案中包含全新的政策改革，則會涉及到大量的公眾諮詢、法案草擬及修訂工作。

三、董建華政府時期的管治團隊

行政長官是特區政府的第一把手，充當中央政府和香港社會之間的橋樑角色。由於中央政府為特區的管治思路把關，向中央政府問責的行政長官，既接收中央政府對特區下達的政令，同時也向中央轉達香港的政事民情。第一屆特首董建華的中間人角色尤為明顯，當時中

---

32. 1999 年公務員大遊行反對「公務員體制改革」、2000 年教師上街反對語文基準試、2002 及 2003 年公務員減薪爭議等。

圖4.1 政府、各政策局發佈的諮詢文件統計

■ 曾蔭權政府（2005–2012）　■ 董建華政府（1997–2005）

央政府在特區管治上極為倚重於董建華，議案由特區政府自行爭取各界支持，建制陣營也以董建華馬首是瞻，要求從不繞過特首而直接上呈中央，特首的中間人角色起着政治緩衝的作用。不過，董建華以商人身份出任特首，無任何黨派背景，也無行政經驗，難以結成有力的政治聯盟，其既缺乏魅力型的權威，又缺乏良好的管治績效，「港人治港」的政治承諾和二十多年的民主化進程令本質上以非普選選出的行政長官遭遇巨大的合法性危機。有學者指出，目前的行政長官選舉方式也意味着行政長官候選人根本無需靠政治魅力來贏得公眾支持。由於中央政府掌握或間接控制着選舉委員會和行政會議，所以來自中央的支持才是特首選舉的最重要因素。這種近乎「准特首任命方式」不會接受魅力型政治的或受大眾歡迎的人選。【33】

（一）行政長官的憲制性權力及其限制

1. 行政長官、行政會議與高級文官系統之間的關係

過去港英政府培育的公務員精英團體成為特首需要拉攏的對象，董建華提名陳方安生出任首屆特區政府政務司司長，兩人聯手象徵香港本地傑出商業精英與傑出公務員團體的結合，充滿了務實的政治考慮。不過很快，執政特首與文官系統的價值觀念便出現分歧，行政長官的權力被公務員體系架空。早在港英殖民統治時期，第八任港督軒尼詩（Sir John Pope Hennessy，1877–1883 在任）也曾就各種政策問題與高級文官舌戰一場。一般而言，新任港督到港履職都必須倚仗官僚系

---

33. Ghai, Yash (1997). *Hong Kong's New Constitutional Order: The Resumption of Chinese Sovereignty and the Basic Law*, 2nd ed. Hong Kong: Hong Kong University Press. p. 261.

統的支持，直到港督完全施展自己的知識與經驗後，官僚系統的影響力才會減弱。【34】

　　政務司長和財政司長轄下有不同的政策小組（policy group），由相關官員組成。小組會議裏，司長有權決定哪項議題需要上呈由特首領導的行政會議，哪項法案可以進行決策執行。傳統文官制度中官員是被動地按社會需求才調整政策，凡事按既定程序，平衡各方利益以凝聚共識。主事的政務官都是公職人員，因此，特首的決策權限被公務員體系限制，特首無法任意調遣撤換。【35】港英政府遺留下的文官集體負責制傳統，在建制派人士看來，一但出事卻無人負責，變成集體卸責。而真正造成傳統親中人士對這些公務員的心結，則是這批政務官堅持的「政治中立」、「不涉及政治」等態度，原本港英時期引以為傲的政治文化，卻成為新的施政障礙 —— 故意牽制特首，造成行政效率低下。2001 年陳方安生退休，有香港輿論認為其離職反映出原有的公務員隊伍已經崩潰，一支符合中央要求的新公務員隊伍將逐步取而代之。

---

34. Millers, Norman (1995). *The Government and Politics of Hong Kong*, 5th ed. Hong Kong: Oxford University Press. p. 83 (footnote 7). Endacott, G. B. (1987). *A History of Hong Kong*, 2nd ed. Hong Kong: Oxford University Press. p. 88。而末代港督彭定康就職前，布政司司長 David Ford 察覺到「其不可能在與中國的談判過程中放棄自己的原則」時斷定「彭定康無法勝任港督一職」，但不久後便為彭的政治魅力折服而忠誠為其服務。Jonathan Dimbleby (1997). *The Last Governor: Chris Patten & the Handover of Hong Kong.* London: Little, Brown and Company. p. 169.

35. 2000 年爆發的「公屋短樁」醜聞源於董建華 1997 年 10 月提出的首份特區政府施政報告。計劃中表示要實現三大目標：每年興建的公營和私營房屋不少於 85,000 套；十年內讓全港 70% 的家庭可以擁有自置居所；輪候租住公屋的平均時間縮短至三年。並且限制賣土地給私人發展商，將大量的土地用來修建公屋。這是一份充滿理想主義色彩的計劃，然而迫於市場和開發商的壓力，2003 年特區政府宣佈無限期停建及停售居屋計劃單位，因為其違背了私人住宅物業市場應由市場主導的原則。不屬公務員體系的房屋委員會主席王一鳴，在輿論沸騰下黯然下台，但真正應負責的房屋署署長苗學禮，則受到公務員制度的保護，無需受到任何懲處，突顯了公務員不用為失誤負責的問題。同樣，1999 年新機場啟動後，管理混亂，嚴重傷害董建華政府形象，但當時政務司長陳方安生以「公務員無道歉系統」為由，拒絕道歉。陳所稱的「公務員傳統」事實上是港英時期流傳下來的「文官集體負責制」傳統。

　　儘管有前財政司司長曾蔭權、政制事務司司長孫明揚、公務員事務局局長王永平等力撐，但時任特首董建華與政務司司長陳方安生及其支持者關係不斷惡化，主要表現在以下衝突：（1）文官系統的整體利益。特首在保障回歸後香港繁榮發展的同時，是否也有必要保障港英時期的文官系統順利過渡。（2）公共政策。例如兩人就如何推行母語教育、是否承辦 2006 年亞運會等發生分歧。（3）人事任免。機場管理委員會前主席黃保欣辭職後，陳支持時任貿易發展局局長馮國經接任，而董則意屬另一人選。董還曾支持時任行政會議成員梁振英出任市區重建局局長，陳則認為應由公務員擔任該職。人事上的矛盾在 2000 年 8 月達到高潮，陳要求董解除捲入「鍾庭耀事件」[36]的時任高級特別助理路祥安的職務，而董則力保路祥安並質疑陳方安生的動機。兩人在人事任免上的分歧在所難免，特首必須力挺自己的政治支持者；陳則必須根據業績才幹選賢任能。另外，陳方安生及負責政策制訂的官僚系統還必須面對來自行政會議的評判和質疑。高官問責制落實之前，行政會議扮演的角色近乎於專門對抗官僚系統的特首支持者。在特首和行政會議的雙重狙擊下，以陳方安生為首的文官系統權限遭到削弱。特首與政務司司長政治勢力較量的背後隱藏着更深層次的體制矛盾——即高級官僚對政治家的抵觸和不信任，官僚系統認為政治家對政府運作一無所知。除了特首和高級文官的制度性衝突外，特首和高官在意識形態上的差異也是衝突的重要原因，董建華本質上作為商人並不了解官僚的職業倫理和規範，其在政治上親中的保守政治立場與陳方安生自由開放的政務作風形成鮮明對比。此外，在規範

---

36. 1987 年，香港大學成立隸屬社會科學學院的社會科學研究中心（Social Sciences Research Centre），鍾庭耀加入研究中心任助理研究主任。1991 年 6 月，中心成立「民意研究計劃」，負責透過民意調查收集數據，並研究和分析香港的民意發展，鍾庭耀出任民意研究計劃主任。2000 年 7 月 7 日，鍾庭耀分別於《南華早報》和《信報》撰文，指行政長官董建華過去一年多次透過特別渠道向他施壓，要求他停止對政府及行政長官的民望進行民意調查。其後，鍾庭耀公開傳話人身份是當時的港大校長鄭耀宗，並透過副校長兼鍾氏的博士論文老師黃紹倫傳達。港大校務委員其後委任一個獨立調查小組，最後查明鍾庭耀的指控屬實，行政長官辦公室高級特別助理路祥安曾透過會面鄭耀宗，希望能夠阻止不利政府的民調結果。

層面，《基本法》文本所規定的特首職權與政府權力亦存在多方面的重合，未有規定兩者在行使權力和問責上有何區別。

2.　董建華時期的行政會議及其特色

董建華組建的第一屆行政會議由於缺乏魅力型權威和能推動政府施政的領袖，所以未能提高董建華政府的管治水平。行政會議奉行的是衛奕信港督時代行政局中政治運作的集體負責原則和保密原則（討論敏感事宜）。[37]集體負責原則在彭定康時期得到鬆緩，行政會議成員可稍微公開表達自己的意見；董建華時期，行政會議內部成員的意見分歧甚囂塵上，如時任民建聯副主席譚耀宗反對輸入內地勞工，但時任自由黨議員唐英年則支持勞工輸入機制；又如唐英年公開支持時任財政司司長曾蔭權開設賭場的建議，但譚耀宗和錢果豐則公開反對。由此可見，在回歸初期的行政會議中並沒有遵守到集體負責原則。此外，1997 至 2001 年間的行政會議更似 2002 年「高官問責制」的雛形，董建華組建行政會議的內部分工是：梁振英負責房屋、土地政策；梁錦松負責教育改革；譚耀宗負責勞工事務。梁振英的政策制訂角色後因 2000 年「公務短樁」醜聞蒙上陰影。更令外界費解的是，唐英年、梁振英、譚耀宗三人均公開澄清和解釋特首的政策。而另一位時任行政會議成員鍾瑞明表示，行政會議成員抱怨直至見到諸媒體報道他們才知曉政府這一公屋政策。[38]

與港英時代的行政局大不相同，董建華執掌的行政會議更像一個諮詢機構而非政策制訂機構。首先，是負責政策制訂的各司局首長而非行政會議成員前往立法會解釋政府的決策；其次，行政會議成員不得保留行政會議每周例會討論的會議記錄，必須遞交香港政府專門保

---

37. Lo, Shiu-hing (1998). "Changing Dimensions of Executive-Legislative Relations: The Case of Hong Kong," *Public Policy and Administration*, 7(2, 9): 73–103.

38. 香港教育學院社會學系教授盧兆興與行政會議成員鍾瑞明的私人訪談，參閱 Lo, Shiu Hing (2001). *Governing Hong Kong: Legitimacy, Communication and Political Decay*. New York: Nova Science Pub. Inc. p. 133.

表4.2 香港特別行政區第一屆行政會議成員

成員	政黨背景	公職背景
陳方安生	無黨派	政務司司長
曾蔭權	無黨派	財政司司長
梁愛詩	民建聯	律政司司長
鍾士元	無黨派	非官守成員行政會議召集人（1997–1999）；前行政局、立法局高級非官守議員
楊鐵樑	無黨派	前終審法院首席法官
梁振英	無黨派	非官守成員行政會議召集人（1999–2011）；特許測量師
方黃吉雯	無黨派	會計師
王葛鳴	無黨派	房屋委員會主席
譚耀宗	民建聯	立法會議員
錢果豐	無黨派	滙豐銀行董事
李業廣	無黨派	港交所主席
唐英年	自由黨	臨時立法會議員
梁錦松	無黨派	教育統籌委員會主席
鍾瑞明	無黨派	房屋協會主席

管，董建華並不想授予行政會議成員部長級的實權。正因無需承擔政策責任、無權保存政府文件、無必要前往立法會回應議員，行政會議就像一個「政治花瓶」，即使行政會議有心輔助特首施政，但其角色模糊不清，只能淪為特首的政治附屬物。儘管行政會議成員認為自身在政治上無權，但各司局級首長卻相反地認為其在政治權力上具有壓倒性優勢。《香港郵報》曾評論，「公務員中長期流傳着這樣一個笑話——官僚們學習新政策都是通過閱讀行政會議成員的媒體評論。」【39】這種觀摩彼此的差異正是行政會議和文官系統缺乏有效溝通所致，同時也跟特首擬定唐英年、梁振英、梁錦松負責財政、房屋、教育等政策領域，而未要求其他行政會議成員負責前述領域之外的政策有關。這種行政會議內不完全的部長式分工實驗到最後又推卸是官僚系統的政策失敗背黑鍋負責，進一步激怒文官系統，加劇行政會議與官僚體制之間的離散。

　　另一方面，董建華執政期間，行政會議、文官系統跟立法會之間的溝通也是失敗的。雖然董建華任命民建聯成員譚耀宗、時為自由黨成員的唐英年身為行政會議成員，為政府政策保駕護航，但他們同時又是立法會議員，必須為自己所在界別代言，這雙重角色令他們左右為難。2002 年高官問責制推出前，高級文官並非部長，卻要承擔向立法會推銷政府政策的政治責任，而政治中立的反民主官僚文化，亦使官僚系統與立法會的溝通處於失效狀態。其實在彭定康時期，就有不少高級官僚開始學習游說議員以確保政府法案通過立法局審議。這項政治技術引致了不少爭議。【40】

　　《基本法》半也並未清楚區分行政部門中的公務員和政治任命成員：首先，《基本法》並未要求司局首長或主要官員必須是公務員（1997

---

39. Lo, Shiu Hing (2001). *Governing Hong Kong: Legitimacy, Communication and Political Decay*. New York: Nova Science Pub. Inc. p. 131.

40. Chan John C. C. (1995). "The Civil Service: Continuity and Change," in *Hong Kong's Transition: A Decade after the Deal*, Wang, Gungwu and Wong, Siu-lun, eds. Hong Kong: Oxford University Press. p. 27.

年 7 月之前所有的司局首長均為公務員），這一模糊空間讓特首可以任命自己心儀人選為主要官員；第二，《基本法》沒有規定司局首長和行政會議之間的關係，《基本法》第 55 條僅規定了行政會議成員應來自主要官員、立法會議員或其他公眾人物。然而行政會議成員的任命權來自特首，特首既能要求立法會議員加入行政會議，讓行政會議成為部長式的決策機構，也可以盡量少讓政府高官加入行政會議，讓體制外人士佔據多數，使之成為純粹的諮詢機構。行政會議在《基本法》中的原型並非是制訂決策的部長式內閣，而僅是個鬆散的諮詢團體，成員來自不同部門，要整合社會各界利益並與立法會保持聯繫。[41]這種原型可能肇因於港英時期的政治慣例，一般情況下，港督會接受作為諮詢機構的行政局的建議，《基本法》第 56 條也規定，「行政長官如不採納行政會議多數成員的意見，應將具體理由記錄在案。」港英統治時期，港督身為外來統治者，又不存在經選舉產生的議事機構，其必須尋找一種便捷的方式與能夠代表公眾的高級官員、社會精英交流，以為統治決策服務；而在《基本法》的憲制框架下，有民選的立法機關和大量的諮詢機構，港英殖民統治時期的政治慣例則不被《基本法》下的行政會議認可，回歸後的行政會議的角色亦隨着香港行政體制改革而在不同時期有所變化。

---

41. 傳統觀點一般認為，《基本法》中設計的行政會議初衷在於協調行政與立法的關係，實現行政與立法的配合。這主要體現在行政會議人員的構成上，《基本法》第 55 條規定：香港特別行政區行政會議的成員由行政長官從行政機關的主要官員、立法會議員和社會人士中委任，其任免由行政長官決定。行政會議成員的任期應不超過委任他的行政長官的任期。因此，行政會議成為立法與行政溝通的紐帶。如果行政與立法對某一問題存在不同意見，就會在行政會議中反應出來，政府主要官員和立法會議員可在行政會議中溝通，以消除分歧，行政會議中的社會人士，則能以較超脱的立場從中協調，但回歸後的管治經驗説明此種良善目的並未實現。

（二）2002 年高官問責制後的政治委任官員、行政會議與官僚系統

2002 年董建華連任後，正式提出公務體系改革——主要官員問責制【42】（或稱高官問責制、問責制），更清晰定義了政府高層的權力和責任，從根本改變了政府百年來的高層架構。高官問責制的要點包括：（1）司局長和其他主要官員脫離公務員身份，任期與行政長官相同；（2）主要官員有別於公務員，要承擔政治責任，包括辭職；（3）所有主要官員均向行政長官負責，而非各司長；（4）局長以下設常任秘書長一職，由公務員擔任，公務員不再參與最終決策。問責制實施以後，主要官員負責制訂政策，以及爭取公眾對政策的支持；而公務員則負責政策分析、推行政策、提供公共服務、執法規管等。從制度設計而言，問責制的引入使作為香港特區之首、既向中央又向香港特區負責的行政長官可以更有效地實施其施政理念，問責官員又可以組成緊密合作的團隊，並更積極地回應市民的需要。新制下的司長、局長不在隸屬文官體系，也不一定從公務員隊伍中選拔，特首可以任命自己的人馬，或商業經驗豐富的人才及社會賢達，進入政府部門服

---

42. 董建華政府於 2002 年 4 月 17 日正式向香港立法會提交「高官問責制」文件，立法會在兩個月內通過了這項改革，2002 年 5 月 29 日和 30 日，立法會批准了政府的此次動議，當時許多立法會議員表示他們並沒有足夠的時間來審議「高官問責制」這項改革。然而官方的意見卻是認為此項新政在香港已經過充裕的討論，有批評者指出「高官問責制」的改革細節並未提前被知曉，而是在計劃實施的過程中才得以公開。捍衛問責制的官員則説，政府已與立法會在各種場合交換過意見。參見 LC PaperCB（2）2015/01–01，註釋 15。更有甚者指出，港府是因為通過 2002 年 5 月的民調得到了公眾的大力支持才如此急迅地推行問責制。而批評者則認為該民調存在誘導性提問，不足以反映民意。"Opinion Survey on Public's Views towards the Accountability System for Principal Officials," (AC Nielsen) May 24, 2002, at www.Info.gov.hk/hab/content/index.htm。另外一種針對問責制實施的批評是，香港政府應當通過正式的立法來推行問責制，因為問責制關乎政府體制的深刻變更，而不能採取「決議」這種附屬立法的形式。而官方則堅持認為可以採取「決議」這種形式。律政司認為，《基本法》並未要求行政長官或行政會議的政策決定必須通過法律執行。LC Paper CB (2) 2000/01–02(01) (May 17, 2002) 律政司的意見參見 2002 年 5 月 30 日的立法會動議辯論記錄：www.info.gov.hk/gia/general/200205/30/0530237.htm。當時的立法會也指出，將政務官的權力拿走，讓他們受制於委任官員。這種權力移交在立法會史上前所未聞……而這項政府決議至少影響到一半以上由法律授予的行政權力與職權。Margaret Ng, "Speech at the debate on the passage of the Resolution" (June 19, 2002).

圖4.2 董建華政府各級問責官員的職業背景

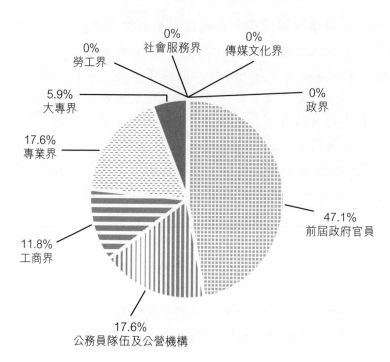

務。這些新的問責官員將協助行政長官制訂政策、監督政策的實施、協調行政部門，並為政府政策辯護，以獲取公眾支持。

此外，他們必須面對立法會議員的質詢，他們將出席立法會事務委員會、小組委員會和委員會會議，討論重要政策。局長之下，另設常任秘書長一職，由傳統文官擔任，充當局長職責中政策執行或意見諮詢的角色。政策總局級以下，各部門將繼續執行政策和提供公共服務。文官體系將有更清晰的角色定位，由主要官員承擔政治責任，而公務員則保持政治中立。局長直接向特首負責。過去政務司長的權力被大幅削弱，政策小組隨之被取消。政務司長與各政策小組，再無權決定政策是否呈上行政會議裏討論，政務司長不再像港英時代是公務員之首，仗着公務員體系來「抵制」特首的政令。各局長都可以直接

表4.3 2002年首批接受高官問責制的官員[43]

官員	高官職位	出任前的履職
曾蔭權	政務司司長	政務司司長
梁錦松	財政司司長	銀行家、財政司司長（2001 年起）
梁愛詩	律政司司長	律師、律政司司長（1997 年起）
王永平	公務員事務局局長	公務員事務局局長
唐英年	工商及科技局局長	商人、香港工業總會主席
林瑞麟	政制事務局局長	公務員、行政長官辦公室新聞統籌專員
葉澍堃	經濟發展與勞工局局長	財經事務及庫務局局長
馬時亨	財經事務及庫務局局長	財務總監，電訊盈科有限公司
廖秀冬	環境運輸及工務局局長	總經理，環境顧問公司
何志平	民政事務局局長	主席，香港藝術發展局
孫明揚	房屋及規劃地政局局長	政制事務局局長
李國章	教育局局長	香港中文大學校長
楊永強	衞生福利及食物局局長	衞生福利及食物局局長
葉劉淑儀	保安局局長	保安局局長

向特首匯報，所有政策制訂權與政策成敗由局長自行負責。局長可以主動提出新的構想方案，但也要為自己的政策得失負責，必要時要鞠躬道歉甚至下台，以承擔政治責任。而政策的實施，必須由政策局認可。立法和公共開支等政策措施，則需要各局及各部門仔細審核，並獲立法會通過。

---

43. 資料來源：https://en.wikipedia.org/wiki/Principal_Officials_Accountability_System

　　高官問責制對行政體制改革而言，最突出的影響在於問責制消除了《基本法》行政體制設計的模糊性，使得行政會議轉變成內閣式的決策機構，特首可以將問責制中所有由自己政治任命的官員全部納入行政會議而不受官僚系統的任何掣肘。問責制表面上增強了特首對整個行政體制的控制，減少了官僚系統對特首施政的牽制，彌合了官僚系統內部的衝突；但事實並非如此，董建華組建的第一批問責高官具有不同的背景，14 名問責官員中，有 5 位高官來自體制外，6 位為前屆政府官員，3 位為司長級官員（見圖 4.2、表 4.3）。

　　自 2002 年以來的一系列事件表明，這批履職高官並不必然比官僚系統更能勝任政治責任。當中部分人來自私營部門，缺乏回應公眾的能力，平時亦不注意自己的公共言論，缺乏必要的政府運作經驗和官僚倫理知識。[44]

　　除了公務員架構外，新政中行政會議的權力大增。不過在問責制下，行政會議成為特首的「小內閣」。問責制推行，也被視為向政黨政治前進一步。儘管《行政長官選舉條例》第 31 條規定特首不能有政黨背景，但通過任命三司十一局的問責官員，特首亦可遴選數名與特首理念接近、支持政府的政黨代表，參與行政會議運作。未來若特首可與政黨代表組成「執政聯盟」，可被外界視為迎合特區長官「民選」趨勢改革的必經之路。回歸之後，雖然也有立法會議員兼任行政會議成

44.　例一、馬時亨「仙股」事件。時任財經事務及庫務局局長馬時亨上任後不足一個月，香港交易所即發表諮詢文件建議將股價連續 30 個交易日低於港幣 5 角的主板上市公司股票除牌。這建議引起財經界人士及投資者不滿，並令部分細價股票大幅下跌，傳媒稱之為「仙股」事件。輿論更指馬時亨應為事件引咎辭職。香港立法會就事件召開特別會議，傳召馬時亨作供，他在會上稱剛剛上任「沒有時間細看有關文件」。最後馬時亨在 9 月 11 日就事件向公眾鞠躬致歉，而當時的香港交易所行政總裁鄺其志則在其後辭職，5 角除牌等建議在兩年後宣佈擱置。例二、梁錦松房車事件。2003 年 3 月 5 日，時任財政司司長梁錦松發表財政預算案，大幅增加各種稅項，如利得稅、薪俸稅、汽車首次登記稅、離境稅、博彩稅等，以解決高達 700 億港元的財政赤字。到 2003 年 3 月 9 日，《蘋果日報》以頭版報道梁錦松在宣佈加汽車首次登記稅前，在 1 月 18 日購入一輛凌志房車，但他卻沒有申報利益，有避稅之嫌，涉嫌以權謀私。當日梁錦松公開承認買車，他解釋自己只是「一時大意」、「沒有避嫌」。他其後將節省到的稅款的雙倍（共 10 萬元，但其後證實計算錯誤，他實則上共節省了 19 萬元，所以他最後共捐了 38 萬元）捐予香港公益金，希望借此平息外界不滿。同年 3 月 10 日，梁錦松首次向行政長官董建華提出請辭。

員，但人數很少，而且獲委任往往是因為他們是立法會裏面大黨或政團的代表人物。

四、曾蔭權政府對管治團隊的革新

（一）曾蔭權政府擴大政治委任制的改革內容

從 2002 年開始實施「主要官員問責制」到 2008 年實施「進一步發展政治委任制」，香港的政治人才培養機制便一直面對着內在矛盾和發展瓶頸。政府在推銷該項改革其中的一項重要理據是，擴大政治委任制可以改善政治任命官員與公務員之間的分工，同時有助加強行政立法關係：由局長、副局長及政治助理組成的政治團隊，將會肩負出席公眾會議及向立法會解釋政策等政治工作，令資深公務員可以專注於政策的分析和研究，為政治團隊提供各項資源。[45]

2007 年 10 月，曾蔭權政府繼綠皮書後發表了《進一步發展政治委任制度》報告書，建議除公務員事務局外，由行政長官委任並經相關局長同意，在每一決策局增聘一個副局長（under secretary）及一個局長政治助理（political assistant to director of Bureau）。前者協助局長處理立法會內的政治爭議，肩負政治聯繫工作及向立法會爭取對相關新政策的支持；後者則負責類似文膽角色的工作。原有決策局的常任秘書長及局長政務助理等職責不變，繼續屬於公務員系統。[46]時任特首曾蔭權於 2008 年 5 月委任了首批八位副局長及九位政治助理，寄望這批政治新

---

45. 見政制及內地事務局（2008）。《進一步發展政治委任制度報告書》第四章及第五章。

46. 董時代的高官問責制下，各決策局局長直接率領公務員體系的常務秘書長（常秘）。不過，即使常秘們願意配合施政，但他們慣於公務員運作，對施政回應民意的敏感度較低。由於部分局長出身政府外界別，主要政策細節到頭來又得要常秘領軍向各政黨和公眾解釋，因而擔上政治風險，可能造成「高官領功、常秘負責」的現象，對常秘不公，也令常秘在宣傳政府政策上有所保留和顧忌。而曾蔭權政府新增政治委任官員，可讓局長有自己的班底，更能靈活回應民意，常秘也無需承擔政治風險，可專注政策執行工作。

圖4.3 曾蔭權政府各級問責官員的職業背景

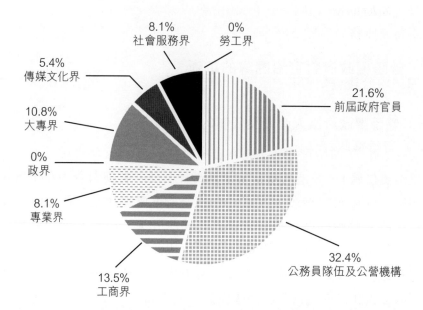

貴能夠協助局長處理各項政治工作,特別是加強與立法會議員的溝通及聯繫。同時,港府要在立法會建立執政聯盟確保施政順暢的話,無可避免地要開設更多政治委任職位作為政治酬庸,以交換各黨派及界別人士的支持,雖然政治委任的職位待遇水平較其他國家未必有十足的吸引力,但卻比立法會議員薪酬高出不少。港府亦希望此舉能籠絡政黨人士或有志之士,培育更多管治人才。

然而,政府似乎沒有對公眾解釋整個制度的重要性,導致社會上對副局長和政治助理仍有不少誤解,窒礙政治人才的發展。現時香港政治委任團隊與公務員之間互不從屬,可調遣的人手不足,於是特首積極向政務官(Administrative Officer, AO)圈內求才。獲特首屬意的新人大部分均出身公務員體制,而且多是 50 歲一輩的政務官,其中包括董時代的工商及科技局局長曾俊華、發展局局長林鄭月娥、環境局局

長邱騰華、勞工及福利局局長張建宗，與運輸及房屋局局長鄭汝樺。另外，當時的兩名新晉高官，亦有公職經驗，包括經濟學者出身的財經事務及庫務局局長陳家強，與傳統親北京陣營人士（民建聯）民政事務局局長曾德成。前述成員除陳家強外均具有豐富的行政經驗，預示着體制內公務員精英若具有問責的素質及準備，仕途上也是前途不可限量。特首的管治也有意從「商人治港」轉型至所謂「公僕治港」。

（二）曾蔭權政府擴大政治委任制的新難題

1. 副局長、政治助理角色有名無實

首先，在制度安排上，公務員是抱着夥伴合作的態度，與副局長和政治助理共事。當時決策局內公務員的最高職位是常任秘書長，位列首長級第八級（D8）；對比之下，屬於政治委任官員的副局長約處於首長級第六級（D6）；而政治助理則是首長級第二級（D2）。此外，《公務員守則》也表明公務員不隸屬於副局長或政治助理，只需對其公務員上級（以常務秘書長為首）負責。這種制度的矛盾顯而易見：其一，無論是制度安排或公眾觀感，副局長應是決策局內第二把手，在局長出缺、休假的情況下可暫代空缺。然而，由於其職級低於局內的公務員首長，所以副局長在日常運作中並沒有決策和領導實權，更遑論領導局內的實際經驗。

其次，政治助理的職責是協助局長處理政治工作，作為問責團隊的一員，他們也應承擔對局內的政治決策提供意見、協助相關政策游說和政治公關等工作。不過現實是，他們的角色在很大程度上取決於局長的個人意志。礙於層級安排，他們亦不能如英國部門內的政治顧問（political adviser）或政治公關（spin doctor）一般，全面審視和領導整個決策部門的政治宣傳和游說工作，輔助局長施政和維持局長的公眾形象。總之，在局長分身不暇時，實掌大權的仍是以公務員為首的常任秘書長和其他副秘書長們；副局長和政治助理，往往只是有名無實地擔當政治問責的角色。

最後，現實中決策局內從事政治工作的人不限於局長、副局長和政治助理三人，但卻只有他們承擔政治責任。欠缺明確分工以至權責不對等，行政長官和局長管治班子的理念難以下達、貫徹執行。除此以外，政治委任官員可調動的人才資源，也不足以應付繁重的政治工作。一方面，副局長和政治助理缺乏資源及培訓支援，難以透過歷練成為真正的政治領導人才；另一方面，香港不同於英美等西方國家，其政治委任官員不能將政府系統外的人才帶入辦公室。以局長辦公室為例，大部分人員包括政務官、行政主任、新聞主任等都是來自公務員系統。當公務員未能向副局長和政治助理提供足夠協助時，聘請非公務員職位人員並非易事。非公務員雖不佔正式編制，工資也較一般公務員低，但每個局都有人數限額，在局長辦公室增加人手可能意味着削減其他部門的非公務員職位。

到底在擴大政治委任制度之後，是否一如政府當初所說，加強了政治官員與立法會的聯繫，並且減少了高級公務員的政治工作？副局長分擔了局長向立法會解釋政策的政治工作，這表現在局長出席立法會會議次數及發言次數都比委任制未擴大前有所減少。兩者在分工上更加建立了一定的默契，比如局長較專注出席立法會全體大會，回應議員的質詢及動議辯論；副局長則主要出席事務委員會的會議，向議員解釋個別的政策措施。副局長減輕了公務員在解釋政策、回答提問方面的工作量。增設了副局長後，高級公務員雖然仍需出席不少的立法會會議，但他們發言次數也明顯地減少了，反映出副局長在解釋和維護政府政策上，並非如坊間所說的毫無貢獻。當然，由於香港的政治委任官員數目仍然較少，而議會工作的需求卻不斷增加，所以可以預見將來高級公務員在處理議會工作上仍然很重要。這大抵反映政治助理主要負責參與游說、政治聯繫及起草文件等幕後工作，然而他們的工作未能反映在公開的會議記錄文件或資料中。事實上，隨着香港政制進一步開放及民主化，香港政治也正在逐步走出過去百年來港英殖民地治理下的官僚執政體系。其時新特首上任後，僅發生過一場由高官問責制引發的爭議——教育學院風波，此仍屬董建華政府所遺留

的問題。然而面對風波,曾蔭權與董建華的處理並無二致,依然沒有解決前文所說「高官問責制」帶來的問題。

2. 政治委任團隊缺乏清晰的資歷架構

副局長和政治助理間有明顯斷層。以過去兩屆問責團隊為例:上一屆副局長入職時,平均年齡約在 40 至 49 歲之間,本屆則在 50 至 59 歲之間;但是兩屆政治助理上任時,都只有 30 至 39 歲,甚至本屆有兩名上任時只有 26 和 27 歲。對比之下,政務官的晉升階梯要明確得多。簡單比較,年紀在 30 至 39 歲的政治助理,在政務官團隊中平均是高級政務官,本屆副局長的年齡則與位處首長級第六級 (D6) 的政務官比較吻合。值得強調是,現任政治助理年齡及資歷充其量與高級政務主任相約;然而在制度上政治助理位同於首長級第二級 (D2)。在能力與權責不相配的情況下,或多或少會引起公務員不服,造成結構阻力。畢竟推動行政制度的改革,亟需內部自我更新的動力。若如無公務員的積極配合,一切便成空談。另外,從副局長與政治助理的年齡差可見,兩個職位之間缺少了一個資歷梯隊的銜接。政治助理的資歷遠遠不及副局長,一來政治助理會在所難免被公眾質疑能力,二來行政長官也難以直接提拔政治助理作為決策局副局長或日後局長人選。此外,如欲將政治團隊制度化和專職化,以此協助行政長官和取代公務員負責主要政治決策,更有必要盡快明確政治資歷梯隊,讓後來者看到發展前景,才能吸引更多優秀管治人才加盟政府。

五、「官僚」與「民主」的持續性割裂

(一) 政治人才、行政人才內部銜接、溝通不暢

2002 年,特首董建華推行高官問責制,將行政長官之下的 14 名主要官員(包括 3 名司長及 11 名政策局局長)改為以合約條款聘用,並規定其任期不會超過提名他們的行政長官的任期;而原來各個政策局

中首長級薪級第 8 點（D8）的公務員位置，則更改為常任秘書長，負責協助問責局長管理政策局及轄下行政部門。[47]2008 年，特首曾蔭權提出「進一步發展政治委任制度」，決定在每一個政策局中，增設副局長及政治助理兩個問責官員。政治問責制經歷了兩任特首的推動，現時已發展成特首、司長、局長、副局長及政治助理合共五層問責官員，並由此構成了特區政府管治團隊的核心。在政治問責制下，問責官員缺乏共同的政治聯繫，彼此之間既沒有共同的意識形態及政治血緣，更缺乏長時間的合作經驗——在三任特首任命的 95 名問責官員中，接近九成都沒有任何的政黨政治背景。問責官員不但欠缺共同的政治聯繫，還來自五湖四海不同界別，既有前屆政府官員、公務員、工商界精英、專業界人士及大學學者，也有來自社會服務界、傳媒文化界及政界，前三任特首任命的 95 名問責官員中，各級問責官員的職業背景分析如圖 4.4。

據統計，問責制實施的第一屆（特首董建華），14 名司局長當中有 6 名是政務官出身；第二屆（特首曾蔭權）的 15 名司局長有 9 名為前政務官；而梁振英政府 15 位司局長當中，政務官則佔 5 名。可見，前政務官佔每屆司局長的比例從三分之一到五分之三不等。由於具有長期了解政府行政運作和人脈的優勢，在可見的將來，前政務官仍然會是司局長的重要來源。雖然建立政治委任制度的原意是要克服原來公務員（政務官領導下）體制的一些弊端，但在實際運作上，由於香港政治人才不足，而公務員對政府運作非常熟悉，所以他們始終佔據政治委任官員最大的比例。在制度擴大到副局長和政治助理兩層以後，公務員佔的比例就有所降低。前香港發展局政治助理何建宗分析認為，公務員是個終身職業，作為公務員頂層的常務秘書長要擔任局長，他們所考慮的主要是按時退休和提前退休擔任局長的取捨。作為四十多歲的首長級公務員，

---

47. Information Service Department (2002). "Framework of Accountability System for Principal Officials", available at www.info.gov.hk/gia/general/200204/17/0417251.htm (last visited 18 Apr 2018).

圖4.4 各級問責官員的職業背景

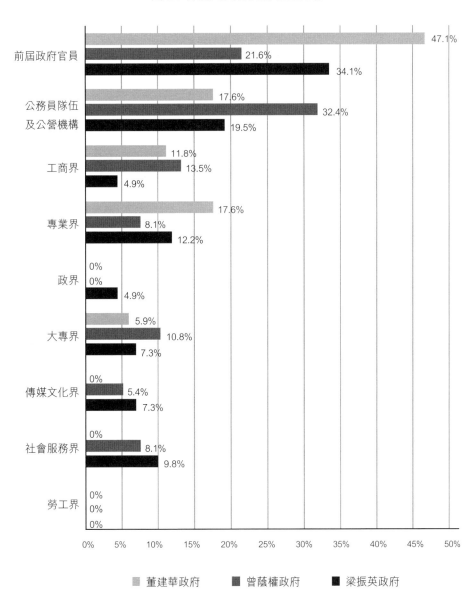

要提前十到二十年離職轉到風險高得多的副局長，顧慮就會比較多。由於香港沒有建立一個政治官員的升遷制度，當政府換屆以後，副局長（和其他政治委任官員）就可能面臨失業的情況。[48]總體而言，政治委任官員的團隊主要是前公務員、專業人士和學者，再加上政團、傳媒和智庫人士。根據自身背景職業的社會分工特點，前三者較多出任局長和副局長的職位，而後三者則較多出任政治助理。

香港政務官這個體系實際上是組成香港政治人才庫的重要部分。政務官是在香港公務員中擔負領導責任的職系，統領着政策局和各政府部門的其他公務員。政務官負責分析和建議各個政策選項，並具體擬定政策內容；政治委任官員則負責推銷政策，確保得到大部分市民支持並在立法會通過。根據特區政府公務員事務局的資料，截至 2014 年 6 月 30 日，政務主任職系共 651 人，其中首長級佔 304 人，非首長級 347 人。政務職系人員是專業的管理通才，在香港特別行政區政府擔當重要角色。他們會定期被派往各決策局和部門，以及各區民政事務處和駐外辦事處，平均每兩至三年調職一次。定期調任的安排，讓政務職系的同事有機會涉獵公共政策中的不同領域，擴闊視野，累積經驗，掌握處理不同事務的技巧，但基本反映了這個管治香港的骨幹隊伍的面貌。雖然政務官的編制、理念和傳統來自殖民地時期，但香港社會正經歷着急速的變化，政務官作為政府行政管理的骨幹，也面臨着前所未有的衝擊。

2002 年前的主要官員職位，絕大部分都由高級政務官所壟斷，政務官正是發揮了「準政黨」（quasi-political party）的功能[49]——由於司局級官員都是政務官出身，接受過數十年相同的培訓及官場歷練，彼此之間自然有較高的默契和信任，所以能夠發揮出高度的凝聚力和團隊精神。現時政治管治團隊的根本問題，在於政治問責制打破了以往公務員擔任主要官員的局面後，卻未同時引入政黨政治作為配套，導致

---

48. 何建宗（2016）。〈政治委任官員與公務員的關係：現狀與建議〉，《港澳研究》。1 期。

49. Scott, Ian (2010). *The Public Sector in Hong Kong*. Hong Kong: Hong Kong University Press. p. 71.

特首在組班之時，缺乏像西方民主國家政黨般的政治人才庫，只能夠依賴特首的個人網絡、名聲和往績，從前屆政府官員、公務員隊伍、工商界、專業界、大專界及社會服務界等不同界別中拉雜陳軍，問責官員之間因而必然缺乏共同理念、合作經驗及工作默契，最終造成「管治團隊割裂」的施政困局。三任特首都有委任建制派領袖進入行政會議，嘗試組成執政聯盟為政府「箍票」，但多年的管治困局已顯示這種運作鬆散的執政聯盟根本無法解決「行政—立法割裂」的問題。政府怎樣在立法會建立穩定的支持，仍然是特區政府在處理行政立法關係上最大的管治挑戰。

　　學者 John Burns 和 Ian Scott 曾指出，香港高官問責制的建立標誌着政治委員官員和公務員從委託型過渡到代理型的關係。[50] 委託型是指公務員根據一套社會認可的制度、原則、理念和程序辦事，並非單純執行政治委任官員的指令；至於代理型的理論則強調由於政治官員有民意的授權，公務員只應被界定為技術官僚，必須忠實執行政治官員的政策。香港政治委任官員與公務員的關係由政府內部兩個文件規範：《政治委任制度官員守則》和《公務員守則》。《公務員守則》的第六章及第七章規定政治委任官員與公務員之間只屬合作夥伴，並不存在從屬關係，而《公務員守則》也提供了相關申訴機制以處理政治委任官員影響公務員的隱憂。兩份文件反映了原來主導特區政府的公務員，在面對政治委任官員時，傾向採取「防禦性」的態度。如《公務員守則》當中有一半篇幅談及公務員的「基本信念」和「操守準則」，另一半則詳述公務員與政治委任官員共事時的角色、職責和彼此的關係，而重點在於必須「維護公務員的基本信念和價值觀」。例如，政治官員需要積極維護一支「常任、誠實、用人唯才、專業和政治中立的公務員隊伍」，他們「不應該要求公務員作出不合法、不恰當或有違其基本信

50. Burns, J. P., Wei, L, Peters B. G. (2013). "Changing Governance Structures and the Evolution of Public Service Bargains in Hong Kong," *International Review of Administrative Sciences*, 79(1): 131–148.

念的行為、違反政府規例的行為、涉及行政失當的行為、與公務員角色有衝突的行為、違背政治中立的行為」等。此外，在政治實踐中不少離職的副局長及政治助理都曾在不同場合分享，公務員在制度中有權以援引法律、財政上避免大規模的資源浪費，及至訴諸公眾利益等理由，拒絕服從政治領導的命令。原來的制度設計是希望司局長在面對日益複雜的政治形勢時，可以通過副局長和政治助理協助處理政治工作以維持公務員的政治中立。然而，實踐證明，在日趨政治化的香港社會，公務員不參與「政治工作」只是一廂情願，更成為妨礙公務員與政治官員兩個團隊有效協作的因素。政治中立注重的是公務員須不偏不倚，不參與政治，這是沒有爭議的。不過不等於公務員沒有義務協助政治官員從事政治工作。事實上，無論是向立法會和區議會解釋政策，或者聯繫傳媒和社會各界人士，這些工作從回歸以前都是一直存在的。糾纏於「政治中立」的迷思只會讓政治官員和公務員產生不必要的隔閡，彼此重分工輕合作。香港近年來政治內耗嚴重，雖然特區政府比過去花費更多時間進行公眾諮詢，但卻陷入「愈諮詢愈沒有共識」的困局。加強政治官員和公務員的緊密合作，實在刻不容緩。沒有一個強大、高效、有魄力的行政機關和管治班子，「行政」是很難「主導」起來的。而良好的、合作無間的政治官員與公務員的關係，是構建一個強大的行政機關的先決條件之一。

（二）歷屆特區政府立法能力概況 —— 行政與立法關係失衡的縮影

特區政府要制訂新法例或修改現行法例，都需要得到立法會的支持及配合。香港學術界在分析特區行政立法關係時，慣常做法都是比較和分析政府正式「提交的法案數目」及立法會「通過的法案數目」，然後按此計算出所謂的「提交法案成功率」以評估政府在立法過程中的影響力。[51]這一套分析框架的最大好處，當然是簡單易明，但存在重大

51. Ma, Ngok (2007). *Politcial Development in Hong Kong: State, Political Society and Civil Society*, Hong Kong: Hong Kong University Press.

瑕疵，因它並未反映那些政府預知不易達成共識、反對阻力重重，因而將一些原定推出的法案擱置收回或押後的情況。傳統的「提交法案成功率」指標，並未能計算上述提及的「立法失敗」情況，而只能反映那些政府正式提交予立法會審議的法案成功率，根據這一指標來分析行政立法關係，極有可能出現「高估」特區政府立法能力的問題。根據慣例，特區政府會在每年 10 月立法年度開始時，向立法會內務委員會提交一份「立法議程」（legislative programme），詳細列出行政當局擬於該年度向立法會提交的法案名單。這份「立法議程」清楚反映出政府在每個立法年度展開時的「立法取向」（legislative preferences），以該份文件為基礎進行分析，可以更全面準確地評估，政府到底能夠在多大程度上落實及貫徹其政策綱領。[52] 香港本地智庫機構新力量網絡提出了較新的測算方法 ——「立法成功率」，其具體計算方法如下：（1）翻查每年的《立法議程》、《施政報告》、《施政綱領》及《施政報告政策措施的立法會事務委員會文件》，以確定政府計劃在該立法年度提出的法案。（2）追蹤每個法案的落實情況，如法案如期在該立法年度提交立法會，則歸類為「獲提交的法案」，並追查法案是否獲得通過（法案如期提交，只要在該屆立法會四年會期內獲得通過，都會被計算做「獲通過的法案」；如法案未能如期在該立法年度提交立法會，則歸類為「被擱置 / 押後」的法案。）（3）綜合每個法案的落實情況，計算出該立法年度的「立法成功率」及「被擱置 / 押後的比率」，並對部分被迫拖延的重要法案列表及分析拖延原因。

---

52. 參考自美國學術界慣常用來評估總統與國會關係的概念 "legislative success score"。該指標以美國總統在國情諮文及其他重要演說提出的法案為計算基礎，然後衡量國會通過有關法案之比率，以反映總統能否主導立法過程。Shull, Steven A. and Thomas, Shaw C. (1999). *Explaining Congressional-Presidential Relations: A Multiple Perspective Approach*. Albany: State University of New York Press. Prins, Brandon C. and Shull, Steven A. (2006). "Enduring Rivals: Presidential Success and Support in the House of Representatives," *Congress and the Presidency*, 33(2): 21–46.

圖4.5 香港特別行政區歷屆政府「立法成功率」[53]

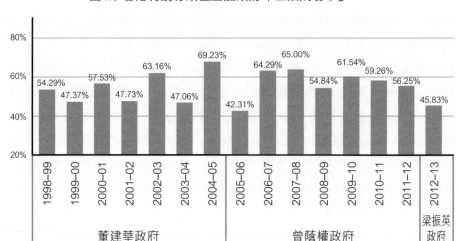

資料來源：歷年《立法議程》、《施政報告》、《施政綱領》及《施政報告政策措施的立法會事務委員會文件》。

　　從數據上看，除了 2007 至 2008 立法年度外，曾蔭權政府的「整體立法成功率」並不理想，不少原定的立法議程都未能順利落實，顯示曾蔭權班底的「立法能力」面對極大掣肘。而特區政府在 2007 至 2008 立法年度取得較高的「立法成功率」，可能與該年度「立法議程」中法案數目較少有關，僅有的 15 項中，大部分法案為爭議較少的技術性條例。值得留意的是，在曾蔭權執政的立法年度裏，特區政府擱置、收回或押後了不少原來計劃推出的法案，當中不少都是極具爭議性的「燙手山芋」，反映出特區政府因忌憚社會上的反對聲音而傾向迴避處理一些重要的政策改革，見表 4.4。

　　曾蔭權政府未能順利落實各項立法議程，又常常推遲一些爭議法案，大抵反映了香港政制的各種深層次矛盾，始終限制着特區政府的管治能力及立法能力：在「半民主」的政治體制下，特首並非由普

53. 新力量網絡（2014）。《2014 年度香港特區政府管治評估報告》。參見：www.synergynet.org.hk/download/policy-studies-zh/governance-zh/201401153411_b5.pdf（2018 年 4 月 18 日瀏覽）

表4.4 曾蔭權政府歷年收回、押後的法案

年度	收回、押後的法案
2005–06	1. 《2006 年防止賄賂（修訂）條例草案》 2. 《2006 年商標（修訂）條例草案》 3. 《2006 年僱傭（修訂）條例草案》 4. 《香港國際機場條例草案》 5. 《2006 年道路交通（修訂）條例草案》 6. 《2006 年證券及期貨（修訂）條例草案》 7. 《2006 年公司（修訂）條例草案／證券無紙化條例草案》 8. 《種族歧視條例草案》 9. 《2006 年建築物（修訂）條例草案》 10. 《水產安全條例草案》 11. 《港方口岸區條例草案》 12. 《投訴警方獨立監察委員會條例草案》
2006–07	1. 《通訊事務管理局條例草案》 2. 《僱傭（修訂）（第 2 號）條例草案》 3. 《產品環保責任條例草案》 4. 《空氣污染管制（修訂）條例草案》 5. 《證券及期貨（修訂）條例草案》 6. 《建築物（修訂）條例草案》 7. 《檢疫及防疫（修訂）草案》 8. 《家禽屠宰及加工廠條例草案》 9. 《刑事罪行（條例）條例草案》
2007–08	1. 《核材料（關於運載的法律責任）（修訂）條例草案》 2. 《公眾衛生及市政（修訂）條例草案》
2008–09	1. 《競爭條例草案》 2. 《建築物能源效率條例草案》 3. 《定額罰款（空轉引擎）條例草案》 4. 《食物安全條例草案》 5. 《公眾衛生及市政（修訂）（第 2 號）條例草案》 6. 《建築物管理（修訂）條例草案》 7. 《法律援助（修訂）條例草案》

選產生，認受性不足，立法會議員往往挾民意自重，挑戰特首的管治權威，導致政府在推動立法議程時步步為營，盡量迴避處理爭議法案和政策，以保住民望為主要的管治基礎；行政長官欠缺強大的政黨支持，令特區政府難以在立法會建立穩定支持，自然無法聚集足夠的政治能量，推動重大的政策改革；而比例代表制及功能組別的選舉制度，更加導致立法會黨派林立、四分五裂，客觀上增加了整合政策共識的難度。政府在推動立法議程時面對重重困難，令一些急需處理的重要政策問題被一拖再拖，已經對香港社會的長遠發展，造成非常負面的影響。在「雙普選」短期內無法落實的情況下，特區政府就只能每遇到爭議便採取「拖字訣」，一而再地押後及迴避處理重要政策，這種不敢正視問題的「鴕鳥心態」，只會損害香港的整體利益。

與此同時，曾蔭權政府卻利用行政主導的優勢，加上建制派的直選議員與功能組別議員在議會中佔據絕對多數，使得政府在推動某些法案上也顯得較為順暢。一些爭議法案也在特區政府與建制派議員的合作下通過，泛民政黨根本無力阻擋，令不少港人置疑「功能組別機制」的弊端。近年來《立法會條例》第 25 條及 26 條有關立法會功能組別選舉的團體投票是否違憲問題，以及特首選舉結果是否有效問題等都曾訴諸法院。[54] 回歸後特區政府的立法成功率長期低落，梁振英領導的新一屆政府也面對同樣的管治困局——梁振英政府首年的立法成功率僅為 45.83%，即約有五成多的政府法案，未能按照計劃在 2012 至 2013 立法年度內順利落實；而回歸十幾年裏，特區政府的平均立法成

---

54. 陳裕南及羅堪訴律政司司長案中，上訴人以功能組別的團體投票有損《基本法》規定的永久性居民選舉權和平等權為由提請司法覆核。上訴法院根據目的解釋指出：《基本法》第 26 條是否允許團體在立法會選舉中投票這一問題應結合《基本法》第 68 條及香港政治體制發展的歷史沿革來理解，立法會功能組別為香港政改循序漸進、平穩過渡到普選中的一環。且香港永久性居民的普選權規定於《基本法》第三章〈居民的權利與義務〉，《基本法》第四章〈政治體制〉也並未禁止立法會賦予其他人（包括團體）選舉權和參選權。*Chan Yu Nam v. The Secretary for Justice*, CACV2/2010 paras. 24–27. 至於平等權，上訴法院則認為團體投票的資格並不取決於財富或能力的多寡，而是某個團體被認同為社會中某個組別的主要成員，因此《基本法》第 25 條規定的平等權在此無法得到適用。*Chan Yu Nam v. The Secretary for Justice*, CACV2/2010 paras 111.

圖4.6 香港特別行政區歷屆政府法案「立法成功率」和「被擱置／押後的比率」[55]

	董建華政府（1998/99–2004/05）	曾蔭權政府（2005/06–2011/12）	梁振英政府（2012/13）	總數（1998/99–2012/13）
(a) 政府提出的法案	338	174	24	536
(b) 被擱置／押後的法案	132	73	10	215
(c) 獲提交的法案	206	101	14	321
(d) 獲通過的法案	187	100	11	298
(e) 不獲通過的法案	19	1	0	20
(f) 已提交但仍在審議中的法案	0	0	3	3
法案被擱置／押後的比率 [(b)/(a)]	39.05%	41.95%	41.67%	40.11%
立法成功率[(d)/(a)]	55.33%	57.47%	45.83%	55.60%

資料來源：歷年《立法議程》、《施政報告》、《施政綱領》及《施政報告政策措施的立法會事務委員會文件》。

功率僅為 55.60%。董建華、曾蔭權、梁振英三任特首的立法成功率均維持在低水平，充分顯示出無論誰人擔任特首，都未能解決「行政與立法關係」持續緊張的結構問題。特區政府在每個立法年度，都擱置和押後了大批原來計劃提出的法案，是造成「立法成功率」長期低落的其中一個原因。

學者 Ian Scott 曾指出，《立法會權力與特權條例》設置了高級公務員出席立法會義不容辭的程序，九七之後公務員並不積極主動為立法會議員提供相關法案的訊息，他們骨子裏認為應當擺脫立法會過分干

---

55. 新力量網絡（2014）。《2014 年度香港特區政府管治評估報告》。參見：www.synergynet.org.hk/download/policy-studies-zh/governance-zh/201401153411_b5.pdf（2018 年 4 月 18 日瀏覽）

預政策制訂的情況。立法會議員則抱怨他們缺乏與政府官員充分的溝通渠道，以致對政府設置的立法議程的了解不足。[56] 政府官員應該反思如何在各種政治限制中尋求突破，做好「政策協商」的工作，以爭取社會最大程度的支持，建立政策及政府法案的認受性。當中的關鍵，始終在於建立制度化的協商機制，並且與立法會、公民社會分享制訂政策的權力：全方位吸納社會訴求，通過各種正式（立法會事務委員會及諮詢架構）及非正式（閉門的游說談判）渠道，與各政黨黨團負責人及社會組織進行系統化的討價還價，以凝聚共識，推動政府議程。而把政策協商常規化、長期化，將是改善行政與立法關係、加快落實各項立法議程的關鍵措施。

---

56. Scott, Ian (2000). "The Disarticulation of Hong Kong's Post-Handover Political System," *The China Journal*, 43: 29–53.

第五章

立法會提案權與行政—立法關係

❧❧❧❧❧❧❧❧❧❧❧❧❧❧❧

　　政治學者 David Arter 在分析立法機關參與政策草創時提出「有多少議員、議員究竟如何影響立法的形成」這一問題。設下這條問題的前提是在於以下事實：立法機關是可以參與行政機關主導的立法創制的；行政機關會參與到一些立法機關立法的場合，如委員會、政黨團體會議等；議員可獨自或聯合（可能受到利益集團資助）提出法律草案等。總之，在立法起草階段，行政與立法之間的關係無論是憲制規範層面、政治實踐層面都存在着互動與博弈。就如何衡量立法機關參與政策草創的表現，Arter 教授提出了以下六個問題：（1）立法機關議員是否擁有（不受限制的）立法提案權？個人提案還是聯合提案？（2）立法機關委員會是否擁有立法提案權？（3）立法機關議事規則是否要求對重大立法實行絕對多數通過？（4）立法機關立法是否以立法聯盟為基礎？（5）議員是否參與行政機關啟動的立法籌備工作？（6）立法機關議員領袖是否與行政部門主要官員就政策問題事前商議？[1]

一、議員政策啟動權：《基本法》第 74 條下的提案權

　　議員擁有立法啟動權，通常表現為提出法律草案的權力，這被視為民主國家立法機關的重要標誌之一，各國憲法對國家立法機關或地方立法機關的規定一般都載明該立法機關的立法權（主要是提案權）在哪些

---

1. Arter, D. (2006). "Conclusion. Questioning the 'Mezey Question': An Interrogatory Framework for the Comparative Study of Legislatures," *The Journal of Legislative Studies*, 12(3–4): 464.

方面受限制，比如立法機關不能提出越權的法案，或在某種條件下才可以提出某種法案。[2] 九七回歸以後，香港某種程度上繼承了港英政府行政主導的遺產，立法會提出和形成政策的權力受到極大的憲制性限制，政府對公共政策的制訂享有排他性的壟斷與控制，不允許立法機關染指政策制訂，[3] 立法機關也無權任命或辭退政府主要官員，在很大程度上僅行使着對政府的監督而非制衡功能。[4] 彭定康時期的《議員名錄條例草案》賦予議員提案權，而《基本法》第 74 條則對議員提案權予以嚴格限制，凡涉及政府政策的議員草案，須事先得到行政長官書面同意才可提出。立法權一直以來都是立法機關最重要的功能之一，但就香港的情形而言，當立法權陷入被動的狀態，僅表現為「通過」或「否決」法案的權力時，立法權在政策制訂中的功能就顯得沒有那麼重要了。在香港，任何重要的法案未經通過都有可能釀成重大的社會新聞，政府法案在立法機關中的高通過率也顯示出香港立法會弱勢的一面，以至於有學者指出香港立法會作為政策制訂機關地位的衰落。[5]

2. 如《南非憲法》第 73 條第二款規定：僅內閣成員、副部長、議會議員或委員會可提出法律草案；但只有負責財政的內閣成員才有權提出金錢法案（Only a Cabinet member or a Deputy Minister, or a member, or committee, of the Assembly, may introduce a Bill in the Assembly; but only the Cabinet member responsible for national financial matters may introduce a money Bill in the Assembly.）一般情況下，議員的立法提案多採取「決議」（resolution）或「動議」（motion）的形式提出，各國憲法之所以對立法機關提出某類議題作出限制，乃是由於立法機關基於某種理由不適宜處理這一類議題，這類議題多涉及財政預算、社會經濟問題。還有一類針對議員提案的限制為提案人數的限制，即議員草案必須由多位議員聯名提出。

3. 香港治港團隊以公務員為主幹，公務員特別是政務官壟斷了政策制訂。在香港政府組織結構上，主要分成政策局及行政部門兩個層面，政策由政策局制訂，然後交相關行政部門執行。除非有立法和修改法律的需要，或有特別額外撥款的要求，否則立法會在整個決策過程中參與度相當低。香港政務官職系統壟斷了絕大部分政策局中負責決策的重要職位以及很多重要執行部門的首長職位，而政黨人士根本無緣參與真正的制訂政策的工作。參見陳麗君（2013）。《香港政黨政治與選舉制度研究》。北京：中國社會科學文獻出版社。41 頁。

4. Lau, Siu-Kai and Kuan, Hsin-chi (2000). "'Foundation Moment' and Political Parties in Hong Kong," *The China Quarterly*, 163: 705–720.

5. Cheek-Milby, Kathleen (1995). *A Legislature Comes of Age: Hong Kong's Search for Influence and Identity*. Hong Kong: Oxford University Press. p. 9.

　　《基本法》第 74 條規定：「香港特別行政區立法會議員根據本法規定並依照法定程序提出法律草案，凡不涉及公共開支或政治體制或政府運作者，可由立法會議員個別或聯名提出。凡涉及政府政策者，在提出前必須得到行政長官的書面同意。」實踐中，議員草案是否可以被提出還需要滿足《立法會議事規則》的規定，《立法會議事規則》第 51（3）條和 51（4）條被認為是對《基本法》第 74 條的執行。[6]《立法會議事規則》第 51（3）條：立法會主席如認為任何由立法會議員個別或聯名提出的法案涉及公共開支或政治體制或政府運作，該法案即不得提出。《立法會議事規則》第 51（4）條：立法會主席如認為某法案涉及政府政策，則就該法案所作的預告須附有由行政長官對該法案的書面同意。前述針對立法會議員私人提案權的限制構成「行政主導」體制的一部分，也有認為政治體制是經香港《基本法》所規定的，不得隨意更改。政府運作純屬政府日常的管理方式，議員不能提出涉及這些內容的法案，因為議員有權辯論政府的施政方針並提出對政府工作的質詢，所以不必再對此提出法案。政府必須執行和遵守立法會制訂的法律，再根據法律而制訂政策，因此議員要提出涉及政府政策的法案時，事前須取得行政長官的同意，這些都是為了行政與立法有合理的分工，使二者各得其所，既能順利行使各自的職權，又能相互協調運作。[7]無論持何種觀點，前述條文無疑壓縮了議員提出法律草案的空間，杜絕了大多數與現行體制或政策相關的草案進入立法會，使得私人的提案不再那麼重要，或至少不與現行體制和政策違背。故自 1997 年後，私人提案就不再是議員改變或影響現行政策的有力工具了。

---

6. 有關就李卓人議員提出的《1998 年僱傭（修訂）（第 2 號）條例草案》立法會主席所做的裁決，第三段。

7. 朱世海（2017）。《香港立法機關研究》。北京：中央編譯出版社。130 頁。

（一）立法會主席對議員草案的裁決情況

　　1997 年以後，所有議員的提案在表決前或得行政長官的同意前必須首先經過立法會主席的同意。立法會主席首先會諮詢與法案相關的行政機關，然後要求提出草案的議員回應政府一方的觀點，最後才作出裁決。議員提案必須通過《立法會議事規則》第 51（3）及（4）條的測試後才能進入立法會一讀程序。1998 至 2016 年間，議員共提出 19 項公共法案和 23 項私人法案，[8] 佔據 1998 至 2016 共計 456 項法案的 9.21%，而 1995 至 1997 年間，私人提案佔據法案總數的 23.2%。[9] 所有的私人法案均獲得通過，僅有 8 項私人法案經過了修訂。而在 19 項公共法案中，有 6 項被立法會主席裁決為違反《立法會議事規則》第 51 條第（3）款，剩下的 13 項裁決與政府政策有關，其中有 8 項法案未能得到行政長官的書面許可，這些法案分別涉及就業、強制公積金計劃、節假日、醫療登記和阻止禁煙令的生效。僅有 5 項公共法案獲得行政長官的許可，最終通過了 4 項。當中，只有 2000 年梁智鴻議員提出的《吸煙（公共衞生）（修訂）條例》會對公眾產生較大影響，但因為立法會沒有時間組織二讀程序，這項法案在第一屆立法會末期夭折。而剩下的各項法案都是關乎大學合併和專業會計師團體的規章條例。事實上，所有公共法案難免會涉及政府政策，除了受到《立法會議事規則》第 51（3）條的限制外，獲得行政長官的書面許可也是一項巨大的

---

8. 根據《私人草案條例》第 2 條的規定，私人草案是指「為個人、社團或法團的某些利益，而非為公共利益」的非政府提出的草案。

9. Ma, Ngok (2007). *Political Development in Hong Kong: State, Political Society, and Civil Society.* Hong Kong: Hong Kong University Press. 政治學者 David Arter 在一文中指出英國議會在 1983 至 2004 年間議員法案的通過率僅為 12.1%，在法國議會，無論是支持政府抑或反對政府的黨派，右翼議員均比左翼議員提出的草案多；在美國，雖然由議員提出法律草案是一項憲制傳統，即使是政府起草的法案也必須由委員會主席提出，但大部分法案都缺乏廣泛支持，使其通過率並不如某些歐洲大陸的議會。跨國數據顯示世界範圍內議會議員法案的通過率差別相當之大，難以總結出普遍性的規律。在一黨獨大的西歐民主國家議會中，議員法案多由議會反對派議員提出，但其中成功通過的草案則多由支持政府的議員提出。參見 Arter, D. (2006). "Conclusion. Questioning the 'Mezey Question': An Interrogatory Framework for the Comparative Study of Legislatures," *The Journal of Legislative Studies*, 12(3–4): 465–466.

表5.1 立法會主席針對議員提出法案所作的裁決（1998–2016）

測試類型	否決	通過	行政長官許可
涉及政府政策	13	0	5
涉及政府運作	1	6	—
涉及政府開支	5	2	—
涉及政府架構	0	0	—

障礙。鑒於議員公共法案的通過率之低，很顯然政府並不願意讓議員提出對公共政策產生影響的公共法案。相反，政府更樂意對不會影響公共政策的私人法案放行。

截至目前，立法會主席的裁決通常僅限於程序問題，若主席做出與以往裁決不同的決定，需要給予合理的解釋。回歸後立法會運作的十幾年裏，立法會主席曾多次拒絕行政機關的意見，在裁決草案時做出獨立的判斷。前立法會主席范徐麗泰在針對議員草案作出的裁決中逐漸建立起一系列原則來定義「公共開支」、「政治體制」、「政府運作」、「政府政策」等詞語的含義。加上，1998 至 2008 年長達十年的任期使得范徐麗泰的裁決保持了良好的連續性和穩定性。這些原則亦被繼任的立法會主席曾鈺成沿用，為立法會的後續運作提供了慣例。儘管議員提出的草案難以順利通過「政府政策」這項測試，但范徐麗泰仍針對《基本法》第 74 條作出了自己的推理，很多時候甚至拒絕了行政部門的意見。長此以往，立法會主席就議員草案是否符合《基本法》第 74 條的限制便形成了多個種類的裁決。即使幾乎所有議員的公共草案都落入了「政府政策」這項限制，但立法會主席還是裁決其中 6 項草案不涉及政府運作，2 項草案不涉及政府開支。儘管這些草案通過了「政府運作」和「政府開支」兩項限制的測試，依舊無法改變最終被否決的結果，但這一系列裁決顯示出立法會的獨立運作，即立法會主席並非在議員和行政機關之間隨心所欲地作出裁決，而是超然於兩者之上，僅追隨《立法會議事規則》行事。

1997 年後的立法會修正案動議權也遭到縮減，首要障礙是立法會主席。如果修正案涉及公共開支或與草案的主要目的相關，立法會主席會作出裁決。較之前任，范徐麗泰所定義的涉及公共開支和涉及草案目的較為嚴苛，其對私人提案的裁決並不正面，瓦解了立法會議員修正案動議權。1998 年《立法會議事規則》制訂之初，行政機關曾批評議事規則與《基本法》第 74 條相抵觸，認為應當由行政長官而非立法會主席來決定議員草案是否符合第 74 條的限制。【10】儘管如此，一直以來還都是由立法會主席行使《立法會議事規則》第 51（3）條及第 51（4）條的權力，行政部門並未再對此進行公開批評。最終立法會在一系列裁決中確立了立法會主席和委員會主席對於立法會大會和委員會會議的程序問題擁有最終決定權，而立法會對自身事務裁斷的權限亦得到終審法院的肯定。早在 2006 年梁國雄訴行政長官案，法院判決行政長官曾蔭權簽發的《執法（秘密監察程序）命令》違反《基本法》，同時要求政府重新立法，不得以行政命令代替法律。【11】後來時任立法會主席范徐麗泰以不符合《立法會議事規則》為由駁回了梁國雄議員提出的修正案，後者遂向高等法院提請司法覆核，指控范徐麗泰引用議事規則，以涉及公帑開支為由，否決議員提出的修正案這一做法違反《基本法》。此案帶來的直接後果，是法院對立法會議事規則進行是否合乎《基本法》的司法審查。當事人挑戰失敗。後來在 2014 年梁國雄訴立法會主席及律政司司長案，終審法院根據議會特權原則，裁定立法會主席有權為立法會辯論設限和結束辯論，且指出立法會議員把對立法會

10. Chen, Albert H. Y. (2002). "Hong Kong's Legal System in the New Constitutional Order: The Experience of 1997–2000," in *Implementation of Law in the People's Republic of China*, Chen, Jianfu, Li, Yuwen and Otto, Jan Micheal, eds. Boston: Kluwer Law International. pp. 239–40.

11. *Leung Kwok Hung v. HKSAR*, HCAL 107/2005 para148–150. 香港回歸後立法會只通過了一部規管截聽法例，該法律只對竊聽電話的行為做了一些監察限制，沒有涉及其他秘密監察方式，極不完備。後香港特區行政長官曾蔭權簽發了《執法（秘密監察程序）命令》，賦予香港四大執法機構：廉政公署、警務處、入境事務處及海關秘密監察的權力。梁國雄議員就此入稟高等法院申請司法覆核，要求政府立即取消行政命令，並頒佈回歸前立法局通過的「截取通訊條例」，對截取以郵遞或透過電訊系統傳送的通訊提供法律監管以保障市民通訊自由。

《議事規則》和立法會主席裁決的不滿，皆依循司法覆核來尋求救濟的行為可能會嚴重損害立法會有序、有效、和平地議事運作。[12]

（二）立法會主席對《立法會議事規則》的相關解釋

立法會主席在《立法會議事規則》第 51 條下的權力為一項程序性權力，不涉及提案所關乎的利益，即立法會主席不應考慮議員提出或反對一項議案是否合適，而必須給予《基本法》第 74 條中各項解釋，並判斷議案是否落入該範圍。1998 至 2016 年間，立法會主席多次拒絕行政機關的觀點，在裁決法案時做出自己獨立的判斷。在 1999 年的針對李卓人議員提出的勞動關係法案的標誌性裁決中，立法會主席指出「《基本法》第 74 條是用來規範議員提出議案的」，並施加了「一系列條件與限制」。[13] 在後續的裁決中，立法會主席逐漸形成了一系列的原則來判斷一項議員提案是否涉及政府政策、公共開支、政治架構或政府的運行：

1.　立法會主席對「政府政策」的解釋

立法會主席審議的議員草案大部分都涉及「政府政策」。在裁決時任議員鄭家富提出的《1999 年僱傭（修訂）條例草案》時，時任立法會主席認為「政府政策」指下列各項：[14]（1）「政府政策」是由行政長官或行政長官會同行政會議根據《基本法》第 48（4）條及第 56 條決定的該等政策；（2）在執行《基本法》前由前總督或前總督會同行政局決定而仍然生效的政策；（3）由獲授權的政府官員所決定的政策及

---

12. 在二讀《2012 年立法會（修訂）條例草案》期間，全體委員會用了超過 33 個小時辯論兩名立法會議員提出的 1306 項修訂。大部分時間都是由無疑在使用拉布策略的議員發言，立法會主席以全體委員會主席的身份認為有關辯論未能達到真正目的，應該結束。*Leung Kwok Hung v. President of the Legislative Council of the Hong Kong Special Administrative Region*, FACV1/2014 para 19.

13. Ruling by the President of the Legislative Council on the Labour Relations (Right to Representation, Consultation and Collective Bargaining) Bill, para 12.

14. 有關就鄭家富議員所提出的《1999 年僱傭（修訂）條例草案》主席所作的裁決，第 15–21 段。

指定的政府官員在立法會或立法會的委員會所公佈的政策；（4）透過法例所反映的政策屬「政府政策」；（5）制訂中的政策不是「政府政策」；以及（6）議員根據立法會議事規則第 51（2）條，在提交草案給法律草擬專員要求簽發證明書之前已經決定的政策，才視為「政府政策」。在裁決鄭家富提出的《2001 年強制性公積金計劃（修訂）條例草案》時，時任立法會主席指出政府當局所言的「政策目的或目標」不應被認為是第 51（4）條所稱的政府政策，「政策決定必須是明確的，亦不應在不同時間有不同的演繹。」[15] 2008 年以後，時任立法會主席曾鈺成沿用了范徐麗泰的一系列裁決。在裁決時任議員梁家騮提出的《2010 年醫生註冊（修訂）條例草案》時，曾鈺成裁決該法案對政府政策造成了實質重大的影響。該項政策已包含在政府當局提交立法會衞生事務委員會有關規管「保健組織」的文件中，[16] 而梁醫生認為文件中所說的「政策」僅為政府的意見而已，這起草案帶來了如何區分政府意見和政府政策的難題。

有關「涉及政府政策」中「涉及」一詞的含義，早前立法會主席認為「如該法案的執行不會對第 51（3）及（4）條內所訂明的任何一個範圍帶來實質影響，就不會被視為『涉及』」，從而拒絕了行政機關的意見——「如法案對有關事宜具有直接、間接、相應或附帶影響，便可視為『涉及』」的觀點。」[17] 後來在裁決時任議員李家祥《2004 年專業會計師（修訂）條例草案》時，時任立法會法律顧問專員指出，用以測試草案是否對政府政策造成實質影響所適用的尺度並不是高至要求草案一定要對該政策有極其重要的影響，也不是低至草案只是與該政策僅有細微的聯繫。[18] 在裁決時任議員蔡素玉《2006 年林區及郊區（修訂）

---

15. 立法會主席就鄭家富議員所提《2001 年強制性公積金計劃（修訂）條例草案》的裁決，第 16–17 段。

16. 立法會主席就梁家騮議員所提《2010 年醫生註冊（修訂）條例草案》的裁決，第 29–30 段。

17. 有關就李卓人議員所提出的《1998 年僱傭（修訂）（第 2 號）條例草案》立法會主席所做的裁決，第 15、17 段。

18. 立法會主席就李家祥議員所提《2004 年專業會計師（修訂）條例草案》的裁決，第 8 段。

條例草案》時，時任立法會法律顧問專員提出，如果一項法案包含立法建議，而這些建議與推行某項政策的行政措施相若或甚至完全相同，原則上便必須視為涉及政府政策。因為這意味着將行政措施上升為法定要求。[19] 另外，為協助主席決定某項法案是否涉及「政府政策」，有關決策局應該提交《立法會會議過程正式記錄》、立法會文件或其他相關文件等，證明在議員按照立法會《議事規則》向法律草擬專員提交法案，要求簽發證明書之前，有關政策已經屬政府政策。

2.　立法會主席對「公共開支」的解釋

殖民地時期，「由公帑負擔的效力」是立法局主席作出議案裁決主要的考慮因素，自 1995 年起黃宏發採納了一系列方法定義「由公帑負擔的效力」，並希望能建立起一直延續到主權變更後的先例，因為他認為《皇室訓令》中的「由公帑負擔的效力」這一用語與《基本法》第74 條中的「涉及公共開支」在精神上類似。[20] 而《立法會議事規則》第31 條及第 57（6）條授予立法會主席決定議員的修正案和動議會否造成「由公帑負擔的效力」。時任立法會主席在裁決《1998 年僱傭（修訂）（第 2 號）條例草案》時提出了兩者的區別：「涉及公共開支」這一用語的涵蓋範圍較 1997 年前《立法局會議常規》中「由公帑負擔的效力」這一概念更為廣泛。若草案的執行會導致公共開支有所增減，而所增減的公共開支款額為數客觀不至於被忽視，那麼草案便涉及公共開支。[21] 這項區分顯示出較之議員修正案和動議而言，對議員提出法律草案的限制更為嚴格。在裁決李華明、單仲偕議員提出的《公平競爭條

19.　立法會主席就蔡素玉議員所提《2006 年林區及郊區（修訂）條例草案》的裁決，第 30 段。

20.　Max Wai-lun Wong, "The Meaning of 'Charge': Private Member's Bills in the Legislative Council" (1998)28 HKLJ230, 231, 246.

21.　有關就李卓人議員所提出的《1998 年僱傭（修訂）（第 2 號）條例草案》立法會主席所做的裁決，第 21 段。

例草案》時,時任立法會法律顧問專員也指出,若草案僅對公共開支造成輕微的持續需求,該草案不被認為是涉及公共開支的。[22]

3. 立法會主席對「政府運作」的解釋

立法會主席在裁決《1998 年僱傭(修訂)(第 2 號)條例草案》時曾解釋「政府」一詞指《基本法》第 59 條中所稱的行政機關,拒絕了行政部門所謂的「政府應當包括司法機關」。[23] 故在裁決李卓人議員提出的《勞資關係(代表權、諮詢權及集體談判權)條例草案》時,立法會主席拒絕將勞動仲裁署視為政府的組成部分。若草案對行政機關的架構或程序構成明顯影響,而該影響又不是暫時性的,草案則會被視為涉及「政府運作」。[24] 迄今並無議員提出的草案被立法會主席認為是涉及「政府運作」的。

4. 立法會主席對「政府體制」的解釋

1997 年時任議員李家祥提出的《1997 年立法會(修訂)條例草案》建議更改立法會選舉中社會福利界這一功能界別的組成方式,而時任立法會主席認為沒有理據論定立法會的產生辦法不涉及政治體制,而立法會的產生辦法包括多項規定,如立法會的組成方式,以及選民和候選人的資格等。范徐麗泰還強調她就「政府體制」提出的意見只可視為「指引」,有關決策局應盡可能提交最適合草案需要的意見書,以協助立法會主席作出裁決。[25] 在這個案例中,立法機關及立法會的組成方式很明顯已規定於《基本法》第五章及附件二,立法會主席的解釋僅僅是一種寬泛的指引,避免自己對法案是否違背《基本法》這類政治敏感

---

22. 立法會主席就李華明議員及單仲偕議員所提《公平競爭條例草案》的裁決,第 12 段。

23. 有關就李卓人議員所提出的《1998 年僱傭(修訂)(第 2 號)條例草案》立法會主席所做的裁決,第 24 段。

24. 有關李卓人議員所提出的《勞資關係(代表權、諮詢權及集體談判權)條例草案》立法會主席所做的裁決,第 24 段。

25. 有關李家祥議員所提出的《1997 年立法會(修訂)條例草案》立法會主席所做的裁決。

問題作出判斷。此外，並無其他草案涉及立法會主席對「政府體制」的裁決。

　　以上由立法會主席確立的一系列原則成為了立法會一直沿用的先例，即使立法會議員或公眾也可以選擇訴諸公眾輿論進行批評監督或訴諸法院進行司法裁斷，但目前沒有針對立法會主席就議員法案裁決的司法審查案例出現。另外一項限制了議員提案權的是立法會分組點票機制，但這一障礙並沒有成為現實（分組點票機制影響更多的是議案而非法案的通過，下一章將詳述之），因為根本難有議員的法案能進入到正式的立法程序。議員提案的數量逐年遞減，反映了議員缺乏動力提出法案。儘管如此，議員提案權還是有其用武之地的。首先，政府必須對議員的提案作出基本的回應和解釋；其次，讓公眾有機會權衡比較議員與政府的提案，尤其是關乎社會爭議的重要提案；如果輿論認為議員在佔用較少立法資源的前提下比政府部門更出色，會令政府部門蒙羞。一旦公共輿論形成，政府將面對更大壓力，也將對今後面臨的重要議題採取更謹慎的態度。另外，政府也可以將議員草案中可借鑒的部分納入政府提案，補充政府提案的不足之處。

二、議員對政策的修正權：議員對政府法案的修正分析

　　根據《立法會議事規則》第 55 條，當法案二讀的動議通過之後，立法會立即進入全體委員會階段，以審議和修正法案。委員會階段政府提出的修正案較容易通過，而大多數議員提出的修正案多關注於立法會和行政機關尚未達成共識的內容，議員的修正案與法律草案類似，均受制於分組點票機制。同樣，議員針對政府法案提出的修正案也幾乎難以通過。1997 年以後，立法會議員的修正案動議權也遭到縮減，首要障礙即是立法會主席。如果修正案將影響公帑負擔或與草案的主要目的無關，立法會主席將作出裁決，不允許提出該修正案。較之回歸前立法局主席黃宏發，有學者認為回歸後第一任立法會主席范

徐麗泰所定義的「涉及公共開支」和「涉及草案目的」較為嚴苛,其對議員修正案的裁決並不正面,削弱了立法會議員的修正案動議權。【26】

(一)《立法會議事規則》針對議員提出修正案的限制

立法會主席可以根據《立法會議事規則》第 57 條及第 69(3)條裁定議員提出的修正案違背議事規則。實踐中被立法會主席援引最多的議事規則條文為第 57(4)及(6)條:

第(4)款: 以下規定適用於與法案有關的修正案:

(a) 修正案必須與法案的主題及有關條文的主題有關。

第(6)款: 立法會主席或全體委員會主席如認為任何修正案的目的或效力可導致動用香港任何部分政府收入或其他公帑,或須由該等收入或公帑負擔,則該修正案只可由以下人士提出 ——

(a) 行政長官;或

(b) 或委派官員;或

(c) 任何議員,如行政長官書面同意該提案。

議員向立法會提交修正案後,行政機關可對此提出議員不應當提出此修正案,聽過雙方陳詞後,立法會主席扮演的是準司法角色。1998至 2016 年間立法會主席共裁決了 62 項議員提出的修正案,其中 54 項修正案被裁決為違背議事規則。

較之議員草案,針對議員在全體委員會階段提出的修正案的限制較少,《基本法》第 74 條中的「公共開支」、「政府體制」、「政府運作」和「政府政策」四項限制均不適用於議員修正案。在裁決時任議員梁耀忠提出的《1998 年假期(修訂)條例草案》修正案時,范徐麗泰指出「議事規則並沒有限制議員提出的修正案不得與政府政策有關」。【27】在後

---

26. Ma, Ngok (2007). *Political Development in Hong Kong: State, Political Society, and Civil Society*. Hong Kong: Hong Kong University Press. p. 274.

27. 梁耀忠議員就《1998 年假期(修訂)條例草案》所提出的全體委員會審議階段修正案。

表5.2 立法會主席對議員全體委員會階段提出的修正案作出裁決的情況（1998–2016）

主要規則	否決	通過	未裁決	總數	百分比	百分比合計
57(6)	16	25	0	41	11.48%	11.48%
57(4)(a)	38	24	0	62	17.37%	28.85%
57(4)(c)	0	2	0	2	0.56%	29.41%
57(4)(d)	0	3	0	3	0.84%	30.25%
未裁決	0	0	249	249	69.75%	100%
總計	54	54	249	357		
百分比	15.08%	15.08%	69.84%	100%	100%	100%

續的裁決中，范徐麗泰均堅持拒絕將《基本法》第74條下的各項限制適用於議員修正案。1998年起草議事規則時，律政司認為議員提出的法律草案和修正案都應受到《基本法》第74條的約束，對《基本法》第74條應採取寬宏的目的解釋，[28]並且對於修正案是否符合《基本法》第74條的限制也應由行政長官來決定。但立法會議事規則委員會並不接受律政司的主張。委員會認為第74條並不具有規制修正案的目的。如果將「法案」的範圍擴展至「對法案的修正」，將剝奪立法會議事的權力，如此安排也保障了行政主導體制下立法與行政之間的制約與平

---

28. 「寬宏的目的解釋」本為香港法院解釋《基本法》最常用的方法之一，參見 *Ng Ka Ling and another v. The Director of Immigration*, FACV14/1998 paras 74–77. 但香港學者佳日思指出，在馬維昆案的上訴法庭判決尤其是馬天敏法官的判詞中，目的方法通常是與「寬宏的方法」對等的。作為先例，Diplock 勳爵在 Jobe 案（*Attorney-General of Gambia v. Jobe* [1984]AC689 at 700）的陳述及 Wilberforce 勳爵在 Fisher 案（*Minister of Home Affairs v. Fisher* [1980]AC 319 at 328) 中的陳述被經常援引。從上訴法庭的判決中，並不清楚這兩種方法是如何聯繫在一起的，並且使用「寬宏方法」的例證並不多。與目的方法不同，寬宏方法似乎較少依賴立法機關的意圖，而是更多考慮作為法院的憲法責任的保護權利的需要。參見佳日思（2000）。〈《基本法》訴訟：管轄、解釋和程序〉，載佳日思、陳文敏、傅華伶主編，《居港權引發的憲法爭論》。香港：香港大學出版社。28頁。

衡。另外，授予立法會主席的權力，與前任立法會議事規程類似，其他普通法地區如英國、加拿大、澳洲也如此。

《立法會議事規則》第 57（6）條財政方面的限制是一項單獨的限制與《基本法》第 74 條沒有關係。[29] 儘管委員會強調若不滿立法會主席的裁決可申請司法救濟，但是至今仍沒有針對立法會主席的裁決訴諸法院。立法會議事規則委員會的結論是，如果《基本法》第 74 條是要涵蓋對政府法案的修正案，那麼起初在立法時絕無理由將之寫入條文。在此情況下，把第 74 條的適用範圍擴大至包括議員對政府的修正案，並不恰當。倘若負責法案的議員（或官員）認為難以接受經修正的法案，他可以在法案進行三讀的階段開始之時，撤回該法案。前述程序讓政府有方法決定由其提交的擬議法案的最終內容，並確保行政機關與立法機關在某種程度上相互制衡，保留行政主導的原則。與法律草案相比，立法會主席在裁決議員修正案時，對議事規則第 57（4）條「主題」的解釋及對第 57(6) 條「公帑負擔」的解釋並未出現過多爭議。

（二）立法會拉布及其議事規則爭議

回歸以來的立法會「拉布」通常發生在兩種審議場合，一為立法會與全體委員會會議階段，二為財務委員會及其下屬小組委員會會議上。與早期建制派與泛民派都曾運用「拉布」策略推動或延遲相關法案的審議與通過不同，[30] 隨着立法會拉布運作的常態化，泛民主派幾乎成

---

29. Committee on Rules of Procedure, "Procedure in dealing with the introduction of Member's Bills as provided in Article 74 of the Basic Law and the Interpretation of Article 48(10) of the Basic Law," *LC Paper* No.CB(1) 45/98–99, 24 July 1998, para 8, 11, 14.

30. 比較典型的建制派陣營拉布是在 1999 年 12 月 1 日立法會二讀審議解散民選市政局和區域市政局草案，即所謂的「殺局」草案。這一草案由特區政府提出並積極推進。建制派議員護航支持，當時票數卻不足，各政黨代表發言完畢後已經臨近表決環節，使草案面臨流產風險。為拖延表決，爭取有利表決結果，民建聯議員譚耀宗和曾鈺成申請繼續發言，其他建制派議員紛紛加入，導致會議一直拖延到晚上 10 點才休會，使當晚無法表決。第二日復會表決時，草擬終於獲得足夠票數和區域市政局被解散。這次民建聯議員「拉布」目的是為了拖延表決，爭取有利票數，不同於通常的「拉布」實踐中拖延表決是為了程序梗阻，不了了之。

為拉布行為的唯一主體。[31] 2012 年 5 月的《2012 年立法會（修訂）條例草案》審議，此次拉布的焦點是審議表決《立法會議席出缺安排議案》。[32] 人民力量議員黃毓民和陳偉業就此議案聯合提交 1,306 項修正案，長達 2,464 頁，而社民連的梁國雄亦協力拉布，導致冗長辯論三星期沒有結果。此次拉布號稱史上最長拉布，直至 5 月 17 日立法會主席曾鈺成動用「議長警察權」（《議事規則》第 92 條）果斷「剪布」強制表決，有關議案才獲得通過。

1.　立法會針對「拉布」的內部意見

針對 2012 年 5 月的《2012 年立法會（修訂）條例草案》和《2011年版權（修訂）條例》審議期間的拉布行為，議事規則委員會曾在 2012 年 7 月的報告中研究過如何處理大量的議員修正案，以及如何削減全體委員會辯論階段（剪布）的辯論。議事規則委員會指出，大部分海外立法機關，如英國、加拿大、新西蘭的議會，議長均獲議事規則授權，可挑選議員在全體委員會階段提出的修正案。另外，前述議會和美國參議院允許通過提出結束辯論的動議來削減委員會階段的辯論行為，這項動議一旦經過多數表決通過即宣告辯論結束，如英國眾議院採取的是立即結束辯論，而美國參議院採取的是僅允許辯論延長 30個小時。另外，世界各國的議會也大多對法案在各階段審議的時間作出了限制，時間上的限制由議會內各政黨達成共識。[33] 針對香港立法會

---

31. 田飛龍（2014）。〈香港立法會的惡質拉布及其治理〉，《當代港澳研究》。3 期。

32. 《2012 年立法會（修訂）條例草案》源於香港泛民主派議員不滿 2010 年政府提出政制改革方案後，五位持不同政見的議員未完成任期中途辭職，利用五區補選聲稱以此為所謂「公投」，引起牽連風波。為防止這種「濫用」《立法會條例》隨便辭職濫用公帑的行為，政府提出《立法會條例修訂》，建議辭職議員六個月內不能再參選。

33. Committee on Rules of Procedure of the Legislative Council of the Hong Kong Special Administrative Region, Progress Report for the period July 2011 to July 2012 (11 July 2012) paras 2.17–2.18. 然而面對此種觀點，有議員認為這些域外議會採取的削減辯論措施並不適用於香港，因為適用的前提是議會內多數派和少數派在議會內能進行整體性的合作，並且少數派的利益不會被議會中的多數壓制。Committee on Rules of Procedure of the Legislative Council of the Hong Kong Special Administrative Region, Progress Report for the period July 2011 to July 2012 (11 July 2012) App III. para 16.

內的拉布行為，立法會內務委員會要求秘書處諮詢立法會主席召開一個內部會議，讓議員們就主席援引《立法會議事規則》第 92 條「剪布」的行為交換意見。

《立法會議事規則》第 92 條規定：「對於本議事規則內未有作出規定的事宜，立法會所須遵循的方式及程序由立法會主席決定；如立法會主席認為合適，可參照其他立法機關的慣例及程序處理。」這條規定可追溯至立法局 1968 年版《會議常規》第 69 條，其規定：「對於本《會議常規》內未有作出規定的事宜，或在任何其他存疑的情況下，只要對本局適用及不抵觸本局的《會議常規》或慣例，便須遵循大不列顛及北愛爾蘭國會下議院的常習及慣例，但下議院借會議常規施加的限制不得擴及本局或其議員，直至本局借會議常規就相若限制作出規定。」1991 年後，《會議常規》第 69 條被修訂為：「對於本《會議常規》內未有作出規定的事宜，立法局所遵循的方式及程序由立法局主席決定；如立法局主席認為合適，可參照英國下議院的慣例及程序處理。」《會議常規》第 69 條原本旨在讓本地的立法機關採用及依循英國下議院的常習及慣例。根據此項常規，擬被採用的英國常習及慣例如並不限制立法局或其議員，便會自動獲得採用；相反，則只可通過立法局將其制訂為會議常規予以採用。1971 年，上述移用常習及慣例的機制被修改，給予立法局主席酌情決定權，就《會議常規》內未有作出規定的任何事宜，決定立法局所須遵循的方式及程序。在決定採用什麼方式及程序處理被認定為未有在《會議常規》作出規定的事宜時，立法局主席只須在他認為適合的情況下，參照英國下議院的慣例及程序。對於立法局主席應如何行使酌情決定權，或其決定應如何實施，並無進一步條文規定，完全由立法局主席酌情決定。

《立法會議事規則》第 92 條以《會議常規》第 69 條為藍本，並作出一項修改，即立法會主席除了決定是否只參照英國下議院的慣例及程序外，如他認為適合，亦可決定參照其他立法機關的慣例及程序。有鑒於此，立法會在制訂《立法會議事規則》時已考慮到，要制訂一套規則處理所有可能出現的情景及情況並不可行，因此決定借第 92 條

授權立法會主席在出現該等情景及情況時決定所需的方式及程序，以便根據《基本法》第 72 條及《議事規則》行使其權力及履行其職能。《立法會議事規則》第 92 條可視為對立法會主席主持會議的權力施加限制，原因是他必須根據此條款行事。他不應單靠附帶於主持會議職權的隱含權力（例如在沒有任何基準可遵循的情況下自由制訂行事方式及程序的隱含權力）以主持會議。根據《立法會議事規則》第 92 條，立法會主席只能在他信納有某項他欲處理的事宜是《議事規則》並無作出規定時，才可行使其權力以決定所依循的方式及程序。倘若他是這樣信納的，他須考慮應否參照其他立法機關的慣例及程序，才作出該決定。【34】

其中時任立法會主席曾鈺成回應「如果能阻止議員提出修正案，那麼就不會出現拉布」這一說法時，指出：規範議員修正案的是《立法會議事規則》第 57 條，並且議員提出之時，並未遭到行政機關、立法會秘書長、法律顧問的反對意見，從議員本身的目的出發，這些動議的修正案也並非《立法會議事規則》第 57（4）（d）條所說的「瑣屑無聊」或「無意義」的修正案。另外，議事規則並無條文規範拉布行為。【35】因此，他並沒有阻止泛民議員提出一千多項修正案。曾鈺成主席在「剪布」前，雖曾諮詢過立法會秘書、法律顧問及英國眾議院前書記員 Sir Malcolm Jack，並在 2012 年 5 月 17 日早晨與議員召開私人會議，但曾鈺成認為這種「剪布」前的「串謀」並沒有問題，因為他保證就能否援引《立法會議事規則》第 92 條這個問題，他已聆聽了正反兩方的意見，並

---

34. 立法會有關立法會《議事規則》第 92 條適用範圍，立法會 LS67/11–12 號文件。

35. Committee on Rules of Procedure of the Legislative Council of the Hong Kong Special Administrative Region, Progress Report for the period July 2011 to July 2012 (11 July 2012) App III. para 5.《議事規則》第 57(4)(d) 條：「以下規定適用於與法案有關的修正案：(a) 修正案必須與法案的主題及有關條文的主題有關；(b) 修正案不得與已獲通過的條文或全體委員會就法案先前所作的決定不一致；(c) 修正案不得令建議修正的條文變得不能理解或不合語法；(d) 不可動議全體委員會主席認為瑣屑無聊或無意義的修正案；(d) 凡動議對具備兩個法定語文文本的法案作出修正，除非該修正案明顯地只影響其中一個文本，否則每一個文本均須作出修正；但不可動議令兩個文本相互抵觸或意義差歧的修正案。」

否認當時媒體報道稱「議員召開集體秘密會議就立法會主席『剪布』達成共識」的說法。[36] 確有議員認為，曾鈺成的「剪布」行為極有可能變成一個濫權的危險先例，損害議員在委員會階段的言論自由，曾鈺成應盡量避免啟動《立法會議事規則》第 92 條，援引《立法會議事規則》第 45（1）條可以達到同樣的目的。不過，曾鈺成認為當時的拉布狀態已持續 33.5 個小時，陷入不可控制的狀態，並非第 45（1）條規範的「發覺」之時，[37] 故他認為當時他只能夠援引第 92 條的規定。經立法會內部交換意見後，議事規則委員會擬今後對下述問題再進行研究：（1）重新審查可能處理拉布的《立法會議事規則》第 38 條及第 57（4）條；（2）重新審查議事規則第 92 條的適用；（3）檢視立法會主席援引議事規則第 92 條「剪布」和《基本法》第 72 條授權立法會主席主持會議的權力之間的關係。[38]

2. 法院對立法會主席「剪布」的見解

立法會議員梁國雄認為立法會主席的「剪布」行為侵害了他議事辯論的憲法權利。原訟法庭林文瀚法官否定了這種觀點，認為立法會主席的「剪布」行為不僅僅援引自《立法會議事規則》，同時也源自《基本法》第 72 條的授權，因而並不違憲，但議員的「拉布」絕非所謂的

---

36. Committee on Rules of Procedure of the Legislative Council of the Hong Kong Special Administrative Region, Progress Report for the period July 2011 to July 2012 (11 July 2012) App III. para. 9, 14–15.

37. Committee on Rules of Procedure of the Legislative Council of the Hong Kong Special Administrative Region, Progress Report for the period July 2011 to July 2012 (11 July 2012) App III. para11–13《議事規則》第 54（1）條：「立法會主席、全體委員會主席或任何常設或專責委員會主席如發覺有議員在辯論中不斷提出無關的地事宜，或冗贅煩厭地重提本身或其他議員的論點，於向立法會或委員會指出該議員的行為後，可指示該議員不得繼續發言。」

38. Committee on Rules of Procedure of the Legislative Council of the Hong Kong Special Administrative Region, Progress Report for the period July 2011 to July 2012 (11 July 2012) App III. para. 23.

憲制權利。[39]同樣，上訴法庭法官張舉能也指出，《基本法》第73條所指的立法角色是以立法會整體而非某個單獨議員一人而言，並援引加拿大案例，指出立法會主席對議員辯論發言問題作出決定屬於議會內部事務（Internal Affairs of the House），《基本法》並不存在保障個別立法會議員拉布權之說。[40]張舉能又指出，在解釋《基本法》時，法院一般傾向於不干涉議會特權。他主張將《立法會議事規則》與《基本法》第72條至第75條結合一併考慮，而第73條的「法律程序」須跟從議事規則；第74條指出議員提出法律草案時須依照法律程序；第75條指出《立法會議事規則》由立法會自行決定，《基本法》並無要求或授權法院對屬於議會內部事務的法律程序進行干涉。[41]

除非出現特殊性質的個案，法院一般不會介入立法機關的內部運作。理論上，在立法會主席認為需要引用第92條時，他應當遵循行政法內適用於行使法定權力的一般原則。該等原則包括公平合理的行事準則，以及考慮相關因素，但不考慮無關事宜。對拉布的反對意見不外乎二者：一、拉布阻礙進度，癱瘓施政，削弱效力；二、民主制度，乃少數服從多數的「多數決」制度，拉布是少數派濫用程序，輸打贏要的無賴行為。不過拉布對於促成健康的民主制度也是有所裨益的。首先，拉布能迫使政府和多數派回應少數派的要求。香港立法會現存的分組點票機制讓多數派幾乎以零成本通過完全不利於反對派的議案。然而拉布可以拖延表決，一項法案的審議時間愈長，其成本就愈高，多數派即使夠票，也難以完全不回應反對派的訴求。其次，若完全限制拉布極有可能嚴重削弱民主制度。從道義上講，拉布的目標

39. *Leung Kwok Hung v. The President of the Legislative Council of the Hong Kong Special Administrative Region*, HCAL64/2012. paras 26, 47–48.

40. *Leung Kwok Hung v. The President of the Legislative Council of the Hong Kong Special Administrative Region*, CACV 123/2012. paras 34–44.

41. *Leung Kwok Hung v. The President of the Legislative Council of the Hong Kong Special Administrative Region*, CACV 123/2012. paras 12–25.

無疑是迫使多數派議員認真看待少數派的意見和利益，發動拉布的議員有責任衡量利益、成本的得失。

香港立法會的議長警察權有明確的法律依據，但還不夠細緻和具體：其一，《基本法》第 72 條賦予了完整的議長職權，但最重要的還不是第（一）到（五）項規定的常規程序主導權，而是第（六）項關於議事規則賦予的其他職權；[42] 其二，《立法會議事規則》第 92 條賦予議長的程序自由裁量權，其中特別載明議長在議事規則無定例時可參照其他立法機關的慣例及程序處理。曾鈺成主席的數次「剪布」行為大體依照上述法律規定。不過這些規定不甚具體，議長是否會有怠惰或濫用職權，均在未定狀態。因此，立法會在未來有必要通過修改議事規則以具體化議長警察權，使相應的規定不僅成為議長的權力依據，同時又不至於徹底廢除對健全民主制度有所裨益的拉布策略，相關方法如讓議會三分之二的議員（或五分之四的議員）同意後可終止辯論，或為議案辯論時間、為修訂議案數量訂下法定限制等這些方法都能公平、有效地限制惡意拉布，讓多數派和少數派能預知拉布的代價，繼續制訂策略，及早談判。當然，修改議事規則必須建立在多數派和少數派達成共識的基礎之上，而不是一部分人為防範或反對另一部分人的權宜策略之舉，因為一經修改的規則日後也會對多數派適用。[43]

（三）議員修正案與議員組別、政治背景之間的關係

雖然直選議席較功能組別的議員更積極提出修正案，而且鑒於香港立法會的憲制性權力有限，功能組別議員提出的訴求亦未必能轉化為政府政策，但功能界別佔據着立法會半壁江山，還在特首選舉委員會扮演着重要角色。選出現任特首的 1,200 名選舉委員會成員中，超過

---

42. 《基本法》第 72 條香港特別行政區立法會主席行使下列職權：（一）主持會議；（二）決定議程，政府提出的議案須優先列入議程；（三）決定開會時間；（四）在休會期間可召開特別會議；（五）應行政長官的要求召開緊急會議；（六）立法會議事規則所規定的其他職權。

43. Lo, P. Y. (2012). "Lai, Bo and other 'Procedural Kills': A Study of Discontent in the Legislative Council," *Hong Kong Law Journal*, 42: 287–303.

表5.3 功能組別、直選議席議員在委員會階段提出的法案修正案（1998–2012）

年份	功能組別		直選議席		選舉委員會		總計	
	次數	百分比	次數	百分比	次數	百分比	次數	百分比
1998–2000	27	34.61%	48	61.53%	3	3.84%	78	100%
2000–2004	14	41.17%	18	52.94%	2	5.88%	34	100%
2004–2008	62	39.24%	97	60.75%	–	–	158	100%
2008–2012	31	2.29%	1,351	97.75%	–	–	1,382	100%
總計	134	8.85%	1,514	81.86%	–	–	1,648	100%

七成（940 名）都是來自這 28 個功能組別。有研究在整理 2005、2007 及 2012 年特首選舉期間的媒體報導後發現，各組別的委員往往會在競選期間向候選人提出有利於自己組別的訴求，如推動組別發展、吸納更多界別代表進入官方機構等，而候選人為了獲得支持，往往也會作出相應的承諾。在對政府 1998 至 2012 年間推行的政策進行分類後，研究者也發現了明顯的界別傾向。約有三成政策面向界別利益，即使除去教育、醫療等有關公眾利益的界別性政策，餘下政策中符合商界整體利益的政策比例仍佔據 20% 左右。[44] 由此可見，若功能組別能在立法會政黨博弈的場域之外影響特區政府政策制訂的話，功能組別並沒有特別的動力，也缺乏機制在立法會中通過提出修正案來影響港府的政策制訂。

---

44. 參見 Ma, Ngok (2015). "The Making of a Corporatist State in Hong Kong: The Road to Sectoral Intervention," *Journal of Contemporary Asian*, 2015: 1–20. 在功能界別制度下，香港各界精英各自為政，向政府提出狹隘的界別訴求，而香港政府似乎也在碎片化地回應這些訴求，與特定界別進行利益交換，缺乏整體發展策略。這不僅導致了社會發展與資源分配的畸形，也破壞了政府的中立性，帶來新的合法性危機。功能界別的問題，也經久不衰貫穿於香港的政改爭拗之中。

表5.4 不同政治派別議員所提出的全體委員會階段修正案的數量（1998–2012）

年份	建制派		民主派		獨立議員		總計	
	次數	百分比	次數	百分比	次數	百分比	次數	百分比
1998–2000	32	41.02%	45	57.59%	1	1.28%	78	100%
2000–2004	1	2.94%	31	91.97%	2	5.88%	34	100%
2004–2008	4	2.53%	154	97.46%	–	–	158	100%
2008–2012	20	1.44%	1362	98.55%	–	–	1382	100%
總計	57	3.45%	1514	96.36%	3	0.18%	1652	100%

由表 5.3 可知，約 8.85% 的委員會階段修正案由功能組別議員提出，而在功能組別議員當中，雖然建制派成員佔據大多數，但大部分提出修正案的功能組別議員為民主派。在第二屆立法會（2000–2004）中，功能組別議員一共提出 14 項修正案，其中有 12 項為民主派議員提出；第三屆立法會（2004–2008）中，功能組別議員共計提出 62 項修正案，其中有 61 項為民主派議員提出；第四屆立法會（2008–2012）中，功能組別議員一共提出 31 項修正案，其中有 18 項為民主派議員提出（見表 5.4）。縱觀整個香港立法會，一個更明顯的分化是，將近 96% 的修正案是由泛民議員提出，只有 3% 左右的修正案由建制派議員提出。[45] 這一結果表明香港立法會中，無論是在功能組別還是直選議席，泛民議員在修正政府法案方面的積極性顯著高於建制派議員。

另外，表 5.3 和 5.4 還間接說明建制派並不會選擇通過提出修正案來實現自己參政議政的目標，以及實現自己在立法會中的影響。由於在立法會中佔據多數，建制派較泛民更具與政府討價還價的實力。建

---

45. 之所以出現極值化的數據分佈，有一個根本原因在於第四屆立法會（2008–2012）期間，出現 2012 年香港立法會拉布事件。這次拉布由政治團體「人民力量」的議員陳偉業和黃毓民發起，是為了反對立法會修訂《議席出缺》草案。他們向立法會提交了 1,306 項修訂，共 2,464 頁，使立法會不得不推遲其他法案的審議。

表5.5 因分組點票機制被否決的委員會階段修正案數目（1998–2012）

年份	因分組點票機制被否決的修正案數目	被否決的修正案數目	百分比
1998–2000	12	76	15.78%
2000–2004	3	34	8.82%
2004–2008	5	158	3.16%
2008–2012	9	1,382	0.65%
總計	29	1,650	1.75%

制派中提出修正案的議員大多為民建聯、自由黨、工聯會。自第二屆立法會起，民建聯和自由黨的領袖均被任命為行政會議成員，民建聯和自由黨在立法會的影響力並沒有衰弱，而是與政府之間愈來愈多的協商是在法案進入到全體委員會審議階段之前即已完成，而法案進入到全體委員會階段所涉及的多為法案委員會階段尚未能解決的事宜需要與政府進一步溝通、協商、妥協。故民建聯和自由黨等親建制派議員並不需要將修正案用作立法會內博弈的武器。此外，建制派中的工聯會等偏向底層草根的議員提出的修正案多偏向勞工、住屋等方面，不過，立法會中親工商陣營的強大，這樣的修正案在法案委員會、小組討論階段都難以獲得政府的妥協。因此建制派缺乏在全體委員會審議階段提出修正案的動力。

（四）決定議員修正案通過的因素與分組點票機制

儘管泛民議員在提出修正案方面熱情高漲，但議員修正案在立法會的通過率卻極低。每一屆立法會僅有零星幾項修正案在分組點票機制下獲得通過。在大多情況下，只要立法會中親政府的建制派議員佔據大多數席位，那麼挑戰政府意志的議員修正案將難以得到通過。考察議員修正案無法通過的因素，除在全體委員會審議階段被投票否決

表5.6 分組點票機制下不同組別否決的不同政治派別議員提出的修正案數目

(1998–2012)

提出正案的議員的政治派別	修正案被直選議席否決的數目	修正案被功能組別否決的數目	總計
建制派	6	7	13
泛民派	0	15	15
獨立候選人	0	1	1

或因違背《立法會議事規則》第 57 (4) 條而被委員會阻止表決外，還有在進入審議階段前立法會主席即已裁決 54 項修正案違背議事規則。分組點票機制通常被批評阻礙了議員修正案的通過。換言之，這種觀點暗示了如果在單一多數制點票下，修正案就有極大可能獲得通過。然而真實的數據表明並非如此。

　　如表 5.5 所示，1998 至 2012 年間進入到全體委員會階段的 1,600 多項修正案中，雖然絕大部分都在分組點票機制下被否決了，但當中只有 29 項修正案是被拒於分組點票機制本身——即若非在分組點票機制下而是在單一多數點票機制下則一定會通過。而且單純因分組點票機制而被否決的修正案多出現在第一屆立法會時期（1998–2000），在後續的立法會運作中，只有零星幾項修正案純粹因此而被否決。這一結果甚至比立法會主席裁決違背議事規則第 57 (4) 條的修正案數目還要少得多。可見，事實上大部分議員修正案並未能獲得立法會大多數的支持，也就是說即使是在單一多數制點票下，這些修正案同樣無法獲得通過。

　　在純粹因分組點票機制被否決的修正案中，有 6 項修正案是被直選議席否決的，23 項修正案是被功能組別否決的（見表 5.6）。根據動議修正案議員的政治派別，發現所有被直選議席否決的修正案均由建制派議員提出，但被功能組別否決的修正案裏面，有 15 項為泛民議員提出，7 項為建制派議員提出，而這 7 項修正案多與民生議題相關。這一統計結果表明立法會的建制派內部亦存在「草根—精英」之間的分歧。

表5.7 分組點票機制下不同組別否決的修正案所涉及的議題（1998-2012）

功能組別所否決的修正案			直選議席所否決的修正案		被否決的修正案
議題		數目	議題	數目	總計
民生問題	勞工問題	8	憲制性事務	4	
	社保問題	2			
	公共設施	6			
	憲制性事務	4	經濟發展	2	
人權問題	種族歧視	2			
	入境事務	1			
總計		23		6	29

　　比較分別被直選議席和功能組別否決的修正案涉及的議題，發現被直選議席否決的多涉及憲制性事務，被功能組別否決的多涉及民生問題。（見表 5.7）由此可見，功能組別的議員更能利用分組點票機制來否決涉及民生議題的修正案；而直選議員則更熱衷於利用分組點票機制來阻擾建制派提出的涉及憲制性事務的修正案。

　　由上述分析可知，雖然分組點票機制確實是一項不公平的投票機制，為議員們修正政府提出的法案造成了巨大困難，但事實上大部分議員修正案並沒有獲得立法會大多數的支持，即使是在單一多數制點票之下，或是建制陣營內部，也存在「草根─精英」的政治分化，尤其是面對民生議題時。根據前述分析已知，議員修正案在直選議席比在功能組別議席更容易獲得通過，直選議席的議員也比功能組別的議員對修正案持更寬容的態度。就功能組別的投票結果來看，建制派提出的修正案通過率比民主派高出許多，僅有 1% 左右的民主派提出的修正案在功能組別中獲得通過，卻有 25% 左右的建制派提出的修正案在功能組別獲得通過；而就直選議席的投票結果來看，建制派提出的修正案通過率和民主派提出的修正案通過率也存在顯著差異。理論上而

表5.8 功能組別、直選議席不同政治派別議員針對議員修正案的投票結果

（1998–2012）

投票結果	功能界別的投票結果			直選議席的投票結果		
	建制派修正案	民主派修正案	獨立議員修正案	建制派修正案	民主派修正案	獨立議員修正案
通過數目	15	2	0	22	235	2
佔派別修正案的百分比	25.86%	0.13%	0	37.29%	14.50%	50%
否決	43	1,584	4	37	1,386	2
佔派別修正案的百分比	74.14%	99.87%	100%	62.71%	85.50%	50%
總計	58	1,586	4	59	1,621	4
	100%	100%	100%	100%	100%	100%

言，兩派提出的修正案在直選議席的通過率應該相若，然而因為 2012 年立法會「拉布事件」，泛民議員提出的一千多項修正案幾乎全被否決，整體上拉低了泛民議員的修正案通過率。

另外，在投票取向上，功能組別的議員在經濟和福利政策方面與直選議員有明顯的差別。以目前的選舉方式選出的立法會可以被視為是部分民主化的代議機關，跟行政機關相比，其更能夠代表民意。港府的策略和實踐在於嚴控立法會議程、邊緣化泛民陣營以削弱立法會的自主性、加速立法會分化。這種策略帶來兩個明顯的影響，一方面是建制派（議會多數）和行政權力的合作，另一方面，立法會的民意代表性危機捉襟見肘，立法會的泛民主派利用程序，努力與市民社會的街頭政治聯合，以致立法會內部削弱民意代表性的功能組別會遭遇來自外部的反對和瓦解。

第六章

香港立法會動議辯論權與行政—立法關係

❖❖❖❖❖❖❖❖❖❖❖❖❖❖❖❖❖❖

一、立法會議員動議、修正動議的規限及爭論

　　凡須由立法會決定的事項，均列於每次立法會會議的議程內，並以通過議案的方式作出決定。議案是呈交立法會做決定的提案。議案的擬訂方式，應是其一但獲得通過，即成為立法會的決定，除非獲立法會主席許可，以議案的形式撤銷該項決定，否則在同一會期內，不得再討論該項決定。[1]立法會所做的決定，其性質和後果各有不同，當中具有法律效力，而政府必須按照《基本法》第64條予以實施的決議；[2]亦有立法會為自我規管而作出的命令，例如根據《立法會議事規則》對某議員施加處分的議案，或為規管立法會的會議程序而制訂規則或作出臨時命令的議案。立法會的決定也可被視作一種意見表達，雖然對個別議員沒有約束力，但若議案獲得通過，便可就立法會通過的某一特定立場或觀點而向政府施壓。按照一般的規則，須由立法會作

---

1. 《香港特別行政區立法會議事規則》第32（1）條：「凡立法會已對某一議題作出決定而該議題是以通過的方式作決，則在同一會期內，不得就該議題再行動議議案，但如獲立法會主席許可，則可動議議案，會議撤銷該項決定。」

2. 《香港特別行政區立法會議事規則》第85條：「任何議員如不遵從本議事規則第83條（個人利益的登記）、第83A條（個人金錢利益的披露）、第83AA條（申請發還工作開支或申請預支營運資金）或第84（1A）條（在有直接金錢利益的情況下表決或退席），可由立法會借訓誡或譴責，或暫停職務或權利的議案加以處分。」

決的議案是可予辯論的，[3] 目的在於借商議過程，立法會可更透徹地了解有關事宜的利弊得失，從而能夠在最佳環境下就事宜作出決定。議案通常可予以修正，除非議案本身是另一項議案的附屬議案，而該類議案按一般規則屬不可修正的議案。[4]

在其他奉行普通法的司法管轄區的立法機關，議案通常分為實質議案和附屬議案，以反映議案的不同性質，而《香港特別行政區立法會議事規則》即使未作如此區分，但這兩種議案亦見於議事規則內。實質議案是一個獨立完整的議案，內容是以可表達立法會決定的方式擬訂，如修訂《立法會議事規則》第 29（2）條提及的附屬立法或任何立法文書的議案、延展《立法會議事規則》第 29（3）條提及的附屬法例的審議期的議案、旨在修訂《立法會議事規則》、委任專責委員會、授權某委員會行使傳召證人的權力的議案、不擬具立法效力但為便利就某項公共事務進行辯論而動議的議案，以及各項程序議案，這些議案一般均可修正，除非《立法會議事規則》另有規定；「附屬議案」一詞並未見於《立法會議事規則》。不過在其他採用英國議會模式的立法機關，通常在其程序常規中廣泛採用。[5] 由於受制於《基本法》第 74 條對議員提出私人草案的規定（凡涉及公共開支、政治體制和政府運作者，

---

3. 如果事項不容辯論，《香港特別行政區立法會議事規則》便須如此訂明，如《香港特別行政區立法會議事規則》第 53（2）條：「法案首讀時，不得進行辯論。」

4. 例如「現即二讀法案」的議案，根據議事規則第 54（6）條不得修正。在議事規則內，有些議案並非附屬議案，但不可修正，包括內容以訂明措施擬寫的議案，或特別為施行《基本法》某些條文而動議的議案，例如取消議員資格的議案，就重議行政長官發回的法案的議案，以及察悉內務委員會有關研究附屬法例及其他文書的報告的議案。參見議事規則第 49 條、第 66 條等。

5. 例如在英國下議院，附屬議案包括：附帶議案，如動議現即二讀法案的議案；取代辯論中議題的拖延議案，如動議辯論中止待續的議案；從屬其他議案的議案，如修正案。加拿大下院中從屬某些其他會議程序或另一議案的附屬或附帶議案，以及可較辯論中的原議案優先處理的特權議案。修正案或取代議案（如動議辯論中止待續或休會待續的拖延議案），都是特權議案。同樣，香港立法會的附屬議案包括：1、根據《議事規則》第 29（2）及（3）條就實質議案動議修正案、就其他實質議案動議的修正案、可予修正、根據《議事規則》第 57 條就法案動議修正案；2、從屬另一議案的附帶議案；3、中斷及取代辯論中議題的拖延議案。參見《香港特別行政區立法會歷史、規則及行事方式參考手冊》，第 10 章議案。

均要先得到行政長官批准，才可呈上立法會），立法會議員提出法案的能力大受制約，故相對「無拘無束」的議案動議和修訂，較前一章議員提出法案權力的分析，更能體現立法會內功能組別與直選議席議員的表現和立法會內政黨政治的鬥爭與互動。本章擬就最能體現立法制衡行政的「不具立法效力但針對某項公共事務進行辯論而動議的議案」進行分析。

（一）議員動議、修正動議的限制

20 世紀 80 年代中期，動議權才被議員們頻繁使用，也成為當時立法局內部最廣為使用的一項權力。雖然動議不具法律效力，但議員可以明確表達自己的觀點並要求政府有所作為。[6] 由於政府必須針對議員的動議作出書面回應，立法會也必須為議員動議的議案投票作表決，所以動議不僅可以提高議員監督和影響政府的能力，同時也為政府提供政策反思的機會。如果議案在立法局得到多數支持的話，政府也必須就此作出一定的妥協；如果政府面對議員的動議，拒絕改變自己的政策，議員也可就相關議題提出法律草案。學者 Norman Miners 曾指出，政府雖然承諾會慎重考慮議員提出的議案，但議員議案幾乎不會導致重大的政策變化。[7] 通過前一章對香港立法會議員提出法案權力的分析，我們可以發現雖然議員可以提出法律草案或者對政府提出的法案進行修正，但這種提案權受到《基本法》第 74 條和《立法會議事規則》第 51（3）及（4）條的極大掣肘，導致議員提出法案的功能僅限於對政府政策作出被動回應，而不能主動創設或者試圖改變政府政策。同樣，《立法會議事規則》第 31 條及 32 條對議案和議案的修正也作出了相應的限制：

---

6. See Cheek-Milby, Kathleen (1996). *A Legislature Comes of Age*. Hong Kong, Oxford and New York: Oxford University Press. p. 154.

7. Miners, N. (1994). "The Transformation of the Hong Kong Legislative Council 1970–1994: From Consensus to Confrontation," *Asian Journal of Public Administration*, 16(2): 224–248.

　　限制一：《立法會議事規則》第 31（1）條：「立法會主席或全體委員會主席如認為任何議案或修正案的目的或效力可導致動用香港任何部分政府收入或其他公帑，或須由該等收入或公帑負擔，則該議案或修正案只可由以下人士提出 ——（a）行政長官；或（b）獲委派官員；或（c）任何議員，如行政長官書面同意該提案。」

　　限制二：《立法會議事規則》第 31（2）條：「如有議員就某項不擬具立法效力的議案（不屬由獲委派官員提出的議案）作出預告，而該議案的主題與下述議案、法案或事宜的主題實質相同 ——（a）擬具立法效力的議案或法案，該議案或法案較早時已作出會在某次立法會會議上提出的預告；或（b）常設委員會、專責委員會或或立法會授權對某事宜進行調查的委員會正在審議的事宜。立法會主席須因其認為不合乎規程，指示將該預告退回簽署該預告的議員。」

　　限制三：《立法會議事規則》第 32 條：「凡立法會已對某一議題作出決定而該議題是以通過的方式作決，則在同一會期內，不得就該議題再行動議議案，但如獲立法會主席許可，則可動議議案，以撤銷該決定。凡立法會已對某一議題作出決定而該議題是以不通過的方式作決，則在同一會期內，不得就該議題再行動議議案。」

　　限制一中，「公帑負擔的效力」與議員對法律草案進行修正的限制相同，但這項限制很少作為立法會主席針對動議所做的裁決理由。1998 至 2016 年間，立法會主席對動議及其修正案的裁決中，大部分動議及修正案都被否決了，其他的被要求作出相應的調整，或僅僅提交符合議事規則的部分內容。立法會主席作出否決或調整裁決的理由一般如下：

　　第一，影響正常的立法程序。2003 年，時任立法會主席在裁決時任議員何俊仁就審議《國家安全（立法條文）條例草案》提出的議案時指出，「立法會若就議案提出的焦點進行辯論，會剝奪法案委員會的正常職能，以及對《議事規則》列明的立法程序造成混亂。」【8】

---

8. 立法會主席就何俊仁議員擬在 2003 年 5 月 21 日立法會會議席上就審議《國家安全（立法條文）條例草案》提出的議案作出的裁決，第 12 段。

第二，不宜由立法會裁決的事宜。在裁決涉及中央政府，全國人大或全國人大常委會的動議時，立法會主席認為，「立法會辯論的議案中有針對人大常委會本身特性或人大常委會依法作出的行為進行指控的語句，並有可能貶低其在市民心目中的形象，若立法會就此辯論是不符合規程的」。[9]

第三、涉嫌干擾司法獨立。2008 年，時任立法會主席在裁決時任議員湯家驊就「修例開放民間電台」議案的修正案作出修正動議時，指出「立法會所辯論的議案或修正案的措辭包含了預期法庭就某宗有待審理的案件如何判決，是不適宜的，因為這有可能會誤導公眾認為立法會試圖干預司法獨立」。[10]

第四、涉及行政機關的許可。就李卓人議員動議「七一遊行」，立法會主席指出，若未能信納有關的遊行已符合法律規定，便不會批准將議案納入立法會議程，立法會不應當呼籲市民加入一些未符合法律規定而舉行的活動。[11]

第五、議案所涉議題此前已被立法會否決。2003 年，時任立法會主席在裁決時任議員楊森針對「支持中產」議案的修正時指出，根據《立法會議事規則》第 32（2）條的規定，考慮該議案是否與立法會在

---

9. 相關動議包括：立法會主席就李柱銘議員擬於 2004 年 5 月 5 日立法會會議席上對馮檢基議員就「要求行政長官向人大常委會提交補充報告」所提議案作出的修正案所做的裁決，第 24 段。相關動議如：李柱銘議員動議「全國人大常委會濫用職權，認為 2007 年特首選舉和 2008 年立法會直選損害基本法，忽視了香港人為民主的努力，同時嚴重損害『一國兩制』和香港的高度自治，議員強烈譴責了此種行為，並鼓勵香港人民繼續為民主而努力」；何俊仁議員動議「全國人大常委會的決定違『一國兩制』和『高度自治』的基本原則。全國人大常委會的決定完全忽略了香港人民為民主作出的努力；議員表達了對決定的遺憾與不滿，同時號召香港人民繼續為民主而努力」；李卓人議員動議「在對香港憲制性事務作出決定時，完全沒有諮詢香港人民的觀點全國人大常委會損害了基本法『一國兩制』的基本原則，損害了香港特別行政區的高度自治，影響了港人對『一國兩制』的信心」；梁耀雄議員動議「不接受全國人大常委會對基本法第 53 條關於行政長官任期的解釋。議員建議全國人大取消 2004 年 4 月 26 日關於 2007 年行政長官和 2008 年立法會直選的決定，此舉為剝奪了香港人民的高度自治權，同時要求全面落實普選」等。

10. 立法會主席就湯家驊議員擬於 2008 年 1 月 23 日立法會會議席上，就陳鑑林議員對涂謹申議員「修例開放民間電台」議案所提修正案作出的修正案所作的裁決，第 4 段。

11. 李卓人議員擬於 2004 年 6 月 9 日立法會會議席上就「七一遊行」提出的議案。

同一時期曾被否決的一個議題有關。倘若擬提出的議案的措施與一項先前已經作決的議題的議案在實質上相同，則很有可能將此議案視為第 32（2）條所不能接納的。[12]

第六、如果對動議的修正超出了原動議的範圍。

這些裁決反映出立法會主席努力通過裁決來廓清議員的權利與特權，既能維護議員的言論自由，又能尊重全國人大常委會等國家機構。不過在裁決中，立法會主席也盡量避免對敏感的政治問題作出判斷。

（二）規限的相關爭議：《基本法》第 74 條是否適用於議案

在第一屆立法會候任議員草擬議事規則以供立法會在 1998 年 7 月 2 日舉行的首次會議上通過期間，有關《基本法》第 74 條是否適用於立法會審議的議案或議案及法案的修正案，曾引發規模不小的爭議。

1.　候任議員的觀點。當時的候任議員了解到《基本法》第 74 條所規定的限制，並同意須再行研究該條文的適用範圍。為了使立法會可即時運作，候任議員同意，就《基本法》第 74 條的規定而言，《立法會議事規則》第 51（3）及（4）條規管提交法案事宜的條文已經足夠了。候任議員也同意，《立法會議事規則》應納入有關提出具有「由公帑負擔的效力」的議案、議案及法案的修正案的規定，以在不抵觸《基本法》的情形下，適當地平衡立法會議員提出立法措施的權力。

2.　律政司的觀點。時任律政司法律政策專員提出律政司的意見，認為《基本法》第 74 條不應只涵蓋法案，同時應涵蓋法案的任何修正案，但不應適用於議員動議的議案。然而，鑒於行政長官在《基本法》第 48 條第（10）項下的職權，法律政策專員認為，某項議案是否屬於第 48 條第（10）項規定的「有關財政收入或支出」的範圍，應由行政長官來決定。

---

12. 立法會主席就楊森議員擬於 2003 年 12 月 10 日立法會會議議席上對朱幼麟議員就「支持中產」所提議案作出的修正案所作的裁決。

3.　立法會議事規則委員會的觀點。議事規則委員會經研究《基本
法》提及的「法案」、「議案」及「對政府法案的修正案」時所
用的詞句後，認為《基本法》適用的詞語已經相當清晰。《基本
法》第 74 條並無訂明應由誰來決定某項議案或法案是否屬於第
48 條第（10）項或第 74 條各自涉及的範圍。假如《基本法》起
草委員會的意思是由行政長官作出該決定，如此重要的規定應
該通過法條明文載述。委員會認為，把每項法案、議案及修正
案提交行政長官作出裁定，不但會擾亂行政機關與立法機關之
間的適當制衡，也會嚴重影響立法會的日常運作。考慮到《基
本法》所規定的行政機關、立法機關和司法機關的權力，以及
三者之間的關係，任何人（包括政府）因立法會主席的裁定而
感到委屈或認為立法會有違法之嫌，可尋求司法覆核。

在實踐中，政府並沒有就議事規則委員會的意見作出任何實質性
反駁，但每當立法會請政府就某項全體委員會審議階段修正案提出意
見，而政府如認為有關修正案屬《基本法》第 74 條的涵蓋範圍，均一
貫重審前述保留的立場。【13】

二、立法會議員的動議分析

（一）立法會議員提出議案及修正議案的通過情況

議員動議的通過率較議員對法案提出的修正案的通過率高，造
成這種差別的原因在於動議的內容和效力。就內容而言，動議作為公
共表達、公共辯論的一種方式，對具體政府政策的建議較為寬泛，不
如法案中的用語具體明確。除非立法會想試圖通過提出動議來改變或

---

13. 前述各方意見詳細記載於 1998 年 7 月 24 日內務委員會會議文件 議事規則委員會《基本法》第
　　74 條所規定處理議員提出的法律草案的程序及《基本法》第 48（十）條的詮釋。立法會 CB（1）
　　45/98–99 號文件。

表6.1 議員提出議案的通過情況（1998-2016）

年份	通過		否定		撤銷		總數	
	數量	百分比	數目	百分比	數量	百分比	數量	百分比
1998-2000	88	67.69%	41	31.54%	1	0.77%	130	100%
2000-2004	157	72.69%	59	27.31%	0	0	216	100%
2004-2008	167	71.37%	67	28.63%	0	0	234	100%
2008-2012	154	72.64%	58	27.36%	0	0	212	100%
2012-2016	75	58.59%	53	41.41%	0	0	128	100%
總計	641	69.67%	278	30.22%	1	0.11%	920	100%

反對現行的政府政策，否則動議也較少面對立法會大多數和政府的詰難；就效力而言，一項成功的動議所形成的決定並不必然具有立法的效力，也不能立刻推動政府對之加以執行。正因如此，建制派議員在對動議進行投票時並無太多疑慮或擔心，而針對法案的修正案則不然，因為一旦通過即可成為法律。而在議案的基礎上，議員們對議案提出的修正也愈來愈多。一般而言，議員對動議的修正要麼是對原來的動議作出實質修正，要麼對原動議的表述作輕微更改。無論是哪一種修正，都旨在促進對議題的進一步辯論和投票，本質在於提供更多的政策選擇以激起更深刻的公共關注，從而達成立法會的合意。

表 6.1 為 1998 至 2016 年五屆立法會期間，議員提出議案的數量、通過的議案、否定的議案以及撤銷的議案的情況。前三屆立法會期間（1998 至 2008 年），議員提出議案的數量及通過的議案的數量逐年上升，議案的通過率均超過六成。不過，從第四屆立法會開始，議員提出議案的數量和通過的議案的數量開始減少，第五屆立法會期間（2012-2016），議案數量減少至 128 個，與前三屆立法會相比，幾乎減少了一半，議案通過率也滑落至 58.59%。雖然總的提案數量劇減，但被否定的議案數量卻並未減少，導致議案的否定率上升至 41.41% 的最高值。

表6.2 議員提出的議案修正案數量及通過情況（1998–2016）

年份	修正案的數量	通過的 修正案數量	通過率	每項議案的 平均修正案數量
1998–2000	98	28	28.57%	0.75
2000–2004	189	79	41.79%	0.87
2004–2008	408	188	46.07%	1.74
2008–2012	606	329	54.29%	2.85
2012–2016	609	238	39.08%	4.73

　　表 6.2 為 1998 至 2016 年五屆立法會期間，議員提出的修正案數量、通過的修正案數量以及每項議案的平均修正案數量的情況。表 6.3 為五屆立法會期間，經修正通過的議案數量和未經修正通過的議案數量的情況。在第一屆立法會時，每項議案約有 0.75 項修正案；到第三屆立法會之時，每項議案約有 1.7 項修正案；第四屆立法會時，每項議案約有 2.8 項修正案，並且修正案的通過率一路上升，由 28.57% 上升至 54.29%。同時，也有愈來愈多的議案是伴隨着議員不斷對之提出修正而通過的。在第一屆立法會時，有 25 項議案是伴隨修正案而通過，而到第三屆立法會時，有 110 項議案伴隨修正案而通過。雖然從第四屆立法會開始，議員提出議案的數量和通過的議案的數量開始減少，但在第五屆立法會期間，議員修正案的數量達到最高值，議員總共提出 609 項議案，平均每項議案的修正案數量達到 4.73 項，經修正通過的議案數量高達 84%，這說明立法會議員愈來愈不熱衷於盲目提出議案，而更加注重提出有質量的議案，並在已有議案的基礎上不斷修正以獲得議案的通過。

　　圖 6.1 為 1998 至 2016 年五屆立法會期間，建制派議員、民主派議員和獨立議員提出議案的通過率情況，其中建制派議員和泛民派議員提出的動議在數量上相若（建制派共提出 460 項議案，泛民派共提出

表6.3 通過的議案的具體情況（1998-2016）

年份	經修正通過的議案數量		未經修正即通過的議案數量		總計	
	數量	百分比	數量	百分比	數量	百分比
1998-2002	25	28.41%	63	71.59%	88	100%
2000-2004	65	41.40%	92	58.60	157	100%
2004-2008	110	65.87%	57	34.13%	167	100%
2008-2012	127	82.47%	27	17.53%	154	100%
2012-2016	63	84%	12	16%	75	100%
總計	327	57.77%	239	42.23%	566	100%

圖6.1 不同政治派別的議員提出議案的通過率（1998-2016）

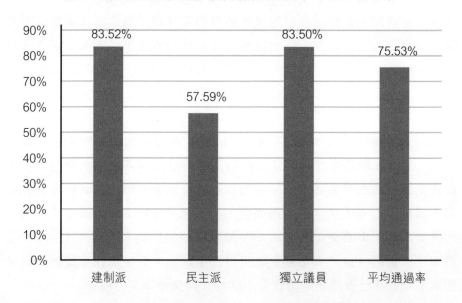

表6.4 根據議題劃分的議員修正案通過情況（1998–2016）

議題	否決		通過		撤銷		總計	
	數量	百分比	數量	百分比	數量	百分比	數量	百分比
憲制性事務	62	93.94%	4	6.06%	0	0	66	7.17%
人權	17	65.38%	9	34.62%	0	0	26	2.83%
稅費、財政	12	22.64%	41	77.36%	0	0	53	5.76%
司法、法律	22	38.60%	35	61.40%	0	0	57	6.20%
環保	9	16.98%	44	83.02%	0	0	53	5.76%
公共服務	12	17.65%	56	82.35%	0	0	68	7.39%
內政	19	24.36%	59	75.64%	0	0	78	8.48%
廣電	7	31.82%	15	68.18%	0	0	22	2.39%
安全	1	10.00%	9	90.00%	0	0	10	1.09%
民生	77	27.02%	208	72.98%	0	0	285	30.98%
經濟、發展	21	13.73%	131	85.62%	1	0.65%	153	16.63%
其他	19	38.78%	30	61.22%	0	0	49	5.33%
總計	278	30.22%	641	69.67%	1	0.11%	920	100%

338 項議案，獨立議員提出 122 項議案），但泛民議員提出的議案通過率顯著低於建制派議員和獨立議員，後兩者的通過率分別達到 83.52% 和 83.50%，而泛民派議員議案的通過率僅為 57.59%。這一結果也與立法會議員的分佈狀況相吻合，建制派和獨立議員佔據了立法會大部分議席。

表 6.4 為根據議題對議案進行劃分，涉及各類議題的議案通過、否定、撤銷的數目所佔比重的情況，其中民生議案是議員普遍提出的議案，其次為經濟發展、憲制性、環保、稅費財政、公共服務、內政事務類議案等，而議案的平均通過率高達 71.09%。在通過的議案中，除

表6.5 不同組別議員提出的議案數量（1998–2016）

年份	功能組別		直選議席		選舉委員會		總計	
	數量	百分比	數量	百分比	數量	百分比	數量	百分比
1998–2000	64	49.23%	50	38.46%	16	12.31%	130	100%
2000–2004	89	41.20%	110	50.93%	17	7.87%	216	100%
2004–2008	94	40.17%	140	59.83%	–	–	234	100%
2008–2012	96	45.28%	116	54.72%	–	–	212	100%
2012–2016	64	50%	64	50%	–	–	128	100%
總計	407	44.24%	480	52.17%	33	3.59%	920	100%

表6.6 不同組別議員提出的不同議題的議案數量（1998–2016）

議題	功能組別		直選議席		選舉委員會		總計	
	數量	百分比	數量	百分比	數量	百分比	數量	百分比
民生	122	42.81%	157	55.09%	6	2.11%	285	100%
經濟發展	95	62.09%	49	32.03%	9	5.88%	153	100%
環保	21	39.62%	27	50.94%	5	9.43%	53	100%
憲制事務	4	6.06%	62	93.94%	0	0	66	100%
財稅	26	49.05%	27	50.95%	0	0	53	100%
人權	5	19.23%	21	80.77%	0	0	26	100%
內政	31	39.74%	41	52.56%	6	7.69%	78	100%
公共服務	32	47.06%	33	48.53%	3	4.41%	68	100%
司法法律	27	43.37%	29	50.88%	1	1.75%	57	100%
廣電資訊	8	36.36%	14	63.64%	0	0	22	100%
安全	7	70%	3	30%	0	0	10	100%
其他	29	59.18%	17	34.69%	3	6.12%	49	100%
總計	407	44.24%	480	52.17%	33	3.59%	920	100%

了涉及憲制性事務和人權事務的議案通過率較低之外，其他各項議案的通過率均超過五成。

（二） 功能組別、直選議席、不同政黨派別議員提出的動議

表 6.5 為立法會功能組別、直選議席、選舉委員會在歷屆立法會中提出議案的數量情況。數據顯示，功能組別提出的議案數目雖逐年遞增，但增長幅度較小，至第五屆立法會時，提案數量略有回落。不過就提出議案所佔當屆立法會議案的比重而言，第一屆立法會，將近49.23% 的議案由功能組別提出；到第二屆和第三屆立法會之時，只有41.20% 和 40.17% 的議案由功能組別提出，此時功能組別的議席一直穩定在 30 席；至第五屆立法會，有 50% 的議案由功能組別提出，直選議席的席位由 1998 年的 20 席增加至 2004 年的 30 席，直到 2004 年，功能組別和直選議席才獲得相同數量的席位。到第三屆立法會之時，直選議席提出了將近六成的議案。至第四屆、第五屆立法會之時，直選議員提出議案的比重有所回落。這些數據從整體上揭示出功能組別的議員在提出議案方面的積極性不如直選議席議員，只有到第五屆立法會，功能組別和直選議席兩者在提出議案上積極性旗鼓相當。

表 6.6 顯示的功能組別和直選議席議員提出的涉及各議題的議案數量及其所佔比重，其中兩個組別提出最多的議案是關於民生和經濟、發展議題的，其次為環保、憲制性事務、稅費、財政、公共服務等議題。儘管功能組別的議員在提出議案方面不如直選議席的積極，但在經濟發展和安全兩項議題上，比直選議席的更積極。在其他議案中，包括致謝議案和立法會程序性議題方面的議案，功能組別也比直選議席更積極提出議案。

圖 6.2 展示了功能組別內部不同界別議員提出的議案數量，其中提出議案數目最多的兩個界別是航運交通界和勞工界。勞工界的議案較多跟該界別可選出三位議員有關。而航運交通界議員劉建儀自第一屆立法會開始，一直連任該界別議員。她是自由黨內較為活躍的成員，並自 2003 年起一直擔任立法會內務委員會主席，她提出的 30 個議案

圖6.2 功能組別內部不同界別議員提出的議案數量（1998-2016）

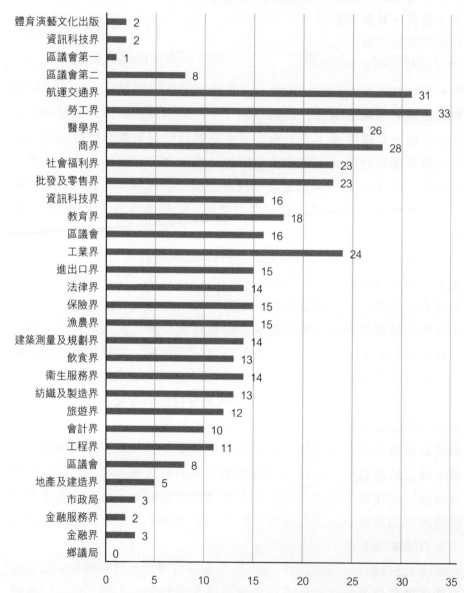

多是關於立法會運作的程序性事宜。其他提出議案較多的界別有醫學界、商界、社會福利界、批發零售界、資訊科技界、教育界等，這些界別相對而言擁有較多的選民，以 2008 年立法會選舉為例，這六個界別共擁有五千多登記選民，平均每個界別的登記選民將近一千人。相比，金融界、鄉議局和金融服務界迄今幾乎未提出過議案，而金融界和鄉議局的登記選民不超過 200 人，金融服務界的登記選民不超過 580 人，其中大多數為聯合選民。

就功能組別議員提出的涉及經濟、發展等議題的議案而言，其中自由黨、民建聯及早餐派（2004 年之前稱「泛聯盟」，2008 年之後改稱為「專業會議」）提出了將近七成的議案，這三個政治派員的議員約佔據了功能組別議席的一半，可以說功能組別中，主要的建制派政黨更關心經濟、發展議題並對此提出議案。就民生議題而言，功能組別提出了 42.01% 的議案，並且主要是由民主黨議員和公民黨議員，以及其他具有民主傾向但不屬任何政黨派別的獨立議員提出，而他們在功能組別中佔據的席位較建制派少得多，此外剩下的民生議案則主要由自由黨、早餐派、民建聯或者工聯會議員提出。

數據雖然顯示出功能組別議員比直選議員更關心經濟發展議題，但這並不必然說明在整體上「親工商」的功能組別更加關心經濟發展。就提出議案議員的政治派別而言，自由黨、民建聯和早餐派的議員更多的是通過動議辯論的方式來影響甚至形成政府政策的，而其他沒有政黨背景的議員在功能組別中的表現則相對沉默。因此功能組別中的自由黨、民建聯等議員相對積極的議會表現更多得益於香港政黨政治的發展，而非單純的功能組別「親工商」的特性；另外，如表 6.7 所示，自由黨議員相對於民建聯議員提出了更多涉及民生議題的議案；相反，就民建聯自身而言，其提出更多的是涉及經濟發展的議案。這說明即使是建制派陣營內部，也在盡力尋求促進香港經濟發展和造福

香港民生的「中間道路」，[14]從而在某種程度上避免外界輿論賦予的「親工商」或「親草根」的刻板公眾印象。另外，早餐派和自由黨的議員所提出的民生類議案某種程度上也可能矯正外界輿論針對其「罔顧民生」的批評，而 2008 年自由黨內部的分裂事件也反映出親工商陣營的政黨內部存在「草根—精英」路線分歧。

總體而言，功能組別議員在提出議案方面上雖不如直選議員積極，但這並不能從整體上否認擁有更多登記選民的部分界別議員和功能組別中的部分具有政黨背景的議員積極履行其監督政府的責任。與直選議席提出更多民生議案相比，功能組別議員提出的更多是關於經濟發展議題的議案，但功能組別中具有政黨背景的議員的積極表現更多是基於其政黨背景和政治責任而非功能界別「親工商」的身份特徵，否則難以解釋前文中提到的「自由黨議員相對於民建聯議員更多地提出了涉及民生議題的議案，相反，就民建聯自身而言，其更多地提出的是涉及經濟發展的議案」。這也印證了學者陸恭蕙等的研究，即功能組別代表着部門利益這一說法是非常狹隘的，當政策事宜與部門利益無關時，功能組別通常會缺席審議，或者跟隨政黨利益來投票，又或者根據政府利益來投票，而關於功能組別的原始假設「功能組別代表部門利益」在某些情況下因缺乏足夠證據而不完全成立。[15]

（三）分組點票機制對議案通過的影響

1998 至 2016 年，五屆立法會期間，共有 93 件議案遭分組點票機制否決，但分組點票機制否決的議案數量呈現逐年遞減的趨勢，至第五

---

14. 「中間道路」對於自由黨而言並非易事，2008 年立法會選舉中，有四位前自由黨成員脫離，新成立「經濟動力」，「經濟動力」成為比原自由黨更加保守的政治派別。這種選舉進程中的分歧反映出政治團體內部難以就政治路線達成共識。

15. Kwok, Rowena Kwok and Chow, Chiu-tak (2006). "The Dynamics of Social Policy-making in Hong Kong: The Role of Functional Representatives (1998–2004)," in *Functional Constituencies: A Unique Feature of the Hong Kong Legislative Council*, Loh, Christine and Civic Exchange eds. Hong Kong: University of Hong Kong Press. pp. 199–264.

表6.7 功能組別內部不同政黨派別議員提出的經濟發展、
民生類議案的情況（1998–2016）

政治派別	經濟與發展類議案		民生類議案	
	數量	佔同類議案的百分比	數量	佔同類議案的百分比
自由黨	30	38.46%	16	16.00%
早餐派／泛聯盟／專業會議	5	6.41%	6	6.00%
香港協進聯盟	5	6.41%	0	0
工聯會	2	2.56%	13	13.00%
民建聯	14	17.94%	10	10.00%
經濟動力	6	7.69%	2	2.00%
其他親建制的獨立議員	14	17.94%	12	12.00%
民主黨	1	1.28%	21	21.00%
公民黨	0	0	0	0
前線、人民力量	0	0	1	1.00%
勞工黨	0	0	4	4.00%
勞工社團聯會	0	0	4	4.00%
其他親民主的獨立議員	0	0	6	6.00%

屆立法會時才有所上升。第一屆立法會期間，被分組點票機制否決的
議案數量佔當屆立法會被否決議案總數的 39.02%，直到第四屆立法會
之時，遭分組點票機制否決的議案數量下降至佔當屆被否決議案總數
的 20.69%。這也印證了前述表 6.2、6.3 所反映的情況，立法會議員愈來
愈不熱衷於盲目提出議案，而更加注重提出有質量的議案，並在已有
議案的基礎上不斷修正以獲得議案的通過，同時也說明了立法會功能
組別和直選議席的分歧在縮小。不過至第五屆立法會，被分組點票機
制否決的議案比重回升至 32.07%，其中功能組別只運用分組點票機制

表6.8 被否決的議案中因分組點票機制而遭否決的議案數量（1998–2016）

年份	因分組點票機制而被否決的議案		被否決的議案	
	數量	百分比	數量	百分比
1998–2000	16	39.02%	41	100%
2000–2004	23	38.98%	59	100%
2004–2008	25	37.31%	67	100%
2008–2012	12	20.69%	58	100%
2012–2016	17	32.08%	53	100%
總計	93	33.45%	278	100%

表6.9 不同政黨派別議員提出的被功能組別否決的議案數量（1998–2016）

政黨派別	被功能組別否決的議案	被直選議席否決的議案
建制派	21	29
泛民派	38	1
獨立議員	0	4
總計	59	34

否決了 6 項議案，而直選議席運用分組點票機制否決了 11 項議案，這也是歷屆立法會中，直選議席第一次使用分組點票機制否決議案的次數超過功能組別。這一事實扭轉了過去人們慣常認為的「功能組別利用分組點票行使『少數否決權』」的印象。客觀而言，分組點票機制在香港立法會既能為功能組別所運用，亦能為直選議席所掌握。不過，功能組別運用分組點票機制否決的議案數量逐漸減少，至第五屆立法會時，僅 6 項提案被功能組別運用分組點票機制否決。

在分組點票機制下，有的議案是被功能組別否決的，有的議案則是被直選議席否決的。進一步分析，93 項議案中有 59 項議案是被功能組別否決的，34 項議案是被直選議席否決的。這一數據揭示出功能

表6.10 功能組別否決的不同政治派別議員提出的不同議題的議案（1998-2016）

議題	建制派議員提出的議案	泛民派議員提出的議案	總計
憲制性事務	0	0	0
人權	1	1	2
稅費、財政	1	3	4
環保	0	1	1
司法、法律	3	2	5
經濟、發展	0	3	3
民生	14	25	39
公共服務	0	0	0
內政	2	2	4
廣播	0	1	1
安全	0	0	0
其他	0	0	0
總計	21	38	59

組別的議員更能使用分組點票機制否決議員的提案，並且功能組別不僅僅是否決民主派議員提出的議案，同樣也否決建制派議員提出的議案，其中功能組別共否決了 21 項建制派提出的議案和 38 項民主派提出的議案。而直選議席否決的議案中，有 29 項是建制派議員提出的和 4 項為獨立議員提出的。故跟直選議席的否決情況比起來，功能組別的否決情形難用提案議員的「政黨背景」因素加以解釋。

　　表 6.10 通過對功能組別、直選議席運用分組點票機制否決的議案議題進行分析，發現功能組別否決的 59 項議案中，有 39 項議案涉及民生議題，其他的議案則涉及人權、稅費財政、司法、法律、經濟發展等。功能組別否決的建制派議員提案，有 14 項涉及民生，其他的分別涉及人權、稅費財政、內政事務等。事實上提出這 14 項議案的建制派議員都來

表6.11 直選議席否決的不同政治派別議員提出的不同議題的議案（1998–2016）

議題	建制派議員提出的議案	泛民派議員提出的議案	獨立議員提出的議案	總計
憲制性事務	0	0	0	0
稅費、財政	2	0	2	4
民生	6	1	0	7
司法、法律	2	0	0	2
內政	2	0	1	3
經濟、發展	8	0	0	8
其他	0	0	10	10
總計	20	1	13	34

自民建聯或工聯會，這兩個政團通常被認為是屬於「草根陣營」。這一結果説明分組點票機制被功能組別更多用來否決民生類議案，並且議案的議題性質比議員的政黨背景（或意識形態）更能影響到功能組別的表決行為。而直選議席否決的 34 項議案，最多的為致謝議案，其餘被否決的議案涉及經濟發展、民生、稅費財政、司法法律、內政事務等。

《基本法》附件二規定的表決議案及法案的程序，對政府議案有利，對議員議案不利。政府提出的議案只需要獲得出席會議的全體成員的過半票數即為通過。不過，議員的個人提案和對政府法案的修正案均須經分組投票，即分別由分區直接選舉、選舉委員會選舉產生的議員（第一組），以及功能組別選舉產生的議員（第二組）兩組出席會議投票。兩組投贊成票的分別超過出席率的一半方為通過。很多時候政府只需游説個別功能組別，便能阻止一個議員提案的通過。因此，在分組點票機制下，代表少數利益的功能組別議員，有能力否決代表大多數市民利益的地區直選議員所提出的議案，造成「少數否決多數」的不公平情況。更甚的是，被功能組別議員利用「少數否決權」否決的議案中，不少都是涉及促進社會公平、改善低下階層生活的議案，其

中包括公平競爭法、全民退休保障、公屋免租及減稅、人口老齡化及扶貧等議題。如曾先後在 2004 年 10 月、2005 年 11 月及 2006 年 11 月進行討論的支持設立最低工資議案，即使獲得的贊成票遠比反對票、棄權票多，也由於無法獲得工商界的功能團體議員的支持，有關議案最終在分組點票機制下被否決。在 2008 至 09 年度的立法會記名投票的議案中，亦有《回購領匯股份》及《協助基層勞工抗衡經濟逆境》兩項有關民生、經濟的議案被功能組別通過分組點票機制否決。議會政治的失利，也讓一些泛民政黨改用激進的社會抗爭路線，2009 年社民連與公民黨攜手推動「五區公投」，就是希望通過民主的選舉形式，號召更大規模的民意抗爭，來倒逼中央方面推動進一步的政治改革方案。

前述研究也顯示功能組別議員握有「少數否決權」，從 1998 至 2016 年五屆立法會期間，功能組別運用分組點票機制一共否決了 93 項議案。雖然否決的議案數量有逐步減少的趨勢，但仍然維持一定數量，特別是在涉及政治及民生利益的表決上，功能組別議員多次利用分組點票機制否決有關議案。同樣地，直選議席也存在利用分組點票機制否決程序性的議案，當中涉及商業經濟利益的議案一共 34 項。可見在投票取向上，功能組別的議員在經濟和福利政策方面與直選界別的議員有明顯的差別。

功能組別分組點票機制的設計本意旨在制約議會中的直選激進勢力，只要獲得功能組別作為保守方成員的一半反對，提案即不會獲得通過，從而形成有效的制衡機制，同時也極大地限縮了立法會的權力，[16] 使特區政府在立法會獲得卓然地位，特區政府的議案亦更容易在

---

16. 立法會功能組別分組計票機制源於時任香港基本法諮詢委員會委員的羅德丞大律師向基本法起草委員會提出的一套方案，即「一會兩局」方案。「一會兩局」類似於兩院制。它將立法會一分為二，即功能組別與直選及選委會選舉組別，當立法會議員提出提案時，兩組議員必須分開投票，兩組贊成者同時過半，提案才能通過，這一方案即是分組計票制的原形。「一會兩局」有點類似西方國家的兩院制，即便在英國本土最初的民主進程中，也通過委任一個較保守的上議院，來制衡激進的由直選產生的下議院。在今天的英國政制中，這一制衡依然存在，直至今日，英國上議院仍保留了拖延下院通過法案的權力。鍾士元（2001）。《香港回歸歷程》。香港：中文大學出版社。122 頁。

表6.12 分組點票機制下被功能組別否決的典型議題議員議案一覽表
（1998-2016）

議案名稱	議案內容	動議人	政策範疇
1998–2000			
鼓勵公共事業機構減低收費	政府當積極提供交通、能源等公共事業機構減低收費，並敦促該等機構切勿因減低收費而裁員或減低員工薪酬等。	程介南	民生
綜合社會保障援助計劃檢討	對於政府的綜援以幫助綜援受助者自力更生為名，收取綜援為實，促請政府採取相關措施，以達致其既定政策目標，例如取消削減三人家庭的綜援標準金額的建議等。	楊森	民生
反壟斷	政府當盡快制訂公平競爭法，消除不公平的市場障礙，推動企業創新，保護消費者權益。	李永達	經濟發展
制訂未來十年香港社會福利政策藍圖	政府理應盡快制訂社會福利發展藍圖及符合市民需求的服務制度改革，當制訂未來十年的香港社會福利政策發展藍圖，以配合香港的政治、經濟及社會轉變。	陳婉嫻	民生
工作時間	政府當局盡快訂立法例，規管工人的工作時間。	劉千石	民生
2000–2004			
邊緣勞工貧窮化	政府當正視「邊緣勞工」的苦況，並制訂相關措施以紓解我們的困苦，例如推行「就業優先」的經濟發展策略，推動循環及回收再造業、發展社區與個人服務業、加強對中小型企業的扶助等。	陳婉嫻	民生
創造就業機會	政府當採取相關措施創造就業，例如透過稅務優惠，鼓勵僱主開設更多新職位，聘用接受培訓的失業人士等。	李華明	民生
切實保障僱員權益	政府當修訂與僱傭事務相關的條例，令更多受雇人士得到法例的保障；	梁富華	民生
解決失業問題	政府當盡快制訂「就業優先的經濟發展策略」，從速採取各種措施，以解決嚴重的失業問題。	譚耀宗	民生

（續上表）

議案名稱	議案內容	動議人	政策範疇
2004–2008			
回復綜援金額至 2003 年 6 月 1 日之前的水平	在貧富懸殊日益加劇的情況下，削減綜援金額令所有受助於綜援的弱勢社群，政府當使綜援回復綜援金額至 2003 年 6 月 1 日之前的水準。	張超雄	民生
最低工資、標準工時	為讓基層勞工分享應得的經濟成果，政府當採取鼓勵僱主增加員工的薪酬及改善他們的附帶福利等措施。	陳婉嫻	民生
政制改革方案	政府有責任提出一個香港市民可接受和具有實質民主進程的政制改革方案，該方案不應賦予區議會委任議員選舉行政長官或立法會議員的權利；此外，特區政府亦有責任在方案中提出達致普選的路徑圖、時間表，以及相關的選舉細節。	湯家驊	憲制
全面檢討勞工法例	政府當局當盡早全面檢討各條與勞工事宜相關的法例。	王國興	民生
全民退休保障	政府當設立可持續運作的全民退休保障計劃，讓所有長者退休後均可即時享有經濟保障，以維持基本生活需要。	李卓人	民生
促請房屋委員會向公屋居民提供免租及盡快減租	鑑於早年經濟不景，導致公屋居民收入下跌，但房屋委員會（「房委會」）卻一直未有調低公屋租金，房委會當按公屋居民入息的下降幅度，盡快減租一成半至兩成，並免租兩個月，以補償公屋居民多年來多付的租金。	馮檢基	民生
創造就業機會、改善基層勞工收入	政府當發展多元經濟，例如推動本土文化、創意產業等；同時，政府應修改有關政策，以配合社會企業的推行，從而增加就業機會，改善基層勞動力市場供過於求的情況等。	陳婉嫻	民生
成立基金應付人口老化及扶貧需要	政府當適度增加教育、醫療、社會福利和推動經濟發展方面的開支，以及一次性的紓緩措施如退稅和寬免差餉以外，撥出部分盈餘成立能夠長遠持續運作的基金，以應付人口老化和扶貧方面衍生的額外政策開支等	譚香文	民生

（續上表）

議案名稱	議案內容	動議人	政策範疇
2008-2012			
回購領匯股份	政府當在公屋商場租金問題上平衡整體社會利益，考慮各種可行途徑，回購足夠的領匯股份，成為主要股東，以影響領匯管理有限公司的管理層，兼顧企業社會責任。	梁家騮	民生
協助基層勞工抗衡經濟逆境	政府當採取措施協助基層勞工，例如即時推動勞資雙方的集體談判、訂立集體協約、研究外地實行集體談判的經驗，並推行中央、行業及企業三個層面的集體談判權立法等	葉偉明	民生
檢討《截取通訊及監察條例》	因應截取通訊及監察專員在 2008 年 6 月發表的報告揭露現時執法機關執法時出現甚多流弊，政府當立即檢討《截取通訊及監察條例》。	何秀蘭	人權
盡快落實制訂標準工時	政府當以廣大僱員的福祉為依歸，全力為立法制訂標準工時作出準備，並盡快落實有關工作。	葉偉明	民生
2012-2016			
立法規管工時	政府當在本立法年度內提交規管工時的條例草案，有關條例草案的內容須包括每周標準工時及超時工作工資。	張國柱	民生
回購領匯股份	政府當在公屋商場租金問題上平衡整體社會利益，考慮各種可行途徑，回購總數不少於 25% 的領匯股份，成為主要或單一股東，從而對領匯管理有限公司發揮影響力，令其兼顧企業社會責任。	梁國雄	民生
正視七一遊行市民的訴求	政府當局當正視於今年 7 月 1 日參與遊行的市民對梁振英政府的不滿及相關訴求。	單仲偕	人權

立法會獲得通過，從而加強對立法的影響力，並可使特區政府在公共事務的決策上引導立法會。這種拔高特區政府地位的立法表決方式，一方面順應了《基本法》行政主導的憲制安排；另一方面則加強了特區政府對立法會的制衡權力。[17]《中英聯合聲明》簽署之後，中國政府即

---

17. 周葉中、周曈洋（2015）。〈論分組計票制與香港政制發展〉，《武漢大學學報：哲學社會科學版》。68 卷 1 期，38–44 頁。

表6.13 分組點票機制下被直選議席否決的典型議題議員議案一覽表（1998–2016）

議案名稱	議案內容	動議人	政策範疇
興建科技產業加工區	政府當撥地興建科技產業加工區，藉以重振本地製造業、促進出口及創造就業機會，從而帶動本地經濟發展。	呂明華	經濟發展
貿易政策	政府在國際論壇上提出贊成自由貿易的理據時，應堅持支持廢除歐洲聯盟、美國及其他已發展經濟體系對中國及其他發展中國家的農業及紡織等行業的貧窮工人構成歧視的貿易手法等	陳智思	經濟發展
公屋租金政策	政府當盡快全面檢討公營房屋租金政策，以訂定一套符合社會公義、以關懷為本及可持續的租金政策。	劉炳章	民生
為有意自置居所的人士提供合適的支援	政府當為有意自置居所的人士提供合適的支援，包括盡快恢復為有需要的人士提供置業貸款及制訂長期的自置居所貸款政策，以協助他們置業安居。	周梁淑儀	民生
推動企業精神	政府當發展和推動企業精神，全方位培養大眾認識和建立企業家的素質，從而令香港成為一個具企業精神和文化的城。	梁劉柔芬	經濟發展
落實一地兩檢	政府當加強與內地合作，盡快落實在廣深港高速鐵路香港段及香港國際機場採用「一地兩檢」的通關模式。	黃定光	經濟發展
優化稅制保持香港競爭力	鑒於香港的利得稅制度跟不上時代的步伐，未能提供足夠誘因及優惠，協助本港企業及製造商提升其業務，增強其競爭力等原因，政府當局當儘快採取措施優化稅制以保持香港的競爭力。	陳茂波	經濟發展
關注審批基建項目撥款申請進度緩慢的問題	自 2013–2014 立法年度開始，立法會通過基建項目撥款申請進度緩慢；若情況不能在短期內逆轉，勢必令基建工程延誤，繼而推高工程成本及影響建造業和相關行業從業員的生計及行業的持續性，政府當加快通過積壓及新的基建項目的撥款申請。	石禮謙	經濟發展
應對中國（上海）自由貿易試驗區帶來的挑戰和機遇	政府當加強香港金融創新建設、爭取與內地服務貿易自由化及與鄰近地區和珠江三角洲地區合作等方面，積極研究及制訂相關政策與措施，以應對內地進一步加快市場開放改革的步伐，從而鞏固本港作為中國面向全球的國際金融及商貿中心的地位。	陳鑑林	經濟發展

開始着手起草香港特區的《基本法》，在長達六年的《基本法》起草過程中，中方強調，分組點票程序的設置完全是為了在立法會起到權力制約的作用，有助於維護香港社會各階層的利益，以及維持香港的繁榮與穩定。[18] 而且全國人大常委會第二次釋法時，重申了立法會的表決程序是可以修改，也可以不修改，視乎具體情況而定。如果立法會表決程序需要修改，則修正案同樣需要立法會全體議員以三分之二多數通過，特首同意並報全國人大常委會批准或備案方得生效。立法會表決程序的修改程序與行政長官、立法會普選等政改方案的修改程序一致，無疑增強了這一程序的修改難度，延長了分組點票制的「政治生命」。[19]

雖然也存在諸多反對分組點票規則的意見，最通行的意見認為，「《基本法》已經賦予行政長官相當大的權力，如果立法會表決採取這種程序，會出現少數人的反對票否決多數人所支持的議案的情況，立法機關權力被削弱，起不到制衡行政長官的作用，導致等特區政府與立法會之間的權力制約失衡，甚至直接引起行政與立法的衝突，同時容易造成立法會內部的對立，影響議事效率。」[20] 從前述對功能組別分組點票機制的分析可以看出，分組點票機制在立法會實踐中已經違背了這項制度的設計初衷，分組點票機制不僅僅是功能組別議員多次利用其來否決民生議案的有力武器，同時也是直選議席用來否決程序性的議案、涉及商業經濟利益的議案的工具，這說明分組點票機制在實踐中的客觀作用已經超越了僅作為立法會中抑制直選激進民粹勢力的制衡這一原初設定。

分組點票與功能組別是「皮之不存毛將焉附」的關係，功能組別是分組點票機制得以存在的前提。功能組別如果不能保證存在，那麼分

---

18. Horlemann, R. (2003). *Hong Kong's Transition to Chinese Rule: The Limits of Autonomy.* London: Routledge. pp. 210–211.

19. 參見全國人大常委會對《基本法》附件一第七條和附件二第三條的解釋。

20. 周葉中、周暘洋（2015）。〈論分組計票制與香港政制發展〉，《武漢大學學報：哲學社會科學版》。68 卷，1 期，39 頁。

組點票就會自動消失。功能組別可以按照普選的原則予以改造，以符合普選要求予以保留，與之相聯繫的分組點票制度也必須保留。這是現行行政主導原則下的必然要求。因此有學者擔憂指出，如果功能組別「分組點票」的政治設計被廢除，那麼便觸及了香港民主政制中一個根本性問題：功能組別在香港政治中還有何意義？伴隨功能組別改革的普選化和立法會的實質「一院化」，功能組別這一概念即會從政治領域中排除，即使繼續存在，也徒具其經濟社會層面的意義了。[21]

三、功能組別的存廢及其政改爭議對行政立法關係的影響

功能組別最初的設計具有政治上的目的，取代以任命為主的選舉方式、減少政治精英對立法機關民主化的抗拒、阻礙政黨政治的發展和防止立法機關內部出現可主導立法機關的政黨。[22]由此可見，功能組別的設置是防止香港民主化的速度過快，其成員主要是來自工商界和專業人士，因此代表中上階層的利益，選民人數較少，相對的選舉開支也較少，有些界別甚至出現同額競選的情況，使得候選人不需要依靠政黨的支持就可以在選舉中獲勝。又由於每位當選者都來自一個特定界別，代表該界別的選民及維護其利益自然成為當選者的首要職責，因而功能界別議員之間的橫向聯合較難展開，相互間的團結性不易建立。與地方選區產生的直選議員比起來，功能組別的議員加入政黨的比例較低，多以獨立身份參選。即使加入政黨者（具有政黨身份者以自由黨為多）的紀律性也相對較差，在投票時往往不追隨黨派路線。總而言之，功能組別的議員是屬於一群自主性較強，不易團結的

21. 田飛龍（2015）。〈基本法秩序下的預選式提名與行政主導制的演化〉，《政治與法律》，2 期，80–92 頁。

22. Lau, Siu-kai (1999). "The Making of the Electoral System," in *Power Transfer and Electoral Politics*, Kuan, Hsin-chi and Lau, Siu-kai eds. Hong Kong: The Chinese University Press. pp. 21–25.

議員。[23] 回歸以後，在行政長官天生認受性不足，在立法會中沒有政黨支持，以及直選議員可能多數聯合反對政府立場的情況下，《基本法》保留了功能界別和分組點票制度是有必要性的。這種制度設計通過強化立法會一定程度的內部制約來達到弱化立法會對行政機關的制衡的目的，從而有利於鞏固行政主導制度。

（一）功能組別存在的弊端

1. 功能組別削弱政府政策認受性 ——「贏了政策、輸了民意」

在民主社會中，議會在整個政治體制中扮演着重要角色，除了處理立法工作（legislation）、監督政府施政（scrutiny and oversight）外，亦發揮着賦予政策認受性（legitimation）及反映民眾聲音（representation）的重要作用。[24] 在民主制度下，由於議會由普選產生、具有足夠的民選基礎，因此行政機關提出的各項政策及法案，一但獲得議會通過，便可以獲得足夠的政治認受性；而議員更加有責任代表民眾發聲，將市民大眾的訴求及意願代入議會。然而基於功能組別自身的利益特點，即使政府最終成功通過的議案，卻無法為有關政策建立起足夠認受性的問題，面對爭議性的政府提案極有可能導致「贏了政策、輸了民意」的困局。

概括而言，由於功能組別的認受性及代表性正受到社會的廣泛質疑，已經阻礙了立法會履行為公共政策賦予認受性、反映民眾意見等正常社會職能。從歷年議員動議的情況來看，功能組別雖有違反多數民意為政府政策保駕護航的情況，但這種情況也並不算普遍，僅在審議《行政長官選舉（修訂）條例草案》、《截取通訊及監察條例草案》、《2009 年撥款條例草案》及《廣深港高速鐵路香港段》的撥款申請這些幾乎全部在社會中引發重大爭議的議案時，功能組別聯同來自地區直選的建制派議員（主要是民建聯和工聯會議員）才有這種表現。

---

23. 雷競璇（1998）。《「鳥籠民主政治」下的選舉 —— 分析香港特別行政區立法會首次選舉》。香港：海峽兩岸關係研究中心。10–11 頁。

24. Heywood, Andrew (2007). *Politics*, 3rd ed. Basingstoke: Palgrave Macmillan. pp. 340–343.

表6.14 依靠功能組別議員支持而通過的具有爭議性的政府提案 [25]

立法年度	提案名稱	直選議員反對票	直選議員支持票	功能組別議員支持票	支持票總數
2004/2005	2005/2006 至 2007/2008 的三年期撥予大學教育資助委員會資助院校的經常補助金	15	9	21	30
2005/2006	行政長官辦公室重組架構	15	11	23	34
2008/2009	《2009 年撥款條例草案》三讀	19	10	24	34
2009/2010	廣深港高速鐵路香港段—鐵路建設工程	18	9	22	31
2009/2010	廣深港高速鐵路香港段—非鐵路建設工程	18	9	22	31
2009/2010	廣深港高速鐵路香港段—項目發放的特設特惠津貼	18	9	21	30

　　另一方面，根據本章前述分析，工商業透過佔據功能組別的議席，利用「分組點票機制」掌握「少數否決權」，一定程度上阻擾各種推動政治自由及社會公平的議案，亦嚴重扭曲了立法會反映民意的重要功能，令主流民眾的利益及訴求無法充分和及時反映在立法會的表決和討論中。以目前的選舉方式選出的立法會可以被視為是部分民主化的代議機關，跟行政機關相比，其民意代表性佔有優勢。港府的策略和實踐在於嚴控立法會議程、邊緣化泛民陣營以削弱立法會的自主性、加速立法會分化。這種策略帶來兩個明顯的影響，一方面建制派（議會多數）和行政權力的合作；另一方面，立法會的民意代表性危機

---

25. 當《截取通訊及監察條例草案》和《廣深港高速鐵路香港段—項目發放的特設特惠津貼》進行表決時，泛民主派集體離場抗議表達不滿，而沒有留在會議廳正式投下反對一票。由於泛民主派離場抗議實質上是要表達對這兩項政府議案的反對立場，所以仍將他們的缺席投票計算做「反對票」。參見新力量網路：《2008–09 年度香港特區立法會決議分析報告》、《2009–10 年度香港特區立法會決議分析報告》。

捉襟見肘，立法會泛民繼梁國雄案後仍可利用程序[26]，努力與市民社會的街頭政治聯合，所以立法會內部削弱民意代表性的功能組別常會遭遇來自外部的反對和瓦解。尤其是 2012 年立法會選舉造成激進民主派議席增加，而行政長官選舉則造成建制派分裂，支持特首候選人唐英年的建制派難以心甘情願與梁振英政府合作；又因這屆行政長官梁振英屬於親中人士，與民主派的理念差距非常大，所以民主派的抗爭增強，與行政長官及其政府的合作極為困難。[27]這些都是造成日後立法會矛盾只會更加複雜及對立的因素，尤其是當代議機關內部面對存在重大爭議的政府政策，但又缺乏形成共識的能力時，激進政黨團體利用議事規則提供的「程序性機會」聯合街頭政治挑戰政府政策在日後可能成為香港政治的常態。

2. 功能組別的代表性捉襟見肘與部門利益思維

立法會的代表性是回歸以來的歷次政改爭論的焦點之一，功能組別的存廢，以及若不取消功能組別，如何處理公司票、團體票也是受到關注的重點。功能組別的選舉以行業界別為單位，賦予金融界、旅遊界、法律界等 28 個界別成員更多投票權。目前，香港立法會幾乎一半議席由二十多萬功能界別選民產生，另一半議席則由全港三百多萬選民分區直選產生。自功能界別在 1985 年實施，並在 1997 後得到延續以來，人們對它的廢存一直爭論不休。支持者認為，功能界別能使各界「均衡參與」，有利於香港的「繁榮穩定」。隨着民選議員增加，似乎政府開支必然會增加，功能組別還被視為抵禦直選議員民粹風潮下的福利主義的

---

26. 儘管立法會議事規則委員會可以討論修改議事規則以設立由大多數議員同意終止辯論的機制，但民主派普遍反對收緊議事規則，泛民在直選組別以 18 票對 17 票之微佔優，民建聯曾鈺成出任立法會主席，為保持中立而不能投票，比例就變為 18 對 16，修改議事規則而限制「拉布」較難獲得通過，因此激進泛民可繼續通過拉布阻延政府施政。

27. 陳麗君（2013）。〈2012 年香港立法會選舉及其對政治生態影響分析〉，《當代港澳研究》。1 期。

「堡壘」。[28] 1997 年主權移交後，根據《基本法》的規定，立法會議席分為兩類：一類是五個選區通過一人一票直接選出議員，佔 30 席；另一類由功能組別的小圈子選出。除了勞工界可以選出 3 個議席外，其他一律只可選出一個議席。其中 23 個功能組別採用得票最多者當選，每位選民均有權投一票。勞工界功能組別，每位選民最多可投 3 票，選出 3 個議席。選民較少的 4 個功能組別：鄉議局、漁農界、保險界和航運交通界就採用按選擇次序淘汰制，即候選人必須得到絕對多數票，方可當選。選民必須選擇至少 1 名候選人，若有超過 1 名候選人獲得最多數票而票數相同，選舉主任則以抽籤形式決定當選人。

在這種制度設計下，如從事衞生服務界、教育界及社會福利界的組別，除少數選民有權以個人身份投票之外，其他界別則採取團體票選舉模式，從事該行業的一般僱員以及行業從業員不具有選民資格。跟直選議席相比，功能組別議席被認為在審議公共政策方面，議員通常對部門利益作出狹隘解釋。[29] 代表着「部門思維」成為功能界別選民者，可以參與立法會選舉功能界別議席的投票。界別分組投票人可以投票選出選舉委員會中代表自己行業的成員。除了自己行業之外，符合資格人士也能夠選出選舉委員會中僱主聯合會、鄉議局等代表，但未必能夠在兩個界別中分別投票。因此，大部分功能界別只能代表該

---

28. 傳統觀點認為香港社會商業保守勢力一直認為直選議員會為安撫大量的下層階級選民而要求政府增加支出，從而導致「稅收—支出」循環，將傷害香港的低稅環境，立法會中的功能組別則可以有力狙擊這種高福利民粹主張。一旦廢除功能組別，則可能導致香港快速滑向西方福利主義的泥沼。參閱李曉惠（2012）。〈香港保留功能組別的法理依據與可行模式研究〉，《政治學研究》。5 期。不過，香港中文大學學者馬嶽的研究認為，直選議員會提出更多的公共開支訴求這一假設並不成立，事實是直選議員和功能組別議員在財政方面的訴求極為相似，都表現出對「政府財政」的中立狀態，因為議員們一半以上的訴求都不涉及明顯的政府開支或政府收入。同時，在要求增加政府支出這一點上，直選議員和功能組別議員提出的訴求的比例也是相若的。參閱 Ma, Ngok (2015). "The Making of a Corporatist State in Hong Kong: The Road to Sectoral Intervention," *Journal of Contemporary Asian*, 1–20.

29. See Kwok, Rowena Kwok and Chow, Chiu-tak (2006). "The Dynamics of Social Policy-making in Hong Kong: The Role of Functional Representatives (1998–2004)," in *Functional Constituencies: A Unique Feature of the Hong Kong Legislative Council*, Loh, Christine and Civic Exchange eds. Hong Kong: University of Hong Kong Press. pp. 217, 262.

行業中的小部分，通常是僱主，而不能全面反映整體從事該行業的市民的意見。功能組別偏重狹隘的工商界別利益，其選區遠較地區直選小，少則數百票多則近萬票即可當選，有利於對選舉的掌控。由此可見，立法會中直選議席與功能組別的民意代表性並不相等。多數功能組別的參選人只需獲得數百票到數千票便能當選；反觀分區直選的則往往需要二、三萬票才能贏得一席，但在議會內每位議員所享有的發言及投票權卻是相同的。此外，功能組別議員的表現全面遜色於直選議員，除了例會出席率及平均出席法案委員會會議人次與直選議員差距較小外，在平均參與及出席事務委員會人次，平均議案修訂次數、平均法案發言次數、平均議案修訂次數及平均質詢次數各方面均與直選議員差距較大。[30] 儘管功能組別中也存在民主黨派議員和一些本身從屬於民建聯或自由黨的議員，但仍無法阻止其在立法會中被動消極的負面形象。因此，功能組別常被外界批評為無法回應公眾需求，有損立法會名譽。

（二）功能組別的初步改革：超級區議席的設置及影響

2007 年，國務院港澳事務辦公室副主任張曉明表示功能組別並非必然與普選相違背。在 2010 年，全國人大常委會委員長喬曉陽表示，普選就是「一人一票」，進一步稱「也是功能組別意欲實現的目標」。這些不同的表述令人擔憂中央政府對待功能組別的態度，是否會決定一直保留功能組別。從各國選舉理論的歷史發展來看，普選並沒有一個明確、清晰的定義，而是一個歷史性概念，它與突破對選舉權的限制運動聯繫在一起。通說觀點將「普選」解釋為要求平等的選舉權，大多數國家或地區並未將普選規定在法律中，而是採用了平等選舉權的概念，並專門列舉平等的範疇，以香港為例，《基本法》第 25 條規定「香港居民在法律面前一律平等」。另外，在現代社會，普選最重要的

---

30. 參見新力量網絡：《2008–09 年度香港特區立法會決議分析報告》、《2009–10 年度香港特區立法會決議分析報告》。

功能是為執政者提供合法性基礎。當選舉被理解為政府尋求合法性認同與民眾尋求對公共事務的發言權的基礎時，普選一方面意味選舉權的擴大，另一方面其擴大的程度也取決於政府向民眾尋求合法性支持的迫切性。當政府的合法性對公眾支持依賴較小時，普選的範圍就有可能受到限制。[31]因此有學者認為，香港作為地方一級政權，本地精英的合法性來源不僅存在於地方人民的同意，還有賴於與中央政府之間的默契與共識。從區域政治的角度看，這不僅要求香港的政治團體之間，如本地的建制派與泛民主派之間能夠達成妥協；而且要求香港的政治團體能夠與中央政府達成共識。[32]《基本法》對香港選舉權，特別是普選的規定具有過渡性。《基本法》雖然規定了立法會、行政長官的選舉辦法，但同時將普選作為最終目標，使得《基本法》的選舉條款帶有了過渡的色彩。《基本法》沒有明確規定完成過渡的客觀條件，而是做了「循序漸進」、「實事求是」等有關原則的規定。

因而有學者認為，《基本法》的「普選」規定就其本身並不能推斷出平等性甚至分區直選的含義，所以將其他選舉形式一律排除。再者，《基本法》未對「普選」的形式作出固定不變的規定，自然無法從《基本法》中推斷出分區直選是唯一正確的選舉形式。從選舉權的平等性而言，只要選舉的形式未因永久居民的身份等客觀因素而對選舉權作出限制，那麼，現行的選舉形式就可認定為符合「普選」的要求。[33]目前對傳統功能組別選舉的質疑一般來自其對選民身份資格的要求，

---

31. 有學者認為在單一制國家下，地方政府的正當性與合法性來自中央政府的授權，無須另行程序授權或明確規定。香港本地選舉行政長官、立法會議員、區議會議員均是香港實行「高度自治」，組織本地政權機關的一種形式，而非對本地政權合法性的認為。郭天武、李建星（2015）。《香港選舉制度的發展及其對香港政治生態的影響》。北京：社會科學文獻出版社。216 頁。

32. 程潔（2009）。〈地區普選的憲制基礎研究 —— 以香港普選問題為出發點〉，《清華法治論衡》。1 期。另有學者指出，1980 年代中後期，香港政制發展問題進程中，對立最嚴重的不是內地起草委員會與香港起草委員會之間的分歧，而是香港工商派和民主派之間的立場。工商派主張間接選舉，放慢直選步伐；民主派主張立即直選立法會和行政長官，所以香港民主化的首要問題是處理工商精英與基層大眾的關係。參閱強世功（2010）。《中國香港政治與文化的視野》。北京：生活・讀書・新知三聯書店。255、341 頁。

33. 楊曉楠（2015）。〈香港立法會功能組別選舉與「普選」的兼容性分析〉，《河北法學》。33 卷，1 期。

進而被質疑可能出現幾種投票權不等的情況：首先，並不是所有的永久居民都可以在傳統選舉中投票，一個選民可能既在分區直選中投票，又在功能團體中投票，這樣他／她在立法會中投票的次數可能會出現兩次；其次，分區直選的比例代表制偏差率較小，而功能選舉的偏差率較大。選民票值的影響力也有所不同。[34] 近年來，《立法會條例》第 25 條及第 26 條有關立法會功能組別選舉的團體投票是否違反《基本法》等問題都曾訴諸法院。陳裕南及羅堪訴律政司司長案中，上訴人以功能組別的團體投票有損《基本法》規定的永久性居民選舉權和平等權為由提請司法覆核。上訴法院根據目的解釋指出，《基本法》第 26 條是否允許團體在立法會選舉中投票這一問題應結合《基本法》第 68 條及香港政治體制發展的歷史沿革來理解。立法會功能組別為香港政改循序漸進、平穩過渡到普選中的一環。且香港永久性居民的普選權規定於《基本法》第三章〈居民的權利與義務〉，《基本法》第四章〈政治體制〉也並未禁止立法會賦予其他人（包括團體）選舉權和參選權。[35] 由此可見，香港法院並未在司法判決中質疑過功能界別的合憲性。

2010 年，出於政治發展的需要，香港特區政府接納民主黨所提出的立法會選舉方案，將新增五席功能界別議席，該界別稱為區議會（第二）。選民由沒有登記為功能界別個人選民的一般選民組成，因此絕大多數個人選民在本次立法會選舉中既可以在地區直選中投票，又可以在區議會（第二）選舉中投票，故稱「一人兩票」方案。由此可見，區議會（第二）的選舉方法表現為地區直選與功能界別的混合產物：與傳統功能界別選舉一樣，區議會（第二）的選舉將全港劃分唯一選區且候選人須得到本界別人員一定數量的提名。與傳統功能界別選舉不同的是，其要求候選人必須是前一年民主選舉產生的當屆區議員，並獲得

---

34. 同上註。

35. *Chan Yu Nam v. The Secretary for Justice*, CACV2/2010, para 24–27, 111.

另外 15 名民選區議員的提名，並採取比例代表制的選舉方式，最大餘數法、「黑爾系數」的計票方法也與地區直選保持一致。【36】

1.　區議會（第二）補強了功能組別的民意性

功能界別選舉以法團為單位組成的功能界別實行一會一票制，具有專業資格個人組成的功能界別，由成員一人一票選舉；兩者兼具的，兼採兩種方式。29 個功能界別中，純粹由法團為選民的界別有 15 個，即超過一半的界別由法團選民組成。在引入區議會（第二）之後，雖然只增加了一個個人選民界別，但是共有 321 萬合資格選民，大大提升了個人選民在功能界別中的地位。從整體上看，區議會（第二）可以說是增加了整個功能界別的民意基礎。在立法會議員獲得更高民意認可後，其能在各方面給政府施政施加更大壓力，造成行政與立法關係進一步緊張。超級議席（即區議會（第二））的設置可能使更多民主派人士進入立法會的功能界別。隨着香港民主向前推進，民主派佔據立法會功能界別議席的數量已呈現漸增趨勢。在 2012 年立法會選舉中，原屬於建制派的會計界和資訊科技議席，就被民主派人士奪走。目前在香港立法會功能界別選舉中，已實現界別內直選的界別，民主派已佔據多數議席，如教育界、法律界、衛生服務界、社會福利界等。因此有學者擔憂在香港政治生態沒有根本改觀的情況下，超級議席的設置已經屬於帶有激進色彩的革新了，如果再把選民基礎擴大至全港選民，恐怕難以維持「一國兩制」方針下均衡參與的原則，《基本法》確立的行政主導制會更加難以實現，屆時行政部門將面臨更多來自立法會的制衡。【37】

---

36. 楊曉楠（2015）。〈香港立法會功能組別選舉與「普選」的相容性分析〉，《河北法學》。33 卷，1 期。也有評論指出，由於該界別議席較少，候選人實力相對平均，得票第一名與第六位的得票率差距低於 8%，比例代表制沒有發揮功能。所以該界別的計票方式已實質轉變為多議席單票制。郭天武、李建星（2012）。〈區議會（第二）功能界別選舉影響評估〉，《政法學刊》。12 期。

37. 朱世海（2015）。〈試析香港超級區議會界別〉，《江漢大學學報：社會科學版》。2 期，21–24 頁。

2. 區議會（第二）促進了政黨政治的發展

超級區議會議席選舉實質是分別以民建聯、民主黨派為首的建制派、泛民派兩大陣營的較量，拓展了香港政黨政治發展的新空間。傳統功能界別歷來是排斥政黨候選人，而此次超級議員選舉是在全港進行，如此浩大的選舉活動沒有政黨動員幾乎不能成事，候選人背後必須有政黨的支持才有勝算，沒有政黨身份的候選人極難在選舉中獲勝。超級區議會議席的設立，為香港政黨滲透政制提供了新的機會和空間，有利於香港政黨政治的發展。在名額較少的大選區下，比例代表制本身有利於小黨的作用遭大大削弱，這必然促使參選政黨的意識形態不能走極端而是要扁平化，以獲得更多選民的認同和支持，從而促進香港選舉文化的改善。因為超級區議會議席是由區議員擁有參選權和提名權，所以增強了區議會在香港政制中的份量，也讓各政治主體更加重視區議會選舉。雖然目前區議會在職能上還定位在一個區域性的諮詢組織上，但其職能有向地區性代議組織轉化的趨勢。區議會亦不斷突破《區議會條例》中相對被動的職能設計，主要要求政府配合開展對政府工作的監察與評估，將關注的事務範圍逐漸擴及全港的公共政策，成為政府不得不諮詢和尋求支持的對象。現有的開支限額與競選資金來源制度可能帶來不公平競爭，導致籌款能力弱的政團被徹底踢出區議會（第二）選舉，減低小政團參與的可能性。然而香港的政治現實決定了香港的民主進程不是自發的，如功能組別的存廢，以及行政主導體制的設計調整等，均受制於中央政府。如果立法會希望在制衡政府、塑造政策方面扮演更重要角色的話，與市民的有效溝通乃是一種有效的方法。

第七章

立法與行政關係
在其他制度設計中的博弈

✂ ✂ ✂ ✂ ✂ ✂ ✂ ✂ ✂ ✂ ✂ ✂ ✂ ✂ ✂

一、香港立法會委員會制度與行政 — 立法關係

（一）香港立法會委員會制度的濫觴與獨立

　　全球的研究議會政治及議會制度的學者幾乎達成這樣一項共識：無論是美國或其他國家，立法機關要具備多大的影響力很大程度上取決於其立法機關擁有怎樣的委員會制度。如果立法機關具有較強的政策影響力，那麼其必然擁有高度發達的、極具政策專業能力的委員會制度。[1] 香港特區的立法機關同樣也設立了各種不同類型或功能的委員會，以協助立法機關執行其憲制職權。這些委員會的角色均於《議事規則》中訂明，如果需要為特定目的成立委員會，則必須由立法會借決議批准。香港立法機關的委員會制度一方面承襲了 1997 年的委員會架構（該架構以 1900 年代初期各英國殖民地的立法機關所採用的架構為藍本），同時將一套於 1970、1980 年代在香港行之有效的委員會制度納入其中。因當時香港立法機關的非官守議員開始積極參與政府在公共政策及立法建議方面的工作，建立了這套委員會制度。一般而言，立法會每個會期可能有超過 50 個委員會同時共組，不同委員會的成立原因及運作模式各異，但指導委員會運作的基本原則都在《議事規則》中

---

1. Mezey, M. (1979). *Comparative Legislatures*. Durham, NC: Duke University Press. p. 64.

訂明，可通過《內務守則》或個別委員會的其他程序規則反映其一貫的行事方式。立法會委員會制度的歷史沿革經歷了以下幾個階段：[2]

1. 1843 至 1968 年：立法局轄下的常設委員會（standing committees）包括財務委員會、法律委員會及工務委員會，均由官守議員擔任，並按所需成立特別委員會（special committees）。而當時的法案交律政司領導的法律委員會處理或在有需要時交付特別委員會處理。1929 年經修訂的《會議常規》保留了三個常設委員會，但以專責委員會（select committees）取代了特別委員會。

2. 1968 至 1991 年：1968 年的《會議常規》規定立法局只設一個常設委員會，即財務委員會。立法局可委任一個或以上的專責委員會，審議立法局所交付的事宜或法案。除非另有規定，這些委員會的運作均閉門進行，但常委員會在審核預算時，會傳召在開支預算總目下負責提供有關服務的政府官員作證，而這些會議公開舉行。立法局於 1978 年和 1991 又分別成立另外兩個常設委員會——帳目委員會和議員利益委員會（Committee on Member's Interests）。在 1970、1980 年代，實際上在行政立法兩局的非官守議員辦事處的非正式委員會架構下，又設立了多個專案小組、常委小組及工作小組。專案小組成員均為非官守議員，負責研究個別法例，並就個別專題進行討論；常務小組負責處理持續性的重要議題，如房屋、交通、教育、衛生、安保、社會服務等，[3] 至 1993 至 1994 年代改為「事務委員會」。常務小組的成立使得兩局非官守議員能更有效監察政府施政及更專注地研究公共議題。1985 年立法

---

2. 參見《香港特別行政區立法會歷史、規則及行事方式參考手冊》，立法會 AS 143/13–14 號文件，第六章。

3. Miners, N. J. (1994). "The Transformation of the Hong Kong Legislative Council 1970–1994: From Consensus to Confrontation," *Asian Journal of Public Administration*, 16(2): 224, 228.

局通過《立法局（權力及特權）條例》，而行政立法兩局非官守議員辦事處架構下的專案小組、常務小組、其他共同小組及內務會議均不在修訂後的《會議常規》的涵蓋範圍，因為該等小組並非在立法局下設立，故不屬於《立法局（權力及特權）條例》下的「委員會」。不過，這些兩局議員的委員會在處理事務時會依循各自奉行已久的行事方式及指引。

3. 1991 至 1997 年：1992 年的立法會內務會議成立了立法局委員會架構事宜工作小組，其職權範圍是通過將行政立法兩局議員制度下的安排正規化，以形成新的委員會架構。1992 年彭定康將政改兩局分家後，行政立法兩局議員內務會議停止運作，所有常務小組改稱「事務委員會」，成為立法局的正式委員會。

　　根據前述歷史，香港立法會委員會的設置經歷了從特殊委員會向專業性的、常設性的，並與政府部門保持平行設置的委員會體制過渡。這種設置的過渡更有利立法會監督政府、制訂法律，並能更好地將立法、行政、各部門的專家網羅其中。九七後的委員會的運作模式，沿襲了以往在行政立法兩局議員架構下的委員會依循《議事規則》若干概括規則行事，並輔以《內務守則》所反映的若干共通行事方式。又按照當年負責為這些委員會草擬相關《會議常規》的立法局委員會架構事宜工作小組的原意，給予這些委員會彈性，讓其逐漸形成各自的行事方式及運作模式，並在《內務守則》保留相當部分的共同行事方式，作為一般性指引。事務委員會、法案委員會及研究附屬法例和政策事宜的小組委員會所進行的商議工作因而更為互動，兼且比立法會會議較少受到繁文縟節的束縛。此舉有助促進議員之間的溝通，亦有助議員與政府和其他獲邀出席會議的各方交換意見。截至目前，香港立法會委員會在自主性方面，已經有一個非常完善的委員會體系，除了內務委員會、財務委員會、帳目委員會等，還擁有 18 個分別對應政府各部門的事務委員會。

（二）立法會委員會制對行政主導的衝擊

從制度上而言，立法會還可因應需要來成立一些臨時的委員會，例如，對大部分法律草案的審議來說，法案委員會審議為必經階段，審議的時間一般不固定，通常取決於委員會是否完成了充分審議，當政府急於通過某些法案時，法案委員會可能不得不在這一階段做出讓步。[4] 在比較重要的委員會當中，成員的分佈往往對應立法會內部主要的政治力量的比例，故可以視為迷你版的立法會，但更為靈活。作為立法局的延續，立法會繼承了頗為精密的議事規則和主要的議事慣例，並仍在有效地運行。圖 7.1 展示的是立法會十八個事務委員會主席的職位在建制派和泛民主派當中的分配情況。從圖 7.1 中可以看到，在 2012 年之前，建制派與泛民主派之間的席位分配較為穩定，不過到了 2012 年立法會選舉之後，建制派顯然加強了對委員會主席職位的控制，這個變化可能反映委員會主席的角色、或者說政黨對其所抱的期望也發生了變化。雖然委員會主席的中立性角色會不會向政策推動者轉化，還需要進一步的研究和分析，但就過去兩三年財委會以及其他委員會內部頻繁發生的衝突來看，委員會的自主性實際上已經發生變化。就政黨與議會委員會的一般關係而言，如果政黨對委員會的控制較弱的話，委員會的自主性則較高，其對議會政策制定能力的貢獻也較大，政黨對委員會的控制較弱的情形多見於議會內呈現多個政黨或者政黨本身的凝聚力較差。也有學者總結，政黨與委員會實為矛盾的存在，兩者之間在議會內部的實力此消彼長。政黨強勢，則委員會

---

4. 參見《香港特別行政區立法會歷史、規則及行事方式參考手冊》第一部分：立法會及其歷史、組織和程序的介紹，第六章「委員會制度」。

圖7.1 立法會內部政黨成員對委員會主席職位的控制情況[5]

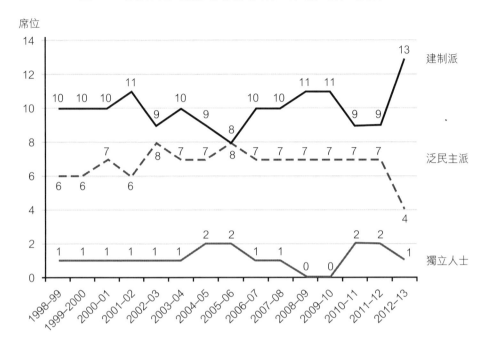

弱勢；政黨弱勢，則委員會強勢。[6]不過，委員會仍然是立法機關內部
政黨協調的重要場所，雖然強勢的委員會可能會被強勢的政黨領袖把
持，但重要的政黨成員可就公共議題在委員會內部率先達成共識，以
免立法會內部矛盾大面積激化。

5. 顧瑜（2015）。《香港立法會的自主性與行政立法關係》，港澳與內地合作發展協同創新中心
   https://mp.weixin.qq.com/s/vuogalednBROE 對立法會內部政黨博弈及立法會委員會的深入
   研究，參見 Gu, Y. (2015). *Hong Kong's Legislature under China's Sovereignty: 1998–2013.*
   Leiden: Brill Nijhoff.

6. Olson, D. (1980). *The Legislative Process: A Comparative Approach.* New York: Harper and
   Row. p. 269. Owens, J. (1997). "Curbing the Fiefdoms: Party-Committee Relations in the
   Contemporary U. S. House of Representatives," in *Working Papers on Comparative Legislative
   Studies II: The Changing Roles of Parliamentary Committees*, Lawrence Longley and Attila
   Ágh, eds. Appleton, Wisconsin: Research Committee of Legislative Specialists, International
   Political Science Association, Lawrence University. pp. 183–198.

　　研究第三世界民主化國家議會的學者，一般都將後發民主化國家的立法機關定位為「邊緣型立法機關」或「最小型立法機關」，而因為被動的立法機關本身不足以為競爭性的委員會提供生存環境，他們認定其轄下的委員會亦受制於行政部門，與議會一樣軟弱無實力。理論上雖然如此，但誠如研究亞洲議會的學者 Gordon Hein 所言，議會委員會制度的強大、委員會能力的擴展，與一國民主化的程度、民主秩序的擴張直接相關，愈來愈多立法機關委員會在制定法律、形成政策、監督財政方面變得愈來愈有效。伴隨委員會成員在建制和議事能力方面的進一步改善，其在政策制訂方面的貢獻會更加突出。在討論行政立法關係的時候，行政與立法機關之間存在着權力上的競爭關係，因此當立法會的自主性逐步增強，立法會委員會制度的有效性，即是立法會自主性的重要表現，就不可避免地與「行政主導」的管治原則相衝突。要留意的是，當立法會的自主性削弱時，卻不一定出現真正由行政主導的強勢政府。

　　在不同時期，香港政府、立法會及當中的政黨和議員，會採取不同的策略來處理議行關係。在港府治理效果尚可或回升時，行政與立法關係相對緩和，港府會主動調整行政與立法的關係，立法會則會抓住一些關鍵事件，運用制度內的權力，加強自身對政府施政的影響力；在治理效果較差或惡化時，立法會可能會以較為激進的街頭政治，反對政府施政，立法會內的政黨亦多已出現分裂，行政與立法的關係，在制度化和非制度化維度，均有較大變化。就以往的經驗來看，立法會自主性程度降低的同時，通常伴隨規則與慣例的改變，而新的平衡又無法形成，導致立法會中原本勉強可以藉以尋求共識的議事機制失效，無法容納日益激烈的政治鬥爭，最可能的結果是整個管治系統出現問題，街頭政治壯大，也已經再明顯不過。

二、立法會質詢權運行中的行政 — 立法關係

（一）立法會質詢的概念、歷史、功能

　　所謂質詢（question），指的是「議員採用口頭或者書面形式向政府首腦或者政府部長就內閣的施政方針、行政措施以及其他事項進行質疑並要求解釋、說明和答辯」的行為。[7] 根據《基本法》第 64 條，香港特區政府對立法會機關負責。《基本法》第 73 條賦予立法會的各項職權，部分旨在讓立法機關可履行其監察政府的角色，當中包括對政府的工作提出質詢，而該職權是建基於《基本法》第 64 條的規定，及相關特區政府須答覆立法會議員的質詢。與此相對應的制度安排為《基本法》第 62 條第（6）項「委派官員列席立法會的會議並代表政府發言」。

　　立法局非官守議員增加和質詢案提出條件放寬，議員的質詢數量有明顯增長：1950 年代前，每年的質詢案不超過兩個，60 年代增加到十多個，1970 年代則到了一百多個，甚至二百個的水平。[8] 自 1960 年代以後，雖然質詢的數目有所增加，但仍然只是每月才提出一次，內容通常是關乎最迫切的問題，如 1961 年對治療肺結核病的關注、1962 年食米價格上漲、1963 年接連發生的多宗工業意外等。議員亦借此機會，就政府在財政預算案辯論中的發言及他們的其他公開聲明，提出質詢。香港立法會議事規則中的「質詢」部分規則，沿用自九七前香港立法機關的《會議常規》。當時規定若提出質詢，須作出預告表示此意，有關程序多年來未經改變，讓相關的政府官員獲得充分的預告，可在會議上提供全面的回應，並把質詢內容限於與公共事務有關。到 1929 年，非官守議員獲得提出補充質詢，以求澄清任何與官守議員所作答覆有關的事宜。到 1968 年，《會議常規》內有關向政府提出質詢

---

7. 唐曉（2009）。《議會監督》。北京：世界知識出版社。216 頁。

8. Miners, N. J. and Tuck-hang J. Tang (1998). *The Government and Politics of Hong Kong*. Hong Kong: Oxford University Press. pp. 268–270.

的規定，已變得更為全面。除在立法局會議上可提出的質詢的範圍有指定外，《會議常規》亦規定每次會議最多可提出的質詢數目、預告規定、質詢內容的限制等。[9]

（二）對回歸後立法會質詢權的實證研究

1. 立法會議員監督政府施政的均等化現象

觀察 1998 至 2016 五屆立法會期間，議員總質詢數和不同類型質詢數的組成和變化情況，通過表 7.1 可以看出：一，歷屆立法會的口頭和書面質詢總數呈增長趨勢，而補充質詢總數則明顯下降。實際上，一般來說，一年之內立法會能夠提出質詢的全體大會的召開次數是 30、31 或 32 次，每一次會議上可以提出的質詢數上限是 20 條。這也就意味着，如果質詢權被充分使用，一年內的質詢總數應當是 600、620 或 640 次。在 2011 至 2012 年度，第四屆立法會的議事規則委員會進行了一項檢討，內務委員會認為當立法會議員的人數由 60 名增加至 70 名後，每次會議的口頭質詢數目應由 6 項增至 7 項，書面質詢由 14 項增至 16 項，以便每位議員在每個會期有機會平均提出 3 項口頭質詢及 8 項書面質詢。[10]後來此事押後至第五屆立法會，由第五屆立法會就該建議作檢討，當時第五屆立法會議員大都贊同把每次立法會會議口頭質詢的數目維持在 6 項，但議員支持把質詢的總數（包括口頭和書面）增至不多於 22 項。有關建議最終獲得通過，書面質詢的數目由 14 項增至 16 項，口頭質詢的數目維持不變。

---

9. 1976 年，可提出質詢數目增至 20 項。1991 年 7 月 10 日，在立法局決定在例會上就不擬具有立法效力的議案進行辯論後，《會議常規》作出修訂，訂明如該次會議有該等議案辯論，即不得有多於 3 項要求口頭答覆的質詢；如會議並無該等議案辯論，則不得多於 8 項要求口頭答覆的質詢。1992 年 4 月，如某次會議有一項議案辯論，可提出的口頭質詢數目增至 6 項；而在 1992 年 12 月，如某次會議並無議案辯論，可提出的口頭質詢數目增至 10 項。立法會：《香港特別行政區立法會歷史、規則及行事方式參考手冊》第二部分，第九章。立法會 CB(4) 1263/14–15 號文件。

10. 議事規則委員會 2011 年 7 月至 2012 年 7 月的工作進度報告，第 2.8 至 2.16 項。

表7.1 歷屆香港立法會質詢總數（1998–2016）

任期	年份	書面質詢	口頭質詢	書面與口頭質詢	補充質詢	書面與口頭質詢年平均數	書面與口頭質詢年人均數	補充質詢年平均數	補充質詢人平均數
第一屆	98–99	585	206	791	1,290	697	11.62	1141	19.02
	99–00	449	154	603	992				
第二屆	00–01	451	159	610	986	606	10.11	963.25	16.05
	01–02	436	153	589	952				
	02–03	455	160	615	1,006				
	03–04	457	155	612	909				
第三屆	04–05	454	155	609	977	620.5	10.34	956.5	15.94
	05–06	442	156	598	1,003				
	06–07	470	167	637	951				
	07–08	471	167	638	895				
第四屆	08–09	443	154	597	826	631.75	10.53	857.5	14.29
	09–10	457	163	620	916				
	10–11	472	178	650	847				
	11–12	479	181	660	841				
第五屆	12–13	473	145	618	907	573	8.16	739.25	10.56
	13–14	520	134	654	757				
	14–15	140	504	644	797				
	15–16	92	284	376	496				

2009 至 2010 年任期之前，議員的口頭和書面質詢總數與理論最大值基本上都只有個位數的差距，而從 2009 至 2010 年開始，所有的質詢次數都已被使用。書面和口頭質詢數量的增長（無論是總量還是人均）說明，議員對質詢權利運用得逐漸熟穩，理解加深，補充質詢數量的減少則從側面反映立法會逐漸限制補充質詢。[11] 補充質詢的數量明顯大於其他質詢（甚至大於其他質詢的數量和），這和其提出的方便性是分不開的；再者，書面質詢穩定維持在口頭質詢的三倍左右，原因當然是書面質詢與口頭質詢次數限制的差別（如前所述，每次周三大會上口頭質詢的總數和單個議員的口頭質詢數量是有限制的），但在背後卻明顯體現着，書面質詢和口頭質詢對於政府的不同要求：前者對於政府來說較為輕鬆，可以有更長的時間來應答；後者對於政府較有挑戰性。同時在口頭質詢的過程中，一般都會引來補充質詢，故受到的限制較大。無論是書面、口頭還是書面口頭總合，各議員質詢總數之間的差距都呈現非常明顯的下降趨勢。也就是說，議員之間更平均地使用質詢權，而不是集中在某些議員手中，也從側面反映出質詢權受到了更多議員的重視。

2. 立法會質詢議題中所反映的行政與立法關係

其次應當關注的是議員質詢所涉及到的議題的變化。表 7.2 列出了 1998 至 2016 年期間政府主要職能部門所受到的質詢的次數。雖然特區政府部門在回歸後的十幾年內經過了多次調整，但是其「特首－司局」的架構一直沒有變化，綜合三屆政府的內部架構，對回答質詢的各政府部門進行了大致的分類。當下的政府架構中，由律政司司長負責的主要有律政司；由政務司司長負責的有公務員事務局、政治及內地事務局、教育局、環境局、食物及衛生局、民政事務局、勞工及福利局、保安局、運輸及房屋局；由財政司司長領導的有商務及經濟發展局、發展局、財經事務及庫務局。從這樣的一個部門架構中看出，

---

11. 《議事規則》第 26（5）條：「議員不得就質詢向立法會陳詞，亦不得以質詢作為辯論的藉口。」

回答議員質詢的主要由以下三個類別的司局組成：一、與政治事務相關：政務司、律政司、公務員事務局、政治及內地事務局、保安局；二、與經濟事務相關：財政司、商務及經濟發展局、發展局、財經事務及庫務局；三、與民生事務相關：教育局、環境局、食物及衞生局、民政事務局、勞工及福利局、運輸及房屋局。總的來說，政治、經濟和民生三個議題在議員質詢總量上所佔的比重沒有發生太大的變化，其中政治事務佔 15.5%，經濟事務佔 23.9%，民生事務佔 60.3%，而在民生事務當中，質詢次數最多的為房屋運輸問題和食品衞生問題，分別佔到了總質詢的 18.6% 和 17.2%。這表現了議員質詢時的基本議題傾向注重基層和民生。

　　仔細觀察會發現，有一些議題在五屆立法會期間，其受關注程度出現較為明顯的變化。如在政治議題當中，政制及內地事務局所受到的關注，除了首屆立法會之外，一直在增長之中。這種增長一方面是因為內地與香港的聯繫更為緊密，尤其是在雙方簽訂《內地與香港建立更緊密經貿關係安排》之後，政制與內地事務局所需要處理的事務明顯增多；另一方面也是因為回歸之後短暫的「蜜月期」結束，香港的政治發展面臨着問題重重、前途不明的局面，無論是政府施政、行政——立法關係，還是立法會內部都有諸多矛盾需要解決，故也引起了議員更多的關注。在民生事務當中，運輸及房屋局被質詢次數明顯上升，這一方面是因為 2007 年環境運輸及工務局運輸部門、經濟發展及勞工局的民航和海事部門，以及房屋規劃地政局的房屋部門合併，組成新的運輸與房屋局；另一方面也反映出一直來政府在制訂和實施公屋政策、處理與大地產商關係方面飽受爭議，這些一直都是香港社會的熱點問題。

　　尤其值得注意的是，2007 年由經濟發展及勞工局中的勞工事務部門，和衞生福利及事務局中的社會福利部門組成的勞工及福利局在五年時間內接受質詢的數目急劇增長，勞工及福利局的成立本來就說明了香港社會階級分化更加明顯、基層人民生活惡化需要政府格外關注的事實。從另外一個角度來說，某些議題在某些立法會任期甚至是某

表7.2 歷屆立法會中不同政府部門受質詢的次數（1998–2016）

政府部門	第一屆	百分比 (%)	第二屆	百分比 (%)
政務司	20	1.4	45	1.9
律政司	11	0.8	5	0.2
保安局	116	8.3	285	11.7
公務員事務局	20	1.4	63	2.6
政治事務局	18	1.3	40	1.6
政治事務總計	185	13.3	438	18.1
財政司	3	0.2	17	0.7
經濟局	92	6.6	158	6.5
工商局	72	5.2	145	6.0
財經事務局	74	5.3	139	5.7
庫務局	42	3.0	23	0.9
資訊科技及廣播局	56	4.0	23	0.9
發展局	0	0	0	0
經濟事務總計	339	24.3	505	20.8
房屋局	70	5.0	224	9.2
運輸局	128	6.2	334	13.8
教育統籌局	204	14.6	227	9.4
民政事務局	86	6.2	146	6.0
工務局	44	3.2	25	1.0
衛生食物局	159	11.4	358	114.8
環境局	126	9.0	109	4.5
規劃地政局	54	3.9	60	2.5
勞工及福利局	0	0	0	0
民生事務總計	871	62.4	1,483	61.1
總計	1,395	100	2,462	100

（續上表）

第三屆	百分比 (%)	第四屆	百分比 (%)	第五屆	百分比 (%)	五屆總數	百分比 (%)
35	1.4	53	2.0	45	1.9	198	1.7
5	0.2	9	0.3	23	1.0	53	0.5
192	7.7	158	6.0	229	10	980	8.7
52	2.1	38	1.4	23	1.0	196	1.7
82	3.3	101	3.8	75	3.3	316	2.8
366	14.7	359	13.7	395	17.2	1,743	15.5
31	1.2	25	1.0	4	0.2	80	0.7
234	9.4	213	8.1	178	7.7	1,192	10.6
100	4.0						
145	5.8	241	9.2	159	6.9	823	7.3
0	0	0	0	9	3.9	88	7.8
44	1.8	249	9.5	216	9.4	509	4.5
554	22.3	728	27.7	566	24.7	2,692	23.9
267	10.8	363	13.8	358	15.6	2,094	18.6
350	14.1						
176	7.1	157	6.0	187	8.1	951	8.4
171	6.9	170	6.5	145	6.3	718	6.3
0	0	0	0	0	0	69	0.6
545	22.0	570	21.7	309	13.5	1,941	17.2
0	0	0	0	165	7.2	400	3.6
0	0	0	0	0	0	114	1.0
53	2.1	282	10.7	167	7.3	502	4.6
1,562	62.9	1,542	58.7	1,331	58.1	6,789	60.3
2,482	100	2,629	100	2,292	100	11,260	100

些年份的波動，正好反映了當時香港政治的重要事件或者核心問題。最為明顯的就是保安局所回答的質詢在第二屆立法會任期間竟高達 285 個，除了香港自身內部的監獄和犯罪問題外，大多數的質詢均以不同的方式涉及到內地與香港關係的問題，而針對保安局質詢最多的一年，正是《基本法》23 條立法在香港受挫的年份。

3.　不同界別和不同政黨派別議員質詢中所反映的行政—立法關係

從「建制－泛民」和「地區直選－功能界別」的分野出發，來考察不同政治派別和選舉方式的議員在質詢次數上的差別。可看出：一、無論是口頭質詢、書面質詢還是補充質詢，地區直選的泛民派議員均是表現最為出色的。這也與泛民派監督政府的定位相符合；二、在口頭質詢和補充質詢的表現上，地區直選的建制派議員和功能界別的泛民派議員表現相當，且與地區直選的泛民派議員差距不大。這一方面說明地區直選的建制派議員在選舉獲勝的驅動和地區服務的思路之下，積極採取了親基層、親大眾、監督政府的立場，另一方面也表明泛民派的議員在監督政府的行動上並不因為功能界別這一選舉制度有所差異；三、功能界別的建制派議員在三個類別的質詢當中的表現都大大落後於其他三類議員。這再一次明顯地反映出功能界別一直被人詬病的問題：參政議政的積極性不夠，監督政府的能力也有限。功能界別的建制派議員在補充質詢上與其他類別議員的差別尤為明顯，更加反映出他們對於立法會會議的直接參與程度不夠，相對於「建制—泛民」的區分，以及「地區直選—功能界別」的區分，才是決定質詢權行使頻率更為重要的因素。

由此可見，一、回歸以來，香港立法會議員的質詢案數量穩步增長，在《議事規則》所規定的範圍之內，議員更為頻繁也更為熟練地使用質詢權，相對於更為隨機的補充質詢，正式的書面和口頭質詢體現了議員事先準備的、經過深思熟慮的監督政府的行為。二、質詢所涉及到的議題與香港社會經濟發展的情況具有較高的相關性，近三分之二的議題指向民生事務，其中又以房屋運輸和衛生福利尤為重要，政

表7.3 功能界別、直選議席不同政黨派別的議員提出不同類型質詢數量

（1998-2016）

選舉方式	政治派別	口頭質詢	書面質詢	補充質詢	平均每位議員口頭質詢	平均每位議員書面質詢	平均每位議員補充質詢
地區直選	建制派	552	1,665	3,211	10.82	32.65	62.96
	泛民派	960	2,784	5,046	12.15	35.24	63.87
功能組別	建制派	829	2,310	5,338	6.79	18.93	43.75
	泛民派	284	808	1,312	10.52	29.93	48.59

治議題和經濟議題的比重較為穩定，但是涉及到與中央政府關係和自身政制的議題被質詢次數明顯升溫。三、選舉方式和政治派別在決定議員質詢情況時起着重要的作用，地區直選的泛民派議員在質詢事務上表現最佳，而功能界別的建制派議員表現最差。相對於政治派別、選舉制度的差別也是區分議員行使質詢權表現更具顯著性的指標。

三、立法會對政府的財政監督權

　　財政責任旨在讓公民了解國家財政資源的配置，以及財政資源如何使用以滿足公共需求。財政責任起源於對政府及其官員的不信任。代議制的發展促使立法機關成為最重要的促進政府履行財政責任、提高財政透明度的機構。監督公共財政是立法機關的重要憲法性職權之一，立法機關對公共開支和稅收的批准，意味着將法治原則納入到預算過程，因此當選舉機制十分薄弱，立法機關對政府預算案和其他財政建議的監控則顯得尤為重要。與大多數公共政策制訂的過程類似，整個預算過程也可分為起草、制訂、執行和審計各個環節，雖然預算各環節存在着交叉，但對財政比較明顯的控制可以體現為事前控制和事後控制。事前控制強調的是對預算的具體內容和方向進行控制，事後控制強調的是對預算執行的控制。從不同的政府組織形式來說，西

敏寺議會內閣制更注重的是審計檢查，財務委員會（Committee of Public Account）被認為是議會中最重要的委員會之一。同時，事後控制也被許多其他國家廣泛接受，如美國國會就擁有修正總統預算案的大權。與此同時，1974 年《國會預算與截留控制法案》（*Congressional Budget and Impoundment Control Act*）標誌着一個非黨派型的國會預算辦公室成立，並且提供相關的預算分析和預算資訊。

（一）香港立法會的財政控制能力

1.　Joachim Wehner 教授提出的議會財政控制能力評估

　　要大致了解香港立法會所擁有的控制公共財政的權力，特別是它與世界其他國家和地區的對比，可以借助 Joachim Wehner 教授提出的議會的財政控制能力指數來分析。這個指數考察了 36 個民主政體在六個變量上的表現：[12] 預算修改權（amendment power）（有的立法機關只能就提交的預算案批准或拒絕，有的只能削減已有項目，有的在滿足總體額度的限制下，能夠在不同項目間重新分配撥款）、否決預算案的後果（reversionary budgets）（這強調的是行政機關與立法機關之間的關係，若被否決的預算案仍能應用於接下來的財政年度，那麼可以説立法機關在這一項目上控制財政的能力較弱，若此時立法會以臨時撥款的方式繼續維持政府運作或甚至延續上一年的預算，則可以説在這一項目上控制財政的能力較強。若因沒有公共開支而令政府被迫停止運作，則立法機構制衡政府的能力非常強），以及行政機關執行預算的靈活性（executive flexibility），其包括以下三個子項：（1）行政機構是否能不經議會同意扣留已批准的撥款；（2）行政機關是否能不經議會同意調劑不同開支領域的撥款；（3）預算中是否有預備資金以備不時之需且無需議會同意。之後三個變量則屬於機構能力（organizational capacity），

---

12. Wehner, Joachim (2006). "Assessing the Power of the Purse: An Index of Legislative Budget Institution," *Political Studies*, 54: 767–775.

包括審議時常（time）、委員會能力（committees）以及研究能力（research capacity）。

2. 香港立法會的財政控制能力演變

港英時期，根據當時立法局的《議事規則》第 23 條，如果沒有總督的建議，任何非官守議員不得提出任何會導致從本港財政收入中撥款的動議或修正案。[13]立法局是控制財政開支的最後組織，審核並通過港英政府每年制訂的財政預算案；審議批准追加預算及額外撥款；審查財政預算案執行的帳目情況。立法局是通過其內設的財政委員會和政府帳目委員會，具體行使前述的職權。回歸以後，立法會財務委員會多數在每星期五下午舉行會議，審查及批准政府提交的公共開支建議。財務委員會其中一項工作，是審查財政司司長每年提交立法會的開支預算草案及撥款法案，其中載列政府下一財政年度的全年開支建議。然而財務委員會的會議與立法會全體會議的表決程序卻有天壤之別，分組點票機制並不適用於財務委員會的會議。

根據《立法會議事規則》第 71（5B）條的規定：「所有在委員會或其轄下小組委員會內討論的事宜，須以參與表決的委員贊成者及反對者的過半數決定。委員會或其轄下小組委員會的主席或支持會議的任何其他委員不得參與表決，但如其他委員會贊成及反對者數目相等，則在此情況下他須作決定性表決。」《基本法》第 73 條第（2）（3）項：「香港特別行政區立法會行使下列職權：根據政府的提案，審核、通過財政預算；批准稅收和公共開支。」第 64 條：「香港特別行政區政府必須遵守法律，對香港特別行政區立法會負責：執行立法會通過並已生效的法律；定期向立法會作施政報告；答覆立法會議員的質詢；徵稅和公共開支須經立法會批准。」財政撥款法案（Appropriation Bill）是指《議事規則》第 67（1）條：「載有香港特別行政區政府本財政年

---

13. 當時選票政治尚未成熟，政黨紀律十分寬鬆，有些議員在向政府提出預算案時，向選民許諾增加福利開支，以樹立自己的形象。因此，下議院規則限制了這種可能導致經費增長的動議權。

度或下一財政年度全部服務開支的財政需求預算的法案，稱為撥款法案。載有上述財政需求詳情的預算案，須在該法案列於立法會議程以進行首讀的會議開始之前，提交立法會。」撥款法案二讀休會延期後，根據《議事規則》第 71（11）條：「立法會主席可將按照本議事規則第 67 條（撥款法案的提交及二讀）提交的預算案，在全體委員會審議撥款法案前，交由財務委員會審核。」《公共財政條例》第 8（1）條：「除本條另有規定外，核准開支預算不得修改，但在財政司司長建議下由財務委員會核准的，不在此限。」儘管如此，但《公共財政條例》第 8（3）條同時規定「財務委員會可將核准修改的權力轉授財政司司長，並在該項權力轉授中指明規限核准修的條件、例外情況及限制。」截止目前，財政司司長被授予的權限包括：（a）就政府一般收入項目項下的開支批准追加撥款，以及提高和開設資本承擔，其財政權力限額為每項 1,000 萬元；（b）開立每項金額不超逾 2,100 萬元的工務計劃丁級工程項目；（c）在基本工程儲備基金下，開立每項金額不超逾 1,000 萬元的主要系統設備及電腦化項目；（d）開設及刪除非首長級職位，但不能超逾編制上限；及（e）開設為期不超過六個月的首長級編外職位。[14] 開支預算若超出前述範圍則需要財務委員會批轉，並由立法會小組審查。《議事規則》第 71（5）條：財務委員會可委任小組委員會，以協助財務委員會履行由其決定的財務委員會的職能。然而，這兩個轄下委員會的建議並不必然會被財務委員會接受。[15] 一般來說，提交至財務委員會討論的事宜通常會被轄下兩個委員會或小組討論，但財務委員會仍對財政事務享有決定權。預算中的稅收建議通常會包含在稅

---

14. 《撥款條例草案》和開支預算及實施政府財政預算案的建議 LC Paper No. FC48/10–11(01)，第 4 頁，註釋 1。

15. 根據議事規則第 71（5）條：「財務委員會可委任小組委員會，以協助財務委員會履行由其決定的職能。」小組委員會通過的文件，通常不會再次在財務委員會進行討論，但委員會可自行決定是否接納或推翻小組委員會所提出的任何建議。而根據議事規則第 71（5）條而委任的兩個小組委員會為人事編制小組委員會及工務小組委員會。《香港特別行政區財務委員會會議程序》，第 3 段。

收草案或以附屬立法的形式提交立法會，其他稅收建議亦是如此。立法會可以加設法案委員會或轄下委員會，審議這些草案或附屬立法和修正案。

1. 對政府帳目的監督。這是立法會財政控制的一個重要方面，政府帳目委員會（the Public Accounts Committee）作為三大常設委員會之一，負責研究審計署署長就審核政府及屬於公開審計範圍內的其他機構的帳目及衡工量值審計結果所提交的報告書。在認為有需要時，委員會可邀請政府官員及公共機構的高級人員出席公開聆訊，提供解釋、證據或資料；委員會亦可就該等解釋、證據或資料，邀請任何其他人士出席公開聆訊提供協助。儘管不是所有的財政建議都需要財務委員會或立法會的批准，但根據《公共財政條例》第 39A 條：「凡按條例或根據條例須向政府、公共機構或公職人員繳付的任何費用，而又不屬法院規則規限——（由 1973 年第 19 號第 54 條修訂；由 1985 年第 39 號第 60 條修訂；由 1999 年第 78 號第 7 條修訂）(a) 可由行政長官藉命令予以減少或更改；但任何更改均不得使該項費用高於原來數目；(b) 在個別情況下及因特殊理由，可由行政長官全部或部分減免，或全部或部分退還；(c) 在不抵觸上述條文下，須撥入政府一般收入內，或由政府一般收入支付。」另外，《公共稅收保障條例》第 2 條規定：「如行政長官批准條例草案或決議提交立法會，而該條例草案或決議一旦成為法律，會使：(a) 任何稅項、費用、差餉或其他稅收項目得以徵收、撤銷或更改；或 (b) 任何稅項、費用、差餉或其他稅收項目的寬免得以批准、更改或撤銷；或 (c) 與稅項、費用、差餉或其他稅收項目有關的行政或一般條文得以制訂、更改或撤銷，則行政長官可作出命令，使該條例草案或決議的所有條文在該命令有效期內具有十足法律效力。」不過，條例也存在不少灰色地帶，例如財政儲備等是否需要立法會的批准還是個未知數。

2. 對財政預算的修改權。《立法會議事規則》第 69（1）條：如全體委員會主席認為某項修正案會令任何開支總目所獲分配款額增加，不論增加的部分為子目、分目或總目本身，則該修正案只可由獲委派官員動議。就修改權而言，立法會只能削減現有的項目；在對預算案投票之前，立法會通常會通過一筆臨時撥款來維持政府的開支。在行政機關執行預算的靈活度上，香港政府通常不能未經立法會同意就調動不同項目下的款項或是扣留已經通過的撥款，但政府可以不經立法會同意運用外匯基金（主要來源為歷年的財政盈餘）。在另外三個與機構能力有關的變量上，香港立法會通常用不到兩個月的時間審議預算案。在委員會的設置方面，立法會擁有財務委員會和帳目委員會，但事務委員會在審議預算和撥款時並沒有決定權。就研究能力而言，香港立法會並無 Wehner 教授所說的預算辦公室或專業研究人員。

在 Wehner 教授前述的研究中，實行西敏寺制議會的財政控制能力遠遜於總統制國家的議會。由於香港立法會是前英國殖民地立法局的延續，在預算案修改和委員會設置方面，的確有不少與西敏寺式議會相似的地方。香港立法會內部的制度性安排多借鑒英國議會，財務委員會多數在每星期五下午舉行會議，審批政府提交的公共開支建議。財務委員會其中一項工作，是審查財政司司長每年提交立法會的開支預算草案及撥款法案；更多時候，在審批大部分政府提交的財政建議時，財務委員會都會接受轄下的人事編制小組委員會及工務小組委員會的建議。Wehner 提出的議會的財政控制能力指數建基於接受調查的 36 個國家和地區的制度，在變量的設置上也糅雜了行政與立法機關各自的權力。這個指數主要是為不同議會控制公共財政的制度安排提供一些評價標準，但未必能精確反映每一個具體議會的財政控制能力。比如在衡量審議時長對預算案的影響時，還應該考慮議會為審議預算案所

召開的會議密集程度，不只看總體的時間長度。如果將議會的專業研究能力聚焦於是否有一個專業的預算辦公室，可能會忽略議會的資料研究部門，以及政黨和議員的研究助理所做的工作。

3. 撥款法案的審議及時間跨度。撥款法案在立法會中的審議程式大致如下：首先，財政司司長每年應向立法會提交政府的收支預算，並在立法會會議上發表財政預算案演辭，概述政府的財政建議，並動議就撥款法案進行二讀。撥款法案的二讀動議啟動後，針對法案的辯論即告中止待續。同時，立法會主席在全體委員會考慮撥款法案之前，可採取如下措施，將財政預算案內已併入開支預算的開支建議，交由財務委員會，由其通過特別會議公開詳細審核開支預算，會議當按照《財務委員會會議程式》第 49 至 53 段的規定進行，目的在於確保所要求的撥款，不會超過執行核准政策所需的款項。然後，在撥款法案恢復二讀辯論時，議員可就香港的財政及經濟狀況，以及撥款法案及預算內所顯示政府政策和行政的一般原則作出辯論。為使全體議員均有機會對撥款法案進行充分審議，立法會會議的審議時間一般為連續兩日。最後，政府會在下一個立法會會議上就議員的意見作出回覆，議員屆時將會就法案的二讀進行表決。[16]

法案倘需作出任何修正，應符合《議事規則》第 69 條的規定，並在法案進行二讀辯論後，由全體委員會處理。法案經三讀便獲得通過。下圖展示的是立法會 1999 至 2015 年審議年度開支計劃的時間，審議的天數包括撥款條例草案一讀至三讀的總時間。1998 至 2000 年第一屆立法會的審議時間不超過一個月；2000 至 2008 年第二、第三屆立法會的審議時間稍有所增

16. 參見〈立法會事務：開支預算及財務建議〉，立法會官方網站 www.legco.gov.hk/general/chinese/proposal/budget.htm

圖7.2 立法會審議年度撥款條例草案的時間（1999–2015）

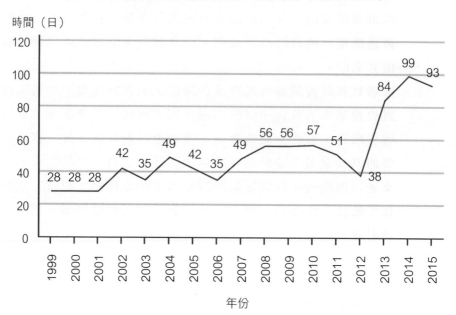

加；2008 至 2012 年第四屆立法會的審議時間明顯增多，將近耗時兩個月；而自 2013 年第五屆立法會開始，每到立法會審議政府財政預算案時，就會出現明顯的拉布現象，耗時增至三個月以上。

《立法會議事規則》第 71（12）條：「主席或委員會可邀請任何官員，或預算總目下有關的非政府團體或組織的成員或僱員，提供委員會在履行其職責時可能需要的資料，或作出解釋，或出示記錄或文件；委員會亦可就該等資料、解釋、記錄或文件邀請其他人士提供協助。」審議預算的時間不斷增長說明立法會有更強烈的意願去完整地審議政府預算，因此政府官員必須面對更多的提問與質疑，並不得不提供更詳細回覆與解釋。

4. 批准公共開支和稅收。香港立法會對公共開支和稅收的批准權是《基本法》賦予的重要權力，通過對運用公款的嚴格監

督，立法會不僅能夠影響公共政策，還能夠控制政府機構的改組和職位設置。立法會對公共開支和稅收的控制主要通過審議批准年度財政預算案和預算案之外的財政建議來實現。預算案通常採取捆綁投票，意味着政黨對整個預算案投下否決票會有很大風險。由於議員只能提出削減已有項目，所以對於親草根的議員而言則面臨着兩難困境：一方面他們希望增加政府在民生方面的開支，同時又希望政府能削減稅費，然而議員只能同意、否決或削減撥款條例草案中的政府開支。一但否決財政撥款條例草案，很有可能導致政府的運作捉襟見肘。這種「要麼全有，要麼全無」的審議本質削弱了議員對政府預算的影響。某些情況下，議員和政黨團體會迫使財政司司長作出減免稅費等承諾，財政司司長為了不願看到自己的財政計劃在立法會中被否決，而需要與主要政黨談判協商，尤其需要拉攏建制陣營的民建聯和自由黨。若財政司需要盡可能得到立法會中的大多數支持，甚至需要與少數政黨（如民主派）達成妥協，作出讓步。此外，政府的財政計劃在立法會中的得票率及受歡迎程度直接對政府官員構成壓力。

《收入條例草案》賦予政府所有的收入計劃以實際的法律效力，任何可能導致政府稅收增加的稅收建議都必須經過立法會批准。其中，政府的 fee-hikes 計劃經常遭到立法會的反對。在 1999 至 2001 年間，立法會積極狙擊政府提出的 fee-hikes 計劃，政府提出的五項針對《稅務條例草案》旨在增加相關費用的修訂均被立法會議員否決。《2001 年收入（第 2 號）條例草案》，在 2001 至 2002 財政年度政府財政預算案中，財政司司長提出下列收入建議之一：把路邊停車收費表的最高收費，由每 15 分鐘 2 元調高至 3 元。即使這調整幅度比《1999 年收入條例草案》的還要小，但仍遭到民建聯、工聯會及民主黨議員的反對而未能通過。支持者則包括自由黨議員、譚耀宗、吳靄儀和余若薇。身為行政會議兼立法會成員的譚耀宗當然支持政府，但吳靄儀和余若薇兩名公民黨成員反對政府，這說明就 fee-hikes 表現出來的分化，已經超出傳統

建制陣營和泛民陣營二元對立的分化。而預算案之外的財政建議則留給各個政黨更大的空間，因為這些建議往往只涉及一項或幾項具體的公共政策，對整體的政府運作不會產生決定性的影響。與世界上其他國家和地區的議會一樣，委員會的討論和批准是立法會控制財政預算和其他公共開支的主要渠道。預算案之外的財政建議通常會先在與政府各部門相對應的事務委員會上討論，代表不同階層和利益的政黨在這些委員會中通常有一定比例的代表，通過委員會會議，他們既與公眾溝通，同時也聽取政府官員的解釋，並向他們提出問題。這過程保證了財政建議在提交立法會財務委員會（財委會）之前已經得到一定程度的討論。當財政建議進入到財委會審議階段後，政黨之間及政黨與政府之間的互動，成為了公共開支能否成功獲批，或能否以最初的形式成功獲批的關鍵因素。[17]

（二）立法會財政控制中的政黨政治博弈

政黨政治與香港立法會如何控制公共財政具有十分緊密的聯繫，因為委員會是立法會審議預算案和其他撥款最重要的場所，是政黨之間尋求共識的地方，更是所有政黨與政府協商和議價的地方。財政預算案和預算案之外的撥款，其焦點除了調節稅費，通常便是各種福利支出，這些議題往往與政治關係不大，因此可以通過個案來深入研究，了解政黨之間及政黨與政府如何就公共開支互動，甚至可以從中得出政黨政治的發展如何影響立法會控制公共財政的方式。

個案研究：2001 年交通津貼為例

2000 至 2001 年財政預算中的稅收建議遭到了更嚴重的挫敗，財政司司長提出要對煙草、酒水、駕照費用、街邊公園停車費用作出上調。這些建議中，僅有煙草和特定酒水費用上調得到了立法會的批

---

17. 顧瑜（2015）。〈立法機構如何控制與監督公共財政 —— 以 1998-2010 年的香港立法會為例〉，載《公法學刊：公共財政與憲法實施》（第一輯）。北京：法律出版社。

准。其他項目均遭到來自主要政黨組成的八黨聯盟的反對。政府在稅收建議上的挫敗表明立法會對稅收建議的控制比對撥款草案的控制更為有效，因為議員對撥款草案的修正受制於「全有或全無」的審議本質和僅能削減項目的限制。

而立法會中超越傳統「建制—泛民」及「精英—草根」二元對立的「跨政黨聯盟」始料未及地出現，亦讓政府無法對立法會精確點票。一但政府提前預判跨政黨聯盟可能會出現，則不得不謹慎提出政策並耗費精力游說議員確保能獲得關鍵贊成票。因此跨政黨聯盟可謂立法會制衡政府極具殺傷力的武器。這個由民主黨主席劉慧卿和自由黨主席田北俊發起的「八黨聯盟」，只是一個鬆散的政黨和政團聯盟，包括了自由黨、工聯會、前線、民建聯、港進聯、民生民協和早餐會。雖然其為一個非政治性的結盟，旨在「民生合作免問政治」，但這並不意味除了 2001 至 2002 這個年度外，其他時間裏立法會不存在政黨聯盟的情況，只是說這一階段政黨聯盟的規模最大，表現亦最為顯著。

八黨聯盟最早起源於 2001 年 10 月 9 日，「立法會跨黨派紓解民困措施七項共識建議」。雖然特首說政府僅採納了其中六項，[18]但實際上政府並未接受其中的多項主張，例如削減房屋委員會管理下的商場和市集的租金、削減公務租金、延遲薪俸稅三項主張均被政府拒絕。後來八黨聯盟又陸續提出若干建議，如調低各類公共交通服務收費、調低公用事業收費和北上發展和就業，其實這些建議和前述七項共識都不同程度的反映在財政司的預算案中。八黨聯盟促使政府接受自己的建議通常會使用如下策略：（1）首先在各政黨之間尋求共識；（2）與財政司司長和特首協商；（3）提出動議要求政府滿足。財政司司長通常會頻繁出席立法會，同時得到立法會大多數支持而通過的議案也會

---

18. 行政長官：「涂議員，立法會議員昨天其實提出了七項意見。首先，我要多謝所有立法會議員，因為你們在這個過程中向我們提出了很多很好和很有建設性的意見。在你們所提出的七項意見中，我們其實已接受了六項——不是接受，而是我們的意見其實是很相同。」香港立法會會議過程正式紀錄（中文版），2001 年 10 月 11 日，37 頁。參見：www.legco.gov.hk/yr01-02/chinese/counmtg/hansard/011011fc.pdf

迫使政府改變往昔拒絕同一主題議案的態度，讓政府作出讓步。無視得到多數支持的議案而一意孤行對政府來說也是不明智的，因為政府必須考慮到立法會對財政預算和其他財政建議所享有的否決權，即使這種權力尚未行使過。立法會中政黨聯盟的存在也給現實政治產生一定影響，2002 年 8 月，民建聯主席和自由黨主席均被任命為行政會議成員，田北俊的任命被坊間傳言為基於其政黨聯盟的表現。而隨着田北俊辭職及退出早餐派，八黨聯盟名存實亡。2002 至 2003 年度，名義上的七黨聯盟僅提出 4 項建議。事實上，因為建制陣營有更多地機會與政府討見還價，民主派在促成政黨聯盟方面更具積極性。如在 2011 年的交通津貼是政府為落實 2010 至 2011 年度施政報告的建議而提出的一項鼓勵就業的計劃，即自 2007 年，政府開始向居於 4 個偏遠地區的求職者和低收入人士提供一定的交通津貼（舊交津），在 2008 至 2009 年，計劃進一步放寬，而 2011 年新的計劃則是建議將交通津貼擴展到香港所有地區（新交津）。不過新的建議同時提出了兩項要求：一是申請人要以住戶／家庭為基礎接受經濟審查，而二人家庭的家庭收入不能超過 8,500 港元。二是申請人每月的工作時間應當不少於 72 個小時。[19] 民主派議員以及建制派的工聯會提出，（1）政府要提高資產審查的入息限額；（2）要實行自查審查的雙軌制，即申請人既可以選擇以個人或住戶為基礎接受經濟狀況審查；（3）放寬工作時限，即使每月工作少於 72 小時的人也應當獲得相應比例的資助；民建聯也提出與前述意見類似的要求，將 2 人家庭的入息限額提高至 13,000 港元，並向每月工作時間少於 72 小時但不少於 36 小時的人發放半數津貼。[20] 2011

---

19. 參見立法會人力事務委員會提供與就業相關的交通費資助，2010 年 11 月 23 日會議資料文件，立法會 CB(2)343/10–11(01) 號文件；立法會人力事務委員會鼓勵就業交通津貼計劃，2010 年 12 月 16 日討論文件，立法會 CB(2)533/10–11(03) 號文件，第 18–21 段。

20. 參見立法會人力事務委員會會議紀要立法會 CB(2)1005/10–11 號文件，第 4–21 段；民建聯對「鼓勵就業交通津貼計劃」的意見，立法會 CB(2)694/10–11(03) 號文件。因為以家庭為單位審查入息限額，可能使更多有需要的人失去申領資格；而政府提出的 8,500 港元的額度，會使即便是領取最低工資的 2 人家庭都喪失申領資格。

年 2 月，政府將經過修訂的交通津貼計劃提交財委會批准，將入息限額從 8,500 港元上調至 10,000 港元，但政府仍不接受雙軌制和放寬對工作時間的限制。[21] 後泛民議員李卓人為使政府妥協，聲稱自己將在財委會會議上提出中止辯論的動議。雖然這一提議很快獲得包括民主派議員、部分建制派議員如工聯會、勞聯、自由黨以及一些獨立議員的支持，但民建聯此時提出了新的主張，要求政府在推行新計劃時也必要保存舊計劃，並將入息上限調至 11,660 港元。隨後政府將入息上限調至 12,000 港元，以及向每月工作時間少於 72 小時但不少於 36 小時的人發放半數津貼，這一新主張雖並未提及雙軌制，但滿足了領取最低工資人士的交通津貼問題，足以使建制派改變立場，不會一致站在李卓人主導的政黨聯合一邊，也意味着政府不會在雙軌制上作出讓步。[22]

這場圍繞「2011 年交通津貼」展開的立法會政黨政治生動地說明泛民主派作為立法會中的少數派更期望建立跨政黨聯盟來迫使政府作出妥協。不過，政府卻有意識地僅與建制派提供商談與妥協，「瓦解」建制派與泛民的合作，這種「瓦解」的手段直觀地表現為接受部分或全部政黨的要求，以此狙擊立法會極具威脅性的跨黨派聯盟，以使民主派在公共政策的制訂過程中被邊緣化。

四、立法會調查權與行政 — 立法關係

無論是回歸前後的《立法局（權力及特權）條例》或《立法會（權力及特權條例》還是《基本法》，均沒有明確規定立法會擁有「調查權」。《基本法》有關立法會職權的規範出現「調查」的字樣是在第 73 條第 (9) 項的規定：「如立法會全體議員的四分之一聯合動議，指控

---

21. 參見勞工及福利局局長就「鼓勵就業交通津貼計劃」與傳媒談話內容，立法會 CB(2)1035/10–11(01) 號文件。

22. 最終在 2011 年 2 月 25 日的財委會會議上，李卓人議員雖提出了中止辯論的動議，但議案被否決。財委會最終以 30 票贊成，7 票棄權通過經修訂的交通津貼計劃。參見立法會財務委員會第十一次會議紀要立法會 FC52/11–12 號文件。

行政長官有嚴重違法或瀆職行為而不辭職，經立法會通過進行調查，立法會可委託終審法院首席法官負責組成獨立的調查委員會，並擔任主席。調查委員會負責進行調查，並向立法會提出報告。如該調查委員會認為有足夠證據構成上述指控，立法會以全體議員三分之二多數通過，可提出彈劾案，報請中央人民政府決定。」該條款授權立法會行使對行政長官的彈劾權，不是一般意義上立法會的「調查權」。《基本法》第 73 條第（10）項規定，香港立法會「在行使上述職權的時候，如有需要，可傳召有關人士出席作證和提供證據。」如果以此推論香港立法會調查權，那麼立法會的調查權的內涵就是「傳召有關人士出席作證和提供證據」，而前提就是「在行使上述職權的時候」。故可以認為，香港立法會的調查權具有輔助立法會行使其職權（立法權、財政權、質詢權、任免權、處理申訴權及對行政長官享有彈劾權）的工具性質，其行使應以《基本法》規定的立法會職權範圍為最大界限。[23]

《立法會（權力及特權）條例》第 9 條規定：「（1）除第 13 及 14 條另有規定外，立法會或其常設委員會可命令任何人到立法會或該委員會席前，作證或出示其所管有或控制的任何文據、簿冊、紀錄或文件。（2）第（1）款授予常設委員會的權力，可由任何其他委員會行使，但該委員會須為立法會藉決議特別授權就決議中指明的任何事項或問題而行使上述權力者。」立法會的前述權力在諸多場合中得以適用。然而，《基本法》第 48 條第（11）項為行政長官拒絕立法會傳召要求提供了法律依據。在這一機制下，行政長官可以「根據安全和重大公共利益考慮，決定政府官員或其他負責政府公務的人員是否向立法會或其下

---

23. 議會調查權是議會的輔助權力抑或獨立權力？在學理上素有「獨立權能說」與「輔助權能說」之爭，同時也因此影響了調查權行使範圍與界限的爭執，其中更牽涉到議會是否可調查司法權的爭議。依據前者，國會基於國家最高機關之性質，為統合國政，監督其他機關，在立法權、預算決議權之外，另有獨立的調查權。依據後者，國會調查權係一種補助性方法，依附在國會各種職權上，用以促進各種職權之實效性。參見朱孔武（2009）。〈香港立法會調查權的法理探析〉，《政治與法律》。8 期，62–68 頁。

屬的委員會作證和提供證據。」行政長官可以不允許重要官員在立法會作證的保留權利比回歸前港督的權力要大。【24】

　　立法會行使調查權可否傳召行政長官？2008「雷曼事件」專責委員會小組委員會主席何鍾泰表示，根據《立法會（權力及特權）條例》第9條「命令證人列席的權力」，適用於任何人包括行政長官。《香港基本法》第73條第（10）項規定，立法會在行使基本法賦予的各項職權時，如有需要，可傳召有關人士出席作證和提供證據。2004年立法「SARS問題專責委員會」曾經要求行政長官出席專責委員會的聆訊，遭到董建華的拒絕。《基本法》第73條第（10）項規定的「有關人士」並非漫無邊界，根據文意解釋和體系解釋，有學者指出此概念並不必然將行政長官囊括至內。《基本法》第48條規定行政長官的職權範圍，出於「安全和重大公共利益」之考慮，行政長官有權決定政府官員或其他負責政府公務的人員是否向立法會或其轄下的委員會作證和提供證據。【25】同樣根據《基本法》所確立的行政主導的政治體制，雖然立法會調查權作為一項非常重要的監督制衡行政部門的權限，但其針對行政部門適用時必須恪守行政主導的基本原則，不至於對政府施政構成過度妨礙。總體而言，立法會並非享有無限度之傳召有關人士作證的權力。

---

24. 回歸前的《立法會（權力及特權）條例》第14條規定：「除在總督同意下行事的公職人員外，任何人不得在立法局或任何委員會席前就有關的信息互通 —— (a) 作證；或（b）出示任何文據、簿冊、紀錄或文件，而該信息互通是與以下各項有關的 ——（1）任何海、陸、空軍事宜或與香港保安有關的任何其他事宜；或（2）聯合王國的女皇政府所負的責任。」可見，港督只能就安全、軍事或與英國政府有關的事項範圍內拒絕官員到立法會作證。與殖民統治時期的港督相比，行政長官則可以公共利益為由而不允許其官員到立法會作證。

25. 朱孔武（2009）。《香港立法會調查權的法理探析》，《政治與法律》。8 期。

（一）回歸後幾起引發爭議的立法會調查權運行【26】

1. 2008 年 11 月：立法會調查「雷曼迷債事件」

　　事務委員會下的立法會研究雷曼兄弟相關迷你債券及結構性金融產品所引起的事宜小組委員會主席向立法會提出動議，要求授權小組委員會《立法會（權力及特權）條例》第 9（1）條中規定的權力，但這一動議遭到財經事務及庫務局局長的抵制，其認為小組委員會若調查銀行及監管機構會分散大量時間和精力，以致無法處理好相關消費者的申訴。儘管如此，動議還是在立法會中獲得多數議員的支持而通過。早在 2003 年就「財政司司長在公佈提高汽車首次登記稅之前不久購買車輛一事而引起的防止利益衝突及相關事宜」，民主黨議員「希望行政長官會委任一個獨立的調查委員會，尤其是可以委任一位現任或前任法官進行調查」，【27】雖然動議和對財政司司長的不信任案均未獲得立法會多數通過。但政府還是比較擔心這種由立法會成立獨立的調查委員會來負責調查任職高官的行徑，這也是民主派議員監督政府慣用的策略。

2. 2008 年 12 月：立法會調查「前房屋及規劃地政局常任秘書長梁展文獲批受聘新世界集團一事」

　　立法會委任調查委員會調查梁展文任職新世界地產有限公司和其他房地產機構時從事的工作，是否與其曾任房屋及規劃地政局常任秘

---

26. 在回歸前，入境事務處前處長梁銘彥提早退休事宜曾遭立法局調查。在 1996 年 7 月 6 日，港府突然公佈時年 55 歲的梁銘彥退休，並且即時開始退休前休假。儘管當時梁銘彥聲稱自己因「私人理由」而要求提早退休，但由於事件罕見，異乎尋常，遂引起社會的廣泛關注。立法局曾在同年 7 月 11 日召開資助機構員工事務委員會特別會議，並在 9 月成立專責委員會，研訊梁銘彥辭職一事。當時立法局透過《立法局（權力及特權）條例》，傳召梁銘彥、公務員事務司林煥光、及布政司陳方安生等人作供。經過歷時八個月的調查後，立法局最終發表報告，指梁銘彥的「品格、操守和判斷能力」皆有嚴重缺陷，政府以四個涉及利益衝突及誠信操守的理由，迫令梁銘彥退休，完全「合乎情理」。

27. 2003 年 3 月 17 日政制事務委員會會議紀要，立法會 CB(2)1819/02–03 號文件。

書長、房屋署署長期間參與制訂或執行的重大房屋、土地政策的決定
有關聯。調查委員會向鄭家純和梁志堅發出傳票，要求其出席調查委
員會的聆訊，並提交相關證據和文件。

3.　**2002 年 9 月：立法會調查「細價股事件」**

香港交易及結算所有限公司（簡稱「香港交易所」）在 2002 年 7
月 25 日，發表了《首次上市及持續上市資格及除牌程序有關事宜之上
市規則修訂建議諮詢文件》。香港交易所的其中一項建議是，上市公司
的股票價格如低於港幣 5 角（細價股），便須合併。如有關公司未能將
其股票合併，經過一連串的程序，以及完成處理可能提出的上訴後，
會遭除牌。有關諮詢期原定於 2002 年 8 月底結束。2002 年 7 月 26 日，
在主板上市的 761 只股票中有 577 只（即 76%）的股價下跌。收市價為
港幣 5 角或以下的股票的市價總值下跌 109 億港元（14 億美元），相等
於全部細價股市價總值約 10% 或主板市價總值約 0.3%。鑒於市場對這
次事件的強烈反應，財政司司長委任一個由羅正威先生及鄺志強先生
組成的細價股事件調查小組調查事件，並要求調查小組在 2002 年 9 月
10 日或之前提交報告，羅列調查結果及建議。

4.　**2001 年 2 月：立法會調查公營房屋建築問題，包括「居屋短樁醜
聞」、「圓洲角短樁案」**

一連串與公營房屋建築問題有關的事件，於 1999 年 8 月首先曝
光，事件中天頌苑第一期一幢已落成、樓高 40 層的大廈，被發現地
基的不平均沉降幅度過大。該項工程為香港房屋委員會（下稱「房委
會」）轄下居者有其屋計劃（下稱「居屋」）的其中一個項目，原定於
2000 年 3 月入伙。三個月後，房委會對其轄下所有建築地盤進行全面
的建築物沉降監察工作，其間發現沙田圓洲角兩座居屋大廈出現沉降
問題，當時該兩座大廈已建至 33 層。在其後的六個月內，在另外兩項
由房委會負責的公營房屋工程項目中，亦揭露了建築問題，包括石蔭
重建計劃及東涌第 30 區第三期，該兩項上蓋建築工程都採用了不合規
格或曾被拒收的建築材料。接二連三地發生的建築失誤事故，引起了

公眾對公營房屋建築質素極度關注，並要求徹查該等事件的始末。根據立法會房屋事務委員會的報告顯示，在 1999 年 9 月至 2000 年 12 月期間，立法會房屋事務委員會先後舉行了八次會議，研究此等事件所涉問題的嚴重程度。房屋事務委員會並且通過一項議案，促請政府委任一個法定委員會就整體建築行業的運作進行檢討，並跟進前述天頌苑及圓洲角個案的調查。同時，為了深究所揭露的公營房屋建築問題的根源，該事務委員會向內務委員會建議由立法會對該四宗事件進行獨立的全面調查。除了立法房屋事務委員會及其委任的法定委員會之外，之前曾有多個機構就天頌苑及圓洲角個案進行調查，但房屋事務委員會認為，除了由申訴專員就房委會建築工程項目管理問題所作出的調查外，所有其他機構在進行調查及（或）檢討時，均沒有法定權力要求證人出席作證或出示文件。【28】

5. **2012 年 3 月：立法會調查梁振英在擔任西九比賽評審時是否涉及利益衝突**

2012 年 3 月 2 日，立法會就引用《立法會（權力及特權）條例》調查現任特首曾蔭權接受富豪款待存利益輸送之動議，進行投票表決，最終以 29 票反對、21 票支持和 1 票棄權，未獲半數在席議員通過而被否決。這使香港社會避過一次政府與特首誠信危機的震盪，亦避免了曾特首「富豪門」事件的進一步炒作發酵，對未來特首選舉進程的干擾和影響。然而，同日，立法會在民主派議員的聯合動議中，通過了引用《立法會（權力及特權）條例》對「西九門事件」展開調查。立法會旋即成立由 12 位議員組成的專責委員會，調查建制派候選人在十年前的「西九龍概念規劃設計比賽」中涉及延遲申報利益事件。

---

28. 立法會公營房屋建築問題專責委員會報告，參見 www.legco.gov.hk/yr02-03/chinese/sc/sc_bldg/reports/rpt_1/m_1.pdf

（二）香港法院對立法會行使調查權的司法審查

事實上，《立法會（權力及特權）條例》於 1985 年制定。當年特權法立法時，已有不少意見指其權力及範圍太大，如同沒有限制。由於立法會的監察功能需有調查權力，兼且一般意見認為議員不會隨便濫用權力，所以權限的問題沒有受到太大重視。特權法運作二十多年來，立法機關也基本自律，傳召權沒有太大膨脹。不過近年來，立法會動輒亮出特權法的「尚方寶劍」，出現權力過大和濫權等問題。議員並非法律專家，也缺乏法官應有的品格和素質，在調查時不僅時常離題萬丈，甚至流於人身攻擊，令調查變得政治化。《立法會（權力及特權）條例》第 9（1）條中規定的權力近來亦遭到法院的司法審查，2008年鄭家純、梁志堅訴立法會案中，立法會委任調查委員會調查梁展文任職新世界地產有限公司和其他房地產機構時從事的工作，是否與其曾任房屋及規劃地政局常任秘書長、房屋署署長期間參與制訂或執行的重大房屋、土地政策的決定有關聯。調查委員會向鄭家純和梁志堅發出傳票，要求其出席調查委員會的聆訊並提交相關證據和文件。本案爭議的關鍵在於《基本法》第 73 條是否將權力授予了立法會下屬的調查會員會。對此，存在否定說及肯定說兩種觀點：【29】否定說認為《基本法》第 48 條和第 73 條對立法會的職權規定已經相當清楚，並沒有授予立法會調查委員會傳召權，而且《基本法》明確規定了廉政公署的權力，故立法會此舉為濫用職權；肯定說則認為立法會有權將其職權細化，交由下屬機構行使，但權力的行使須受制於第 73（1）至（9）條各項職權。【30】最後法院選擇對「立法會」進行靈活、寬泛的解釋，認

---

29. 秦前紅、付婧（2015）。《香港法院本土司法審查技術觀察 —— 在司法能動與司法節制之間》，載《武漢大學學報（哲學社會科學版）》。5 期。

30. 「鄭家純、梁志堅訴香港特別行政區立法會」研討會綜述，載中國法學網：www.iolaw.org.cn/showNews.asp?id=20837；王鍇：《從「鄭家純、梁志堅訴香港特別行政區立法會案」看香港立法會的調查權》，載中國憲政網：www.calaw.cn/article/default.asp?id=5782

為《基本法》並沒有明確規定立法會必須作為整體來行使傳召權。[31]
當事人還根據《立法會條例》第 9（2）條規定指出，即便調查委員會
獲得了立法會授權也必須在立法會決議明確規定的事項範圍內行使傳
召權，即傳召必須以立法會的決議為依據，否則構成「越權」。對此，
法院援引 2009 年梁國雄訴立法會主席案指明法院不能挑戰議會自身
事務，即使出現違反議會規則的事項，也只能由議會而不是法院來解
決，法院對立法會制訂的程序規則是否符合《基本法》的司法管轄必須
受到一定限制。[32]

1998 年 7 月 2 日訂立的《立法會議事規則》第 80 條對「《基本法》
第 73 條是否將權力授予了立法會下屬的調查會員會」這一問題作出了
回答。《議事規則》明確了立法會調查權的行使主體，即立法會的常設
委員會，包括財務委員會、政府帳目委員會、議員個人利益監察委員
會。而立法會內務委員會、法案委員會、事務委員會、專責委員會或
調查委員會在獲得立法會授權的情況下，也可以行使調查權。該規則
還對立法會調查權的行使作了限制性的規定，即行政長官可以根據安
全和重大公共利益的考慮，決定政府官員或其他負責政府公務的人員
是否向立法會及其下屬委員會作證和提供證據。

立法會調查權制度應予法制化。立法會調查的相關程序，如調查
權的發動及個案調查事項的範圍、行使調查權的組織、各項調查方法
所應遵守的程序與司法救濟程序等，應以法律加以規範。而法律規範
之組織及議事程序必須符合民主原則，其個案調查事項的範圍不能違
反權力制衡原則；如就各項調查方法所規定之程序，有涉及限制香港
居民權利者，必須符合人權原則、法律明確性原則及正當法律程序的
要求。立法會調查權的行使不能毫無節制，因此如何藉由精確的法律
條文來規範立法會調查權，將是立法會調查權制度的重要課題。

---

31. *Cheng Kar-Shun and another v. Hon Li Fung-Ying, BBS, JP and others*, HCAL 79/2009 paras
79-88, 98, 105.

32. *Cheng Kar-Shun and another v. Hon Li Fung-Ying, BBS, JP and others*, HCAL 79/2009 para
217.

第八章

議會政黨政治
對香港行政與立法關係的形塑

✿✿✿✿✿✿✿✿✿✿✿✿✿✿✿✿✿✿✿

香港特別行政區民主化的進程中，政黨和政團將持續扮演重要角色。由於立法會仍是各政黨和政團釋放政治能量的最重要載體，所以立法會議席將繼續是各政黨、政團角逐的最重要政治資源，它們將利用立法會對行政長官施政產生重要影響。香港關於政黨政治的制度安排，不僅關係到政黨政治的發展，也關係到香港整個政治制度的運行。政黨本來應該成為連接行政長官和立法會的紐帶，不過在目前的制度下，政黨無法起到這個作用。政黨是追求公權力的組織，但當下制度卻在限縮政黨實現其目的的空間，這必然產生張力。理順行政立法關係是目前香港亟待解決的問題，也是雙普選實施後的重大問題，而政黨政治的制度空間可謂是破解這個問題的關鍵。

一、民主化研究中的政黨體系與香港政黨政治的基本特徵

（一）新近政治學研究中的分析工具：政黨體系

近年來，研究第三波民主化國家的政黨政治發展的學者，提出了一個經常被忽略的分析面向，就是政黨體系制度化的程度（the degree of institutionalization），其中包括兩個被忽略、不被重視的論點：[1]第一，從選舉制度與政黨政治的關係來做檢討。這方面的代表論著為喬萬尼・薩托利的《政黨與政黨體制》，他主要從「政黨數目」與「意識形態的偏離」兩個切入點，來對民主國家的政黨制度比較研究。另一位學者斯科特・梅沃因，認為一個制度化不健全的政黨制具有以下四個特徵：政黨競爭形態不穩定、政黨社會基礎薄弱、政黨正當性低下，以及政黨組織鬆散。強而有力的政黨體系有利民主政治的發展。第二，從國家與政治精英在政黨制中所扮演的角色來檢討。政黨大多由政治精英創立，同時國家又因深怕政黨對其造成威脅，解散取締之。政黨政治的制度性弱化，令許多政黨有如曇花一現，也導致政治精英在政黨發展中成為極重要的角色。政治精英為達成自己政治上的目的或利益，自行籌組政黨。不過，這樣的政治會帶來許多問題，諸如政治動盪、議會功能衰退等。由於政黨制度化基礎薄弱，使得政黨精英無法有效掌握或整合政黨的資源，所以必須依賴資助，從而造成政治上的腐敗。

因此，斯科特・梅沃因認為要檢驗一個國家政黨制度化的程度，可以下列四個指標檢視：第一是政黨競爭形態穩定的程度；第二是政黨的社會基礎穩固的程度；第三是政治精英獲得正當性的程度；第四是政黨的組織結構因素。所謂政黨體系（political party system），主要是指隨著政黨出現而逐漸發展起來的，一種既涵括各黨派間相互關係，也反映政黨與政權間之關係網絡或結構的政治系統。[2]為什麼政黨體制很重要？因為政黨政治關係到政府和民主本身的穩定。通常政黨不穩定的國家，政府也會不穩定；或者說，政黨數量特別多的國家，政府

1. 參見 Mainwaring, Scott. (1999). *Rethinking Party Systems in the Third Wave of Democratization: The Case of Brazil*. Stanford: Stanford University Press. Mainwaring, Scott and T. R. Scully (1995). "Introduction: Party Systems in Latin America", in *Building Democratic Institutions: Party Systems in Latin America*, S. Mainwaring and T. R. Scully, eds. Stanford: Stanford University Press. pp. 1–36.

2. 林來梵、黎沛文（2015）。〈防衛型民主理念下香港政黨行為的規範〉，《法學》。4 期，10–21 頁。

基本上也不穩定。此外，如何塑造強大的主導政黨或大型政黨，以及如何塑造有效的政黨體制，也是民主轉型的關鍵問題。

1976 年，喬萬尼・薩托利在政黨學名著《政黨與政黨體制》中，區分了兩大類型的政黨體制：一種是非競爭性政黨體制，一種是競爭性政黨體制。非競爭性政黨體制下，政黨之間不存在實質的政治競爭關係，亦有一主導政黨處於支配地位。非競爭性政黨體制有兩種類型：一黨制和霸權黨制。一黨制是指該國只有一個擁有統治和支配地位的政黨，沒有任何其他政黨；霸權黨制是該國存在多個政黨，但有一個主要政黨擁有統治和支配地位，其他政黨並非民主政體意義上的政黨，它們雖然有可能參與政治競爭，但該霸權政黨已控制着全部的或絕大部分的政治權力。而競爭性政黨體制下，不同的政黨之間存在實質的競爭關係，薩托利認為，根據競爭性政黨的多寡，競爭性政黨體制又可分為主導黨體制、兩黨制、溫和多黨制、極化多黨制（議會中的政黨有 6 至 8 個）、碎片化政黨體制（通常包括 10 或 20 個政黨）。薩利托認為，極化多黨制不利民主政體的穩定，原因在於極化多黨制具有很多不利民主有效運轉的特徵，如反體制政黨的出現、雙邊反對黨的存在、政治極化的出現、不負責任的反對黨的出現、抬價政治或過度承諾的政治。[3]

政治學者的研究指出，一般來說，極化多黨制會降低政府與民主政體的穩定性，議會中政黨體制的碎裂程度愈高，政府愈不穩定；由一個主要政黨執政的政府比多黨聯盟政府「極為顯著」地更加穩定；多數派政府比少數派政府更顯著地穩定。[4]此外，拉克索（Markku Laakso）與塔格培拉（Rein Taagepera）提出了「有效政黨數目」的概念，來更精確地衡量民主國家的政黨制度。[5]毫無疑問，不同的選舉制度對政黨制

3. 薩利托（Sartori, G.），王明進譯（2006）。《政黨與政黨體制》。北京：商務印書館。184–207 頁。

4. Taylor, Michael and V. M. Herman (1971). "Party System and Government Stability," *The American Political Science Review*, 65(1): 28–37.

5. Laakso, Markku and R. Taagepera (1979). "Effective Number of Parties: A Measure with Application to West Europe," *Comparative Political Studies*, 12: 3–27.

度的影響也是不一樣的，法國學者杜瓦傑曾提出著名的「杜瓦傑」定律
（Duverger's Law）：以單一選區相對多數制選舉產生立法機關的國家，
比較容易出現兩黨制。單一選區奉行「贏家通吃」的原則，使得政黨必
須足夠強大，才能在選舉中取勝，否則就無法進入立法機關。這種選
舉制度會鼓勵大黨產生，並促進兩黨制出現；而以比例代表制選舉產
生立法機關的國家，可能對多黨制更為有利，即使是無法在任何單一
選區贏得相對多數的小黨，只要能在全國範圍內積累一定的選票，就
有機會在議會中佔據一席之地。因此，在比例代表制下，政黨參與立
法機關的門檻比較低。然而影響政黨體制的不只有選舉制度，社會分
裂也被視為重要影響因素。如果社會存在「左—右」意識形態維度的
分裂，又同時存在不同族群、宗教、語言文化維度的分裂的話，那麼
由此導致的社會議題維度就愈多，政黨的數目則可能愈多。[6]

（二）香港政黨政治的基本特徵：無執政黨、政黨「碎片化」

現時香港的政黨政治卻呈現為一種頗為獨特的現象：「半政黨政
治」。用劉兆佳教授的話，目前建立在港式「半政黨政治」基礎之上的
這套政黨體系，是「一個不完整的，甚至是『殘缺』（stunted）的政黨
體系」。[7] 這所謂「『殘缺』的政黨體系」，在內涵上其實與美國政治學
者邁克爾·G·羅斯金教授等人所提出的「易變或不發達之政黨體系」
是具有實際指向的一致性的。在後者的理論體系中，「易變或不發達之
政黨體系」通常出現在新建立的和不穩定的民主政治中：所謂「不發
達」，即政黨體系尚未形成完備；「易變」，則是意指政黨體系的「混
亂」狀況，具體表現為政黨的成立和消亡迅速，政黨經常是使政黨領

6. Neto, O. A. and G. Cox (1997). "Electoral Institutions, Cleavage Structures, and the Number of Parties," *American Journal of Political Science*, 41(1): 149–174. Taagepera, Rein (1999). "The Number of Parties as a Function of Heterogeneity and Electoral System," *Comparative Political Studies*, 32(5): 531–548.

7. Lau, Siu-kai and Kuan, Hsin-chi (2002). "Hong Kong's Stunted Political Party System," *The China Quarterly*, 172: 1010.

袖贏得選舉的工具，沒有具體的計劃和意識形態。回到香港的政治現實，不難發現上述之「易變」和「不發達」的情況在香港現行政黨體系中多有深刻的體現。例如：泛民主派公民黨，黨內明星之間各自為政，政黨理念不清晰；其他不少以功能組別議席為核心的政團也形同鬆散的利益同盟，並不構成成熟的政黨理念。

1. 香港在現行的政治體制下，政黨無法取得執政黨的地位

根據《行政長官選舉條例》第 31 條，在行政長官選舉中「勝出的候選人須聲明他不是政黨的成員」。在這種政制設計下，行政長官不能有任何政黨背景，甚至行政長官公開表示支持某個黨派，也是被嚴格限制的。應該說，《行政長官選舉條例》中這個禁止性規定，實際上已經排除了政黨奪得執政權，進而成為執政黨的可能。根據香港目前實行的「無執政黨的政黨制」，嚴格意義上說，所謂「建制派」也是在野黨。缺少執政黨令行政長官在現行體制下，往往不能獲取本應基於其政黨背景而得到的政治支援，進而一定程度地弱化了行政機關的地位。無論是總統制還是議會制，選舉之後組建政府都是以政黨為基礎。在總統制下，總統所在的政黨往往是新政府的中堅力量；在議會制下，總理和內閣的人選本身就是政黨磋商、討價還價的產物，這些都是現代政黨的基本功能。回歸以來的三任政府，在推動立法時都面對不少阻力。這些反對聲音不單來自泛民主派政黨，也包括建制派政黨，而且由於政府無法確保在立法會取得足夠支持，往往傾向迴避處理具爭議的政策，導致回歸以後，市民翹首以待的重大施政改革，始終是「雷聲大，雨點小」，大量法案擱置或押後。再者，立法機關中的政黨在沒有機會執政的前提下，施政建議可能只是流於口號或理念，政黨從不需要在執政角度，負責任地考慮如何處理不同持份者的需要。尤其面對選舉壓力，政黨更傾向以「謾罵」和「口號式建議」來取代實質政策建議遊說各方，以此快速地換取傳媒曝光，讓市民感受到政黨對施政的影響力。

2. 香港政黨呈現出極度「碎片化」的狀態

由於議會選區過大和採用比例代表制的選舉制度，香港的政黨出現「碎片化」的狀態。通常「碎片化」（fragmentation）是指「進入議會的政黨愈來愈多」，主要表現為議席及選票的碎片化。它往往能反映，由於尚未形成多數黨而導致的政治內部體系的不穩定。據此，參考喬萬尼・薩托利教授提出的政黨制度分類標準，香港現行的政黨體系可以歸類為「溫和多黨制」。香港這種「溫和多黨制」，正好處於「兩黨制」和「數目多而兩極化的多黨制」之間。雖不至於出現「極端多黨」的後果，但內部同時並存多個相關的政黨，卻大為降低了政黨體系自身的穩定性。進入立法會的政黨雖達九個之多，但由於規模普遍不大，而且資源缺乏，香港各政黨均曾不同程度地分拆和整合。光從直選議席的選舉振幅（electoral volatility），香港立法會選舉的政黨數目長期在七至九之間，遠高於世界不少成熟民主政體的三至五個。這間接反映選民的投票行為和議會政黨議席數目變動不穩定；再者，振幅愈大，往往也反映政治光譜中的裂隙（cleavage）愈複雜，未來香港政治仍有可能出現新的政黨或政團，香港的政黨競爭形態一直處於不穩定的狀態。

二、「建制—泛民」二元對立形塑行政與立法關係

（一）泛民派政黨對行政與立法關係的形塑

1. 意識形態因素作祟下的泛民主派對行政與立法關係的影響

除非政府希望在立法會中獲得壓倒性支持，以至能夠與社會大眾對政府政策的反對聲音相抗衡，政府一般不需要從泛民處爭取票數。對泛民議員來說，他們僅能游説建制派和獨立議員，進行政治同盟，以成為立法會中關於某項具體政策的多數，或者組織公眾，影響政府政策。前者所發揮的功能正日趨弱化，立法會中八黨同盟有下降趨勢，此舉也經常被指破壞行政主導，政治不正確。另外，泛民內部分

裂也弱化了其組織公眾、影響輿論、內部形成共識的能力。對泛民而言，立法會中最重要的武器就是通過「程式性機會」挑戰政府政策，不過，泛民本身缺乏足夠的資源來持續大量的政策研究和選舉，這也導致泛民在立法會中的地位日益邊緣化，在區議會的選舉中獲得的機會也愈來愈少。正因泛民無力，才導致不少泛民議員走向「極端」和「激進」，通過「拉布」這類非常規的程式性手段來挑戰政府。

當前的政黨政治格局，是特區的立法困境、施政困難和政治困局的根源之一。要走出困局，首先泛民主派需要拋棄政治對抗思維，承認國家主體的政治秩序，並在這前提下發展自身的政策主張、監督特區政府施政、維護香港利益，並通過選舉參加特區的管治工作。畢竟作為香港的政治力量，泛民的活動重心應該是改善本地管治，而非對抗中央政府。

2.　泛民主派真的不支持政府施政嗎

親中派和工商派仍是最主要的「親政府力量」：雖然自由黨的分裂減弱了工商派在立法會的政治影響力，但該黨在經濟方面，及在專業會議中的投票取向，其實仍然與工商派頗為一致，都是接近百分百地支持政府提出的各項法案、修訂及撥款申請；加上同樣支持絕大部分政府提案的民建聯、工聯會、親中派及工商派始終是特區政府在立法會的最重要支持力量。香港的政治格局，一直被描繪成民主派和建制派（即親中派和工商派）的對立，泛民主派議員向來被指責為只懂批判政府的「反對派」，但根據統計數據，泛民主派並非「反對派」，因為他們投票支持政府各項法案、法案修訂及撥款申請的比率平均都達到了九成左右，特區政府指責泛民主派「為反對而反對」，並不符合客觀事實。即使是號稱「貨真價實的反對派」、聲言絕不向建制妥協的社民連，他們與政府的關係也不是完全對立，其對政府各項提案的支持度，也高達至八九成。[8]

8.　參見新力量網絡：《2008–09 年度香港特區立法會決議分析報告》、《2009–10 年度香港特區立法會決議分析報告》。

（二）建制派政黨對行政與立法關係的形塑

「行政主導」是否能發揮「政治吸納」機能，關鍵在於行政長官能否在議會中得到一個強力的政治同盟，但《基本法》的架構卻剝奪了行政長官的政黨屬性，除非行政長官能憑藉自身「跨階層和跨界別的政治力量作為本屆政府的堅實基礎」。行政長官雖然具有主導政策制訂的「憲制硬權力」，但執政大權能否真正落實，關鍵在於能否通過游說、協商及溝通等「政治軟權力」，推動行政及立法機關建立共識。反之，它只能依賴其他軟性機制的居中協調，讓親建制派政黨成為其權力後盾。儘管政府明知只要選舉制度尤其是直選制度存在，香港政黨政治的發展便不可避免，但中央並不願看見立法會被一個強而有力的政黨控制，否則立法會未來可能動用否決權否定政府的大部分政策。而香港選舉制度的設計，尤其是功能組別的存在意味着狙擊香港政黨的發展，單獨某一個政黨根本無法在立法會選舉中獲得絕大多數的支持。

1.　建制派本質上無法與行政長官分享政治權力

有學者將回歸後的行政主導體制失效，歸因於中央政府抵制政黨性政府，導致非政黨出身的行政長官與建制派之間的關係十分脆弱。建制派政黨雖然能夠加入行政會議，但由問責官員（主要是無黨派人士）組成的「政策委員會」，才是真正的決策中樞。政策方案提交行政會議前，政策委員會基本已有定案，建制派政黨即使進入了行政會議，實際上仍然無法參與決策。由於建制派政黨無法分享「政策擁有權」（policy ownership），所以當政策或法案正式出台時，建制派政黨自然不會輕易接受特區政府「箍票」，政府官員仍然需要逐一向議員遊說拉票，大大增加了政府管治的不確定性和難度，「執政聯盟」亦因此流於空談。有人樂觀地認為，只要行政長官和建制陣營合作，組成「執政聯盟」，就能確保政府法案能在立法會中獲得多數通過，但是這政治假設有一前提：「行政長官—建制陣營」的「執政聯盟」是穩固和緊湊的。事實上，這一假設不堪一擊。自 2004 年第三屆立法會選舉開始，建制陣營中的主要政黨，民建聯和自由黨雖獲得了更多直選議席，但

這也意味着政黨與群眾的利益聯繫更加緊密，可以説，直選的壓力令建制派政黨必須更加深入群眾。同時群眾基礎擴大也增強了建制陣營同特首政治商量、討價還價的能力，它們不再無條件地支持特首，[9]在議會中亦必須表現得更加獨立於政府。特區政府定位為無黨派政府，其政策議程並非在落實任何政黨的選舉政綱，即使政策成功通過，建制派政黨亦難有功勞，還要承擔為政府政策護航的政治代價。[10]因此，建制派政黨長期埋怨有辱無榮，逐漸傾向與特區政府保持一定距離，令整個「執政聯盟」模式名存實亡。

2.　直選基礎擴大、民主政治文化令建制派未必支持政府

建制派因為政黨背景和議題關注範疇的差別，其陣營中的民建聯和自由黨也注定難以形成鞏固、可靠的執政同盟。政黨在政府政策制定中發揮的作用微乎其微，亦沒有足夠的參與資訊，容許他們無條件支持政府，並且很可能使其透支選民信任，危及個人及政黨的政治前途。而且，民主政治塑造的政治文化傾向鼓勵政黨監督和制衡政府，這亦是政黨不敢大張旗鼓地支持政府的其中一個原因。

建制陣營對特首施政的忠誠亦有折損。這現象根植於建制陣營相互矛盾的雙重角色，即維護建制的政黨、民間社團的雙重性格。它們一方面要走入群眾，另一方面又要適度的批評（同時又保護）特區政府，這往往令它們難以建立一個有公信力、能獨立監督政府施政的

---

9. 2005 年曾蔭權政府上台後，民建聯和自由黨均公開發表觀點他們不會組成「執政聯盟」支持特首。自由黨主席田北俊曾公開表示，「曾蔭權如此聰明，不需要立法會中的建制成員為其保駕護航」，「不確定自由黨是否要成為『執政聯盟』的一部分，但自由黨必須在立法會中發出自己的聲音」。民建聯副主席譚宗耀亦公開聲稱，「民建聯會同政府保持良好的關係，但這並不意味著會盲目支持特首主張的一切」。《南華早報》，2005 年 3 月 10 日。另一位民建聯成員蔡素玉和馬力甚至説：「曾蔭權特首在親北京陣營看來是傲慢自大、並不尊重民建聯一直以來珍視的愛國價值觀。曾蔭權政府將來獲得民建聯的支持並非理所當然。」《南華早報》，2005 年 4 月 4 日、14 日。

10. Cheung, Anthony B. L. (2010). "Restoring Governability in Hong Kong: Managing Plurality and Joining up Governance," in *Governance for Harmony in Asia and Beyond*, Julia Tao, Anthony B. L. Cheung, Martin Painter and Chenyang Li, eds. New York: Routledge. pp. 158–185.

形象。如果它們真的要走入群眾，批評政府時便很難處處手下留情；太明顯為政府護航，又會失去群眾支持。可是，若然它們也跟著反對派一起走，那不是失去了作為建制的意義嗎？每當社會上爆發尖銳矛盾，同類問題均會再次出現。現在由於是「後政改」的特殊形勢，其護航功能更為突出，亦正因如此，建制派左右為難的狀況也更為顯眼。上世紀 70 年代，親中陣營配合「愛國反霸」路線時也很自覺，避免對港英殖民政府造成太大衝擊，在勞資衝突上表現較為克制。現在，其身份是建制的一部分，那就更需要「適可而止」。今時不同往日，建制派亦要考慮選舉政治，太偏重於護航就等於「政治自殺」。另有學者指出，建制陣營與特區政府貌合神離，立法會中支持政府的建制陣營，之所以沒有挑戰行政主導的真實意願，是因為不敢惹怒中央政府。[11] 即使摒棄這種動機論的說法，但不可否認，建制派未來的表現一定是與其在政黨政治鬥爭格局中的比例密切相關。

三、香港政黨政治的良性軌道窺探

(一) 破除「建制—泛民」、「親共—反共」政治裂隙

香港的主要階級都有代表自己的政黨，基本都能表達各自的關注，爭取權益，但受制於香港社會中的政治分野、階級分野和官民分野，香港政黨的政治整合能力不甚理想，政黨間的意識形態裂縫頗大。一方面，行政資源及權力仍然集中於特區政府，另一方面議會版圖在好一段時期內仍為「四六」格局。即使不談選舉的正當理由，例如其能否體現「自由」、「平等」等內在價值，從最工具性的觀點出發，

---

11. Cheng, Joseph Y. S. (2003). "The Administrative Performance and the 2000 LegCo Elections," in *Hong Kong in Transition: One Country, Two Systems*, Robert Ash, Peter Ferdinand, Brian Hook, Robin Porter, eds. London: Routledge. p. 117.

回歸 18 年以來的選票廝殺根本就沒有解決任何管治難題。如果中央政府平等看待兩大陣營，讓雙方在選舉上提出可行的施政綱領，無疑是建立「央港良性互動機制」和「建設性反對派」的重要一步。這不但讓「建制 ── 泛民」、「親共 ── 反共」的政治裂隙不再為個別政黨吸票所用，還讓政治素人有機會就管治問題提出建設性諫言，參與香港管治。何不讓錯位的香港政黨和選舉制度回到應有的良性軌道中，在制度上開通政治人才之路，讓特區政府可在政黨人才中選用賢能，讓社會各界能確實透過選舉，選擇一套合乎民意的施政方針呢？

　　過去兩年，泛民溫和力量已逐漸失去號召力。在泛民新老交替之間，由於青年政治新星欠缺足夠政治能量，最終也只能順應香港的政治氛圍，模糊中央政府、國家認同等問題。上一代泛民政治明星的「大中華」家國觀，免不了被青年一代配上「膠」字（意旨愚昧）貶抑。政黨緊盯選舉，令國家議題之路愈走愈窄，這不正正背離了一國兩制的政策原意嗎？中央應重新思考，對港工作中的「議席」和「央港良性互動」，哪個對治港大業中更具有優先性，也應摒棄「建制─泛民」二元對立的心魔，平等看待香港各方政治勢力，讓選舉回歸應有之義。在往後重啟政改或「二次前途談判」等重大議題，亦不致因內耗而錯失改革良機。妥善處理「一國兩制」內的政治矛盾，不止對國內政治改革和對台灣問題有重要指導意義，更可為中國千年政治史中「政治反對派」缺位的問題，尋找具歷史性意義的解決方案。只有在此前提下，因意識形態而分裂的主要較大政黨才有可能最大程度地凝聚共識，漸漸向「全方位」政黨轉型。「全方位」政黨這一概念出自學者奧托・基希海默爾的論述，他認為「全方位」政黨轉型具有五個特徵：第一，政黨意識形態包袱（ideological baggage）急劇減少；第二，高層領導的地位鞏固與否，不再以其是否能夠實現政黨目標為依據，而是看其是否有助於實現國家利益；第三，個體政黨成員所起的作用降低；第四，政黨淡化自身的階級屬性。淡化自己的特定社會階層或宗教派別的出身，逐漸轉向眾多人口吸收擁護者；第五，政黨會確保與各種不同利益集團都有往來。此舉部分原因在於財政考慮，但主要原因還是通過

為利益集團説話，爭取選舉上的支持。[12]可見，有條件的政黨若向「全方位」政黨轉型的話，其利益不會限於某個特定的階級，而會以香港的政體利益為依歸，在關注弱勢群體的同時，也會努力協調各階級之間的利益衝突。

（二）議會政治內部建立「在地性」共識——回歸「議題主導」

建制與泛民之間的二元對立是香港政治的結構性因素，亦是香港政治困局的主要源頭，值得認真觀察。總體而言，香港政治中的二元結構，是以反政權的總體性政治對抗為基調的，這既不利於落實「一國兩制」，也不利於特區政府施政，十分荒謬。所謂「建制派」與「泛民派」的劃分標準本身就不合理。在現代政治生活裏，出現相對保守陣營和相對自由陣營的對立，本來是選舉政治的常態；但這樣的陣營劃分，通常是「議題主導型」的分野，即雙方陣營的差別，主要在它們針對各種具體政策議題的政綱，比如究竟是支持大政府還是小政府、增稅還是減稅、福利優先還是效率優先、支持墮胎權還是反對墮胎權等。議題主導型的政黨分野有利選民作出便捷的判斷和選擇。除非是革命或政變等特殊情形，鮮見有地方以對政權的根本態度來劃分政黨界線。不幸的是，香港建制和泛民的區分，基本是根據不同政黨對於國家主體政治秩序的態度——即所謂「愛國愛港」的問題來劃分。結果，泛民永遠都以挑戰中國政權的姿態出現，也被納入「永恆反對派」，而非日常管治的合作夥伴。這不但使其成為「搞事」[13]的代名詞，還阻礙了更重要的本地政策議題辯論的深入開展。

---

12. 吳輝（2005）。《政黨制度與政治穩定——東南亞經驗的研究》。北京：世界知識出版社。350頁。

13. 從本質上説，《基本法》賦予了立法會監督政府的權力，在所有政黨均無法染指最高行政權的前提下，香港政黨尚無法組織政府，只能行使其他政黨職能，如：利益綜合、利益表達、政治人才遴選、政治社會化、監察政府。故香港政黨自然會與政府對立，加上可影響公共政策的提案權，受制於基本法第74條和分組計票機制，立法會議員不得不充分利用質詢等事後手段，監督政府施政。

香港建制派與泛民派的組成極為駁雜，不管在政治觀點還是意識形態，還是在各自陣營內部都很難形成共識。每到政治關鍵時刻，無論是建制還是泛民，內部往往都會出現多重取態，為了達成共識，整合內部資源，它們都需要耗費大量精力。例如在建制派內部，既有傳統左派勢力、工會勢力，又有意識形態色彩較淡的民建聯、經民聯等，更有代表工商界利益、政治取態保守的自由黨，還有試圖尋找中間平衡路線的新民黨。如此複雜的內部組成幾乎使「建制派」無法被稱為一「派」，它們之間唯一共通的基礎，就是不反對國家主權和基本制度，以及願意同北京溝通，但這是所有對香港負責的本地政黨都應做到的最低要求。泛民主派內部同樣是色彩斑斕，不同政治派別之間的觀點千差萬別，但其共通點不應當是挑戰國家政權，反對現行體制，力圖推翻主體政治秩序。北京指摘他們「逢中必反」，雖然尖銳，但亦是實情。

試問在這樣奇特的政黨背景下，香港的政治如何能夠不陷入困局呢？香港建制派和泛民主派之間的政治辯論長期失焦，本地議題淪為政治和意識形態鬥爭的工具。因此，香港的政黨政治中最能引起激烈爭論的往往不是重要的「在地」議題，而是香港社會根本無力可及的、空洞的、國家層面的政治和意識形態問題。即使是本地政策議題，也常常因為政治鬥爭，被無限上綱，難有專業的深入討論。在這樣「離地」的政治惡鬥中，政黨的發展也與現實脫節。故此，要求集中關注香港本地利益的「本土派」應運而生，是歷史之必然。此外，香港政黨政治的主題，有需要轉向本地政策議題，開始新的政治辯論。香港政治生活的主題應該是香港，政策辯論亦需要「在地化」，政黨政治的目的是改善民生，提高管治質素，而不是革命。因此，建制泛民雙方都有責任使本地的政策辯論非政治化、非意識形態化。過度注意自己力不能逮的國家級政治領域，會忽視和放任香港市民的利益。

就選民的角度而言，投票取向一般分為政見取向和非政見取向。政見取向以選舉議題為核心，選民根據自己的政策偏好投票。非政見取向則包括候選人傾向、關係取向、政黨取向等。香港民主選舉的歷史短暫，開展時間不足三十年，候選人和團體以政黨形式參選的時間

更短，尚不足以在代際上繼承和傳播對政黨的忠誠。[14]在整體缺乏政黨忠誠的前提下，不少選民成為游離的、可爭取的「中間選民」，最終左右選舉結果。[15]因此，為爭取「中間選民」的爭持，香港各大政黨政團務必彌合政治上的歧見，理性回歸本土「議題主導」。

（三）反對派在理性議會中對改善行政與立法關係尤為重要

多年來，建制派雖在選舉中得到中央強大的支持，但這並無助於香港的管治質素。由於選舉缺乏制度誘因，再加上中央的威信和配票策略的支持，相比泛民主派候選人，建制派候選人的議政、公共形象甚至群眾動員能力均明顯略遜一籌。雖然建制陣營既有新民黨這類務實政黨，也有形象相對較好、論政能力較強的後起之秀，但對於理性議會中的反對派，仍應當樹立一下認知：

一、民主派在立法會中擁有的關鍵少數很難動搖。環顧全球民主或半民主政體的經驗，缺少政治反對派非但不會帶來善治，還會令少

---

14. 有學者指出，香港政黨的整體性社會認同有所增加，但政黨的個體性社會認同並不理想，有政黨傾向的選民不會超過50%。參見朱世海（2011）。《香港政黨研究》。北京：時事出版社。165頁。香港中文大學亞太研究所在2008年的研究結果顯示，2008年受訪選民中認同最多的政黨是民建聯，認同率為17.0%，然後是民主黨的15.5%及公民黨的15.0%，近四成的受訪選民（38.8%）表示沒有值得認同或難以說出認同的政黨。香港中文大學亞太研究所社會與政治發展研究中心：《選民對2008年立法會選舉意見調查結果》，2008年6月11日。也有學者認為，雖然香港立法會的選舉並沒受到政黨認同因素影響，但並不排除在同一選區的兩個候選人支持率持平時，隸屬於有較強認同的政黨的候選人相對佔優勢。雷競璇（1995）。〈1992年立法會選舉的「政黨認同」因素〉，載鄭宇碩、雷競璇合編，《香港政治與選舉》。香港：牛津大學出版社。207–323頁。

15. 有學者指出，將正式選舉得票數據與之前民調數據相互比較可以看出，儘管香港中文大學亞太研究所社會與政治發展研究中心的民調數據顯示，有將近四成選民沒有明確的投票態度，但正式選舉的投票態度卻相當明確。「泛民」的投票與基本盤較為穩固，即使發生「七一」遊行這樣的重大事件，也對其得票率沒有影響。建制派逐步整合政黨內外，將原本屬意獨立候選人的中間選民，爭取為自身所得，得票率上升。最終結果是歷次選舉兩派得票率基本保持在「六四」開。在短期政治生態沒有發生較大變化的情況下，從建制派得票的上升與民派得票率下降兩個方面估算，遊離於兩派之間的中間選民應該佔總體票數的10%左右。郭天武、李建星（2015）。《香港選舉制度的發展及其對香港政治生天的影響》。上海：社會科學文獻出版社。63頁。

數人獨佔更多資源和特權，出現更多社會不公義。鄰近的新加坡雖是一黨獨大，但反對派所獲的高民眾支持度也足以鞭策執政黨改善施政。

二、香港民調數據顯示，港人對中央政府的支持與對建制派的支持並非一轍。2003 至 2008 年間，市民對中央政府的好感度甚高，但建制派在選舉中並沒有明顯優勢。因此可以肯定，投入大量選舉資源與加強市民的國家「認同」沒有明顯關係。

三、從香港前途談判以來多年的經驗反映，中央與泛民主派的關係與市民對「一國兩制」的信心相輔相成。中央與泛民關係愈壞，市民對一國兩制的信心就愈差。每年接近一億元的選舉相關投入，非但沒有鞏固特區政府管治，反而令兩大陣營的政治人才在議事論政時猶如紙上談兵。香港的政治素人要從選舉之路來實現執政抱負，猶如天方夜譚。回歸五屆特區政府的法案通過比率，並沒有因建制派的議席數目上升而有所改善，香港政治生態反而愈趨惡化，就連建制派在傳媒、議會上對政府法案的公開批評，也與泛民主派的不相上下。可以說，無論哪個陣營的候選人進入議會，在《基本法》的嚴格制約下，都只能成為議會中的「反對派」，監督政府施政。

傳統的議會「反對派」通常可分為兩種：一為反對現行政權，拒絕承認現任政府的合法性；二為政治學家喬治‧薩托利所說的「憲制反對派」，這種反對派承認現任政府的合法性，同意在憲法規定的憲制框架和程式中參與議會，並承擔其憲法責任。[16] 雖然「議會衰落」之說盛行，立法機關在權力體制中的作用日趨邊緣化，議會「反對派」在議會中的功能亦被認為是毫無建樹，但事實並非如此。議會「反對派」通常在監督、制衡政府，影響公正政策方面發揮重要作用。議會內部無論是一黨獨大，抑或存在政黨聯盟，議會內部的多數都有可能遭到議會「反對派」狙擊，議會「反對派」甚至可以在跨政黨聯盟主導的議

---

16. Sartori, G. (1966). "Opposition and Control: Problems and Prospects," *Government and Opposition*, 1(2): 149–154.

會中，成為擁有否決權的關鍵少數，[17] 譬如在特定時間點，阻礙某項具有重大爭議法案通過。儘管在日常的議事程式中，政府不需要議會「反對派」的贊成票來成為議會多數，但至少要跟「反對派」維持基礎性的合作，確保議事程式能夠正常進行。一般來說，對政府施政構成最大威脅的，並非薩托利所說的理性的「憲制反對派」，而是沒有政治前提的，亦無須為自身的「反對」行為承擔政治責任的激進少數政黨。這類政黨非常容易在現行的憲制框架內，為「反對」而「反對」。

（四）建立科學的選舉制度提升管治素質

在西方民主政體定期的、有競爭的選舉中，選票會投向大多數人支持的執政理念，成為政府管治的風向標。「民主指標」（Democracy Barometer）對三十多個民主政體選舉比較研究，發現民主政體在自由、平等權利得到保障的前提下，如果在行政、立法中缺乏制約，或政府執行能力有限，或根本不存在有意義的選舉競爭時，選民意志便不能通過執政者的施政綱領和政策得以貫徹，影響治理質素和管治威信。由於立法會和區議會的議席往往都是「有票而無權」，香港的選舉和管治質素之間便存在某種錯位：

一、在《基本法》第 49 條、第 50 條以及附件二的規定下，議員個人提出的議案、法案或對政府法案的修正案均須經過分組點票，議員無法透過私人提案對財政預算案作出修訂，議員通過遊說獲得通過的機會微乎其微。二、彈劾或否決議案並不能有效制約行政長官；行政長官卻有權解散立法會，主動權在行政當局，而非議會。三、基本法第 97 條限制具有政權性的地區性組織存在，而作為諮詢架構的區議會對地區民生、文娛康樂、小區治理並不具有實際權力。四、《行政長官選舉條例》規定特首不能具有政黨背景，堵截了政黨的執政機會。

---

17. Norton, P. (2008). "Making Sense of Opposition," *The Journal of Legislative Studies*, 14(1–2): 236–250.

　　由此看來，基本法「行政主導」框架下的選舉，根本無法讓當選人有效貫徹其執政理念，議席從來就與當選人有否提出務實可行的建言關係不大。雖然中央曾多次鼓勵香港各界及對港部門，成立「建設性反對派」或「以愛國愛港者為主體的管治力量」，[18]但實際上，當下的選舉機制根本沒有給予制度激勵，讓有意從政的人士或政團透過選舉政治，提出管治主張，積累民眾支持、政治歷練和管治經驗。對現代政府管治而言，政治與行政是密不可分、相輔相成的。從香港選舉政治與執政之間的區隔，可見特區政府（行政）與議會（政治）之間的割裂。當選民意識到投票根本無法對施政產生影響時，部分選民會轉而投票予難纏的候選人，以爭取意見獲得政府聆聽的機會。這間接解釋了為何選民明知社民連、人民力量行為激進，它們卻能長期穩坐議會當中，甚至，連早年以務實為旨的公民黨也被迫轉型，以尋求更多關注。在香港立法會內，代表激進民主勢力的議員往往通過提出引用《立法會（權力及特權）條例》、使用程式性權力「拉布」，動議對行政長官及主要官員的「不信任案」等方式來監察政府。雖然這些方式飽受外界詬病，但亦能從深層次反映，立法會的日常程式、修正、辯論、質詢等方式無法足夠地影響政府管治。從上述可見，前述的「立法會擴權」並不全然是部分政黨的錯，更不是選民之失誤，而是現行的議會制度和政黨政治沒有讓議員及政黨發揮應有作用的錯。

---

18. 鄧小平早在 1984 年就指出：「港人治港有個界限和標準，就是必須以愛國者為主體的港人來治理香港。」他接著闡明愛國者的標準：「愛國者的標準是，尊重自己民族，誠心誠意擁護祖國恢復行使對香港的主權，不損害香港的繁榮和穩定。只要具備這些條件，不管他們相信資本主義，還是相信封建主義，甚至相信奴隸主義，都是愛國者。」參見鄧小平（1993）。《鄧小平文選》（第三卷）。北京：人民出版社。220 頁。

第九章

總結與建議

❧ ❧ ❧ ❧ ❧ ❧ ❧ ❧ ❧ ❧ ❧ ❧ ❧ ❧ ❧ ❧ ❧

一、香港立法與行政關係的變遷

九七回歸前，香港沒有民主選舉，但有一定的公民自由、經濟自由、獨立的司法和自由市場，這種狀況是為了適應英國殖民統治的政治需要而形成的。除港督之外，所有殖民地政府的官員皆為公務員。他們擁有極大的決策權，但無須向立法機關或市民直接負責。殖民地時期的行政局及立法局是港督的「諮詢」架構，其成員皆由港督任免，故當時沒有立法制衡行政之說。彭定康政府推行代議制改革後，1995至 1997 年是香港立法機關在法律制定、財政監督、影響公共政策方面最積極的時期。九七回歸後的立法會要面對《基本法》第 74 條和分組計票機制等諸多限制，故從制度化的角度而言，這時期的立法局甚至比 1997 年後的立法會擁有更大的權限。總之，政黨政治的興起、直選議員的加入、委員會制度和其他提高立法機關自主性的制度的正式設立，都為 1985 年後立法機關積極制衡政府創造了有利條件。

九七回歸後，香港的行政主導體制留給立法會的權力十分有限，政黨無法通過組閣或委員會的方式在事前影響政府，只能以質詢為主，事後監督，所以立法會制衡政府的空間並不多。此外，《基本法》承諾，香港會有一個「雙普選」式的民主未來。這令香港的行政主導體制和民主制度的目標之間出現張力。儘管如此，立法會仍通過一系列制度化和非制度化的方式擴權，並對行政主導構成一定衝擊。因此，研究香港行政與立法的關係，必須正視兩者間的權力競爭。當立法會

的權力擴張，或自主性逐步增強，就不可避免與「行政主導」的管治原則相衝突；但當立法會的自主性減弱，卻不一定會出現一個強勢的、以行政主導的政府。香港回歸 20 年來，立法會的自主性屈尊，隨着規則與慣例的改變，立法與行政的關係亦常有新的變化。例如，隨着立法會議事機制失效，政黨不能藉以尋求共識。立法會無法容納日益激烈的政治鬥爭，各黨派與街頭政治聯動，以致整個管治系統失靈。

　　二戰後，香港是一個「低度整合的政治社會系統」，政府與社會實行一種「邊界政治」，彼此維持有限的聯繫與交往。政府一邊奉行「積極不干預」的小政府策略，一邊試圖遏抑社會上的政治力量，強化民眾的政治冷感。這種「行政吸納政治」的社會生態，令香港能在經濟起飛的過程中保持政治穩定。同時，當時的管治者作為「離地精英」，（即管治殖民地的是外來政權，難民社會則是由外來市民組成），上至總督，下至執行的官僚，都無需關心民望、輿論、問責及連任等政治問題，只要精英之間達成共識，公共政策就可落實推行，殖民地體制賦予了官僚充分的自主性。管治者無需就政策回應公眾，官僚又可自己決定何時、以何種方式介入社會，加上他們掌握着大量政策資訊，社運團體、區民組織根本難以挑戰。久而久之，形成了普羅大眾對官僚精英的信任。不過，與其他帶有「行政主導」特色的政體相比，香港回歸後的行政主導體制具有兩個新的顯著特徵：一、其留給立法會的權力非常有限。二、其要實踐民主化未來的承諾。雖然澳門與香港同為特別行政區，但澳門的《基本法》沒有規定行政長官和立法會最終要由普選產生，也沒有為政治發展留下法律上的空間，自然也沒有行政主導體制和民主制度的目標之間的張力，故此，澳門與香港政治發展的情勢大相逕庭。儘管香港特區政府繼承了港英時期的機構設置和人員配置，但在實際操作上，在兩方面有着較大的差別：一，在與文官系統的關係，特首的地位並沒有港督的那麼穩定牢靠；二，隨着回歸，大量港英政府的中低層官員直接成為了特區政府的中高層官員，他們的管治經驗和能力不足，面對複雜問題和突發情況時，難免處理不當，反應不及。回歸以來，港府在房產、教育、稅收、壟斷競爭等

涉及各方利益的重大問題，以及金融危機、SARS 爆發、二十三條立法甚至是國民教育教科書事件等突發關鍵事件的處理情況，問題可見一斑，港府的管治能力大不如前。與此同時，立法會也在《基本法》的有限空間下不斷增強其自主性。

當前的香港立法會作為自主性程度較高的立法機關，既擁有《基本法》授予的憲制權力和地位，同時又發展出一套較為成熟、且獨立不受干擾的內部運作程式，從而去行使它的憲制性權力。就內在自主性而言，立法會能夠獨立制訂自己的議事規則，1998 年制訂《議事規則》時，立法會與政府曾就《基本法》第 74 條是否適用於議員對法案所提的修正案，以及誰有權決定議員法案或修訂正案是否涉及第 74 條，有過爭議。雖然政府一直堅持立場，但立法會最終都沒有接受政府的意見。立法會主席和委員會主席對於立法會大會和委員會會議的程序問題擁有最終決定權。終審法院的判詞已經確認了此絕對的權威。不過，主席們的決定權通常僅限於程式問題，根據立法會內部的慣例，主席應當保持中立，若其決定與以往裁決不同，則須給予合理解釋。委員會的自主性也相當高，立法會的委員會體系已經非常完善。除了內務委員會、財務委員會、帳目委員會等，立法會還有 18 個對應政府各部門的事務委員會，另外還可因應需要，成立臨時的委員會。比較重要的委員會的成員分佈，往往對應着立法會內部主要的政治力量的比例。立法會繼承了立法局精密的議事規則和主要的議事慣例，並行之有效。在與司法機關的關係上，終審法院對立法會予以尊重。[1] 在 2014 年梁國雄訴香港立法會主席案，法院的裁決留給立法會及其主席相當大的空間，以決定該如何行使其權力。從這個角度來看，此後議

---

1. 在 2014 年梁國雄訴香港立法會主席案中，也就是有關立法會主席引用《立法會議事規則》第 92 條剪布的案件，終審法院承認，立法會在行使其職能的過程中（特別是在立法過程中），擁有管理其內部事務的絕對權威。法院「不會對立法機關內部運作的程式是否失當作出干預」，而只能「留待立法機關自身對此類事務做出決定」。法院「有權決定立法會及其主席是否擁有某項權力、特權或豁免」，然而，法院並不能決定「立法會及其主席行使這些權力、特權或豁免的時機和方式」。法院指出，立法會主席「有權為辯論設限或終止辯論」，而這種權力「內在於」《基本法》第 72 條第 1 款。

員若因為不滿立法會主席的決定,尋求司法覆核,其成功機率將會很低,另亦可預見,議員也將難以通過司法程式,挑戰立法會財務委員等委員會主席的決定。總體來說,終審法院的裁決確認了立法會的自主性和獨立性。

回歸以來,立法會主要通過以下的一些方式來擴張自身權力:

1. 保證立法會對政府財政的有力控制:立法會財務委員會的主要職責,是通過政府的預算,和批准增加稅收和財政稅費的要求,以此影響政府;另外,立法會的政府帳目委員會負責跟進審計署的報告,如有問題可以傳召有關部門負責人解釋。

2. 增加政府提出之法案的通過難度:立法會的法案委員會和各個事務委員負責審議法案,議員可以不斷提出修正案,或不斷通過詰問、施壓的方式,延長審議時間,迫使政府耗費更多時間,討論和修訂原議案(最極端的形式便是「拉布」)。根據 Blondel 教授的「立法黏度」概念,審議草案所需的時間,回歸後會比回歸前更長,政府也會被逼提出更多修訂。實際上,在 1998 至 2012 年間,政府立法成功率只有 56.5%,水準較低。

3. 提出「不信任動議」:議員利用立法會的動議爭辯,通過輿論向政府施壓,變相提出「不信任動議」,迫使相關政府人員離職。實際上,這已經成為泛民,尤其在激進民主派重要的對抗方法。正因立法會與港府之間缺乏政黨或者委員會的聯繫,議員的訴求無法在議會上得到滿足,之後往往極易走向街頭政治。

在不同時期,香港政府、立法會及當中的政黨和議員,會採取不同的策略來處理議行關係。在港府治理效果尚可或回升時,行政與立法關係相對緩和,港府會主動調整行政與立法的關係,立法會則會抓住一些關鍵事件,運用制度內的權力,加強自身對政府施政的影響力;在治理效果較差或惡化時,立法會可能會以較為激進的街頭政治,反對政府施政,立法會內的政黨亦多已出現分裂,行政與立法的

關係，在制度化和非制度化維度，均有較大變化。回歸以來，港府力求改善議行關係，採取了兩項制度化措施：第一是建立高官問責制。港府設立了政治任命官職，效忠特首，此舉一方面可以增強特首於政府施政的影響力，另一方面，因為政治任命官員會引咎辭職，多少可以減低在具體政策失誤後，社會輿論和立法會向特首施加的巨大壓力；第二是改組行政會議。特首委任建制派議員為行政會議成員，以加強港府和立法會的聯繫和溝通，希望藉此提高立法成功率。立法會的反應有二：一、在社會熱點和政府施政上，提出質詢、動議、辯論等，向政府施壓。立法會亦開始行使以往不常用的權力，要求政府就施政錯誤及醜聞表態，最明顯的例子就是對政府官員提出「不信任動議」。二、出現愈來愈多政黨分裂和分化。政黨的政治光譜得以不斷擴展，民主黨分化、公民黨和社民連成立、人民力量出現都是好例子。另外的例子有「反對二十三條立法」中的公民黨和泛民派聯合，十年政改方案爭議中的民主黨和建制派聯合，「五區公投」時的泛民政黨分裂等。

　　對於採用行政主導體制的政府，其管治格局的變化，會重新劃定行政和立法機關的權力與權威，及改變行政與立法的關係。從前文所分析的法案、議案的總數、不同議題分佈、不同政黨和議員的關注議題等多個方面，可見行政與立法的關係變遷，和政黨政治光譜的擴大和極化有關。本書集中從「行政與立法關係」的角度，對特區政府的「立法成功率」，以及立法會行使各項職權時的行政立法關係，深入追蹤。研究結果顯示，特區政府的「立法成功率」長期低落，管治能力不振，由梁振英領導的這一屆政府，亦要面對同樣的困局。特區政府的管治情況充分說明，管治困局根本不是「人的問題」，而是「制度的問題」。如果拒絕改革管治體制，更換特首人選亦難以真正改善香港管治。現時香港管治的核心問題，在於整個管治體制陳舊落後，未能配合日趨多元的政治環境，導致特區政府在管治過程中，無法有效協調問責官員、政黨政團、民間團體等不同持份者，最終造成「管治體制多重割裂」的施政困局。現時「行政立法關係」的根本問題，源於特

區政府沿用「無黨派政府」的方式運作。自 1991 年立法局引入地區直選，至今各政黨已控制了議會大部分議席，但政府仍然未有與任何政黨形成緊密的政治聯盟，政府因而無法像西方民主政體般，在議會透過政治聯盟獲得穩定支持，結果造成「行政立法割裂」的管治困局。現時「政府管治團隊」的根本問題，在於特首缺乏像西方民主國家政黨般的政治人才庫，組班時只能夠從不同界別中拉雜成軍，問責官員之間因此必然缺乏共同理念、合作經驗及工作默契，最終造成「管治團隊割裂」的施政困局。在爭取特首普選的同時，也應該改革管治體制，以實現良好管治。

二、改善香港行政與立法關係的建議及舉措

（一）加強特區政府自身的建設

特區政府龐大的公務員隊伍，可謂是香港管治的核心力量，行政機關在香港的政治架構中也發揮著主導作用，無論是過去還是未來，有效率、有組織行的公務員隊伍都是維護行政主導體制的關鍵所在。如果公務員體系有嚴重缺陷，行政機構之間非常容易出現相互牽制、過度消耗的情況。因此，港府有必要加強公務員團隊與行政首長施政的配合程度，繼續完善高官問責制，務求有效回應立法會的監督。另外，同時亦要理順特首與三司的關係，加強培養為問責官員設立的政治助理，為有意參政的黨團提供機會，並以此培養和招攬政治人才，進一步提升特區政府管治團隊的質素。不過就目前情況而言，如何以有限的政治任命官職，組建一個有效率，團結統一，又能整合立法會中的政黨資的管治團隊，仍然亟待研討，有待實行。迄今委任政黨成員為主要官員的可能不大。

（二）重整諮詢架構

　　政府可在各個政策局設立高層次的「政策顧問團」或「政策顧問委員會」，委任相關的主要持份者，出任各局的非受薪政策顧問，作為局長的最重要智囊，構建管治的民意基礎。同時，「政策顧問委員會」的運作要不同於現時人數較多、較形式化的「諮詢委員會」，局長應與政策顧問保持更緊密的溝通，就該局的各項政策措施，全面諮詢政策顧問的意見。這種全新的諮詢機制，將有助加強政策局與主要政策持份者的恆常對話，拉近特區政府與社會各界的距離。

（三）改革地區直選的選舉制度

　　自 1997 年起，立法會地區直選採用「比例代表制」，並按「最大餘額法」分配議席。在這種選舉制度下，立法會在回歸後黨派林立、四分五裂的情況日趨嚴重，黨派數目由 1998 年的 10 個，逐步增加至現時的 17 個，這不但大大增加了政策協商的成本，嚴重減低了政府管治的效率，也令政黨在選舉時不斷分拆名單、選民配票等。這些「策略性投票行為」會扭曲民意，令選舉變得混亂。這種碎片化的政黨根本無法分享執政資源，其主要任務僅是監察和批評政府。只有通過進一步改革選舉制度，盡可能培育負責任的大黨，同時促進小黨聯合，才能從根本上改變當下的政黨政治生態。如今的立法會議席的嚴重分散化，目前即使是最大的政黨也控制不了四分之一議席。在任何政黨都是立法會的少數派的情況下，屆時的行政長官不僅要依賴原所在政黨的鼎力支持，還要組建「管治聯盟」，通過政治委任制把政治光譜相同或相近的政黨人士吸收進入政府任職，以擴大自己的施政同盟。實踐證明，行政長官施政僅靠制度規範所建構的權力這個硬實力是不夠的，還需要借助政黨政治這個軟實力以協調與各種政治力量的關係，並給權力運作以必要支撐。

（四）強化「管治聯盟」

首先，可通過輔助特首施政的行政會議，強化執政聯盟，確保行政機關得到立法會的穩定支持。其次，認真對待政黨，有序推進政黨制度的法律化，通過法律引導政黨在特區內良性競爭。進一步滿足政黨執掌部分公權力的要求，使得行政與立法之間在政治上不至於嚴重失衡。政府若不考慮與政黨分享立法會之外的權力，行政與立法的關係恐怕難以緩和，所謂的「執政聯盟」終究也會淪為幻影。最後，不同方案的管治聯盟也有「鬆散」或「緊湊」之分，單純將管治聯盟理解為軟權力，不斷擴大管治聯盟的基礎範圍，可能還不足以建立穩固的行政主導體制。只有通過具體化的、制度化的管治聯盟，才有可能進一步改善特區施政。「管治聯盟」的落實，還必須積極配合前述政黨政治的發展，例如在聯盟內部實施契約化的治理模式，由特首與主要政黨簽訂「聯盟協議」，公開承諾會採納聯盟政黨的政策主張，同時分配政府職位（各級問責官員職位、行職會議成員等）予各聯盟政黨，行政長官可通過政治委任制，聘用政黨人士擔任政府中適當的位置，以促進政府與政黨的關係；還可以吸納溫和的泛民派政黨，爭取對政府的支持。從政黨的角度而言，獲得行政權十分重要，此可改變「有票」（議席）但「無權」（行政權力）的窘境。對政黨而言，政府的高級職位可謂是「政治交換的利益」。政黨人士一旦能夠實際執掌政府部門的部分權力，則要為政府政策承擔相應的責任。政黨既佔據立法會議席，又參與執政，與政府形成利益共同體，它們必然要得到立法會內自己政黨的支持，同時也要盡量減少執政盟友與政府利益不一致的情形。日後，行政會議將成為管治聯盟的主要溝通平台，特區政府將按照與政黨的協議，草擬政策，並透過聯盟政黨的行政會議代表，諮詢各黨；特區政府及聯盟政黨達成共識後，政府官員才會將政策方案提交立法會審議，以爭取立法會的多數支持。對特區政府來說，上述的全新管治模式，可改善現時「行政立法割裂」的問題，提高施政的可預測性，減少政策出台後被逼擱置、押後或大幅修改的情況，令政府的政策議

程較大機會得到落實，有助提高政府的施政權威及管治能力。同時，政黨將正式參與政府管治及政策制定，擺脫現時只能透過立法會監察及挑戰以回應政府施政的狀況，逐步轉型成為更具建設性的政黨。

　　讓政黨政治鬆綁，容許特首有政黨背景，而政黨則作為培養政治人才的基地。如此，特首原本所在的政黨可以協助施政，這既能減輕公務員肩負政治工作的重擔，也可加強「政治與行政」的相互制衡。就目前而言，行政長官可任命政黨成員為行政會議成員，參與政策制定，然而根據《基本法》第 54 條和第 56 條的規定，行政會議的功能，是為特首施政提供諮詢。因此，有學者認為，從純理論的角度出發，行政會議可以發展成法國總統制下的內閣，即由議會中多數的政黨或政黨聯盟組織內閣，以控制議會有關決議。[2] 如果要令政府出台的重大政策都可事先在行政會議內部達成共識，政黨參與行政會議就尤為重要，政黨參與行政會議可使政黨政策、政黨利益一併注入政府政策，完成對政策的補充、修繕，但行政會議是否應由諮詢性機構轉變為一個實質制定政策的機構，還有待進一步對「行政會議」的具體政治實踐做實證層面的研究。

　　然而，世界範圍內，除了西敏寺高度熔權屬性的議會內閣制外，無論是總統制還是某種程度的行政主導制，行政機關首長與立法機關之間的衝突在大多數國家都可能發生，這也是憲制之制衡原則在政治實踐中的具體反映，所以沒有必要過分擔心。不論是哪一個改革方向，在本地社會和國內學術圈也必然會引起爭論。實事求是地說，香港的政治與行政改革必須按香港的獨特性因地制宜，但說到底掌握管治權力和行政資源的始終還是特區政府。要改善管治，就有必要完善相關制度，這還需更多有心人深思和研究。

2.　王禹（2008）。《「一國兩制」憲法精神研究》。廣東：廣東人民出版社。25 頁。